定向越野教学与技能训练

朱春明 主编

吉林科学技术出版社

图书在版编目（CIP）数据

定向越野教学与技能训练 / 朱春明主编 . -- 长春：吉林科学技术出版社 , 2024.3
ISBN 978-7-5744-1196-8

Ⅰ .①定… Ⅱ .①朱… Ⅲ .①定向运动—越野项目—研究 Ⅳ .① G826

中国国家版本馆 CIP 数据核字 (2024) 第 066008 号

定向越野教学与技能训练

主　　编	朱春明
出 版 人	宛　霞
责任编辑	王凌宇
封面设计	道长矣
制　　版	道长矣
幅面尺寸	170mm×240mm
开　　本	16
字　　数	203 千字
印　　张	20
印　　数	1~1500 册
版　　次	2024年3月第1版
印　　次	2024年10月第1次印刷

出　　版	吉林科学技术出版社
发　　行	吉林科学技术出版社
地　　址	长春市福祉大路5788号出版大厦A座
邮　　编	130118
发行部电话/传真	0431-81629529　81629530　81629531
	81629532　81629533　81629534
储运部电话	0431-86059116
编辑部电话	0431-81629510
印　　刷	廊坊市印艺阁数字科技有限公司

书　　号	ISBN 978-7-5744-1196-8
定　　价	75.00 元

版权所有 翻印必究 举报电话：0431—81629508

前　言

　　随着定向运动的普及和发展，越来越多的人开始接触和喜爱这项运动。定向越野作为定向运动的主要形式，需要参与者具备一定的技能和技巧。为了满足广大定向爱好者的需求，我们编写了《定向越野教学与技能训练》这本教材，旨在为读者提供实用的教学和训练指导。

　　一、教材特点

　　本教材具有以下特点。

　　1. 内容全面：涵盖了定向越野的基本理论、技能训练、安全知识等方面，为读者提供全面的指导。

　　2. 实用性强：结合实际案例，介绍定向越野的实践操作技巧和方法，帮助读者提高技能水平。

　　3. 图文并茂：通过大量的图片和示例，使读者更加直观地了解和掌握定向越野的技巧和方法。

　　二、教学目标

　　本教材的教学目标如下。

　　1. 掌握定向越野的基本理论，包括地图、标识等；

　　2. 学会选择合适的路线，掌握正确的行进方法；

　　3. 培养良好的团队协作和沟通能力，提升应对突发事件的能力；

　　4. 增强安全意识，掌握基本的安全防护措施。

　　三、教学内容

　　本教材的教学内容主要包括以下几个方面。

　　1. 定向越野的基本理论：包括地图的识别、指北针的使用、标识的判断等；

　　2. 技能训练：包括选择路线、确定方向、规避障碍、调整策略等方面的技巧和方法；

　　3. 安全知识：包括野外生存技能、安全防护措施、应对突发事件的技巧等；

4.案例分析：结合实际案例，分析定向越野中常见的错误和问题，提供解决方案。

本教材旨在为广大定向爱好者提供实用的教学和训练指导，帮助读者提高技能水平，享受定向越野带来的乐趣。我们相信，通过学习本教材的内容，读者不仅能够掌握定向越野的基本理论和实践技能，还能在实践中不断探索和创新、不断提高自己的综合素质。我们衷心希望本教材能够为广大定向运动爱好者带来帮助，为定向运动的普及和发展作出贡献。

本教材内容全面，结合健康教育理念，融知识性、趣味性、实用性于一体，选题新颖，用简单明了的语言完整地把定向越野的相关知识点展示在读者面前，能够为定向越野运动的广泛、深入开展起到积极的辅助作用，为帮助广大青少年进行体育锻炼提供有益的帮助，既可供定向越野爱好者使用，也可作为普通高等学校和职业院校公共体育课的教材。

目 录

第一章 定向运动概述 ... 1
- 第一节 定向运动的起源与发展 ... 1
- 第二节 定向运动的分类与特点 ... 8
- 第三节 定向运动的价值与意义 ... 17
- 第四节 定向运动的文化特征 ... 30

第二章 定向运动的基础知识 ... 33
- 第一节 定向运动中的定向地图 ... 33
- 第二节 定向运动中的装备 ... 47
- 第三节 定向运动中的地图使用 ... 51
- 第四节 定向运动中的路线选择 ... 59

第三章 定向地图的制作 ... 63
- 第一节 定向地图制作的基本步骤 ... 63
- 第二节 专用制图软件 OCAD 简介 ... 74
- 第三节 简单定向运动教学用图的制作 ... 82

第四章 定向运动路线设计 ... 85
- 第一节 定向运动路线设计的基本原则与步骤 ... 85
- 第二节 定向运动路线设计的方法 ... 88
- 第三节 定向运动路线设计 ... 92

第五章 定向运动基本技能 ... 101
- 第一节 现地判定方位 ... 101
- 第二节 地图与现地对照 ... 103
- 第三节 利用地图行进 ... 106
- 第四节 定向运动的基本战术 ... 108

第六章 定向运动竞赛的裁判法与规程 112
第一节 定向运动竞赛的裁判工作 112
第二节 定向运动竞赛的裁判规则 119
第三节 定向运动竞赛规程范例 121

第七章 定向运动竞赛 125
第一节 定向运动竞赛概述 125
第二节 定向运动竞赛组织与编排 135
第三节 定向运动竞赛场地选择及路线设计 154
第四节 定向运动竞赛裁判工作 156

第八章 定向越野体能训练分析 163
第一节 定向越野体能与定向越野体能训练 163
第二节 定向越野体能训练项目 173
第三节 定向越野专项体能训练方法 180
第四节 定向越野专项体能训练手段的制定 186
第五节 定向运动周期训练构建方法 196

第九章 定向越野中体能训练的控制 200
第一节 定向越野运动前的热身活动 200
第二节 定向越野体能训练的恢复措施 202
第三节 运动素质的转移 205
第四节 定向越野体能训练中的心理调节 209

第十章 定向运动技能、心理与战术训练 218
第一节 定向运动的技能训练 218
第二节 定向运动的心理训练 229
第三节 定向运动的战术训练 238

第十一章 定向越野训练计划指导 243
第一节 训练计划的制订 243
第二节 初学者定向训练计划 248

  第三节 初级定向训练计划 ………………………………… 250

  第四节 中高级定向训练计划 ……………………………… 253

  第五节 技能性定向练习 …………………………………… 255

第十二章 定向越野体能训练的医务监督 ……………………… 259

  第一节 定向越野健身处方设计 ………………………… 259

  第二节 定向越野运动疲劳的原因及恢复 ……………… 264

  第三节 定向越野运动损伤的预防 ……………………… 270

  第四节 伤害事故的预防和处理 ………………………… 282

  第五节 定向越野体能训练的营养保障 ………………… 290

结束语 ……………………………………………………………… 305

参考文献 …………………………………………………………… 307

第一章 定向运动概述

第一节 定向运动的起源与发展

一、定向运动的定义

定向运动是指在特定的自然环境中,利用地图和指北针到访地图上所指示的各个点标,以最短时间到达所有点标者为胜的运动。定向运动通常可在森林、郊外、城市公园和大学校园等地进行。

定向运动是一项非常受欢迎的运动,是一种利用地图和指北针来寻找目标地点的运动。定向运动不仅仅是一种竞技运动,更是一种集休闲、健身、娱乐、竞技于一体的体育运动。

定向运动是一项户外运动,需要参与者具备一定程度的体能和判断力。定向运动的目标是找到地图上指示的目标地点,通常是在森林、山地、湖泊等自然环境中。

定向运动具有以下几个特征。

(1) 自然环境。定向运动通常在自然环境中进行,包括森林、山地、湖泊等。这些环境提供了丰富的地形和景观,使参与者能够体验到不同的挑战和乐趣。

(2) 地图和指北针。定向运动的核心是利用地图和指北针来确定位置。地图可以帮助参与者了解环境、识别路线,而指北针则提供了一个可靠的导航工具。

(3) 寻找目标地点。定向运动的目的是找到地图上指示的目标地点。这需要参与者具备一定的判断力和观察力,能够识别环境中的特征和线索。

(4) 竞技性和娱乐性。定向运动不仅是一种休闲、健身、娱乐的运动,而且是一种竞技运动。参与者可以参加比赛,与其他选手竞争,争取优胜。同时,定向运动也适合个人或团队进行,具有很高的娱乐性。

参与定向运动有很多好处，包括增强体能，提高判断力、观察力、团队合作精神等。此外，它还能帮助人们更好地了解和欣赏自然环境。对于那些喜欢户外活动、寻求新挑战的人来说，定向运动是一个非常好的选择。

总之，定向运动是一项非常有趣、有益的运动。它集休闲、健身、娱乐、竞技于一体，适合个人或团队进行。通过参与定向运动，人们可以体验到自然环境的美丽和挑战，同时也能锻炼自己的体能和思维能力。无论你是刚刚接触定向运动的新手，还是一位经验丰富的老手，都能从中找到无尽的乐趣和挑战。

二、定向运动的起源

定向运动起源于瑞典。"定向"一词最早出现在1886年的瑞典，意思是在地图和指北针的帮助下，穿越未知的地带。

瑞典地处北欧斯堪的纳维亚半岛，国土崎岖不平，覆盖着一望无际的森林，散布着许多湖泊、城镇和村庄，人们主要通过林中、湖畔的小径来往于各地。因而，人们必须具备精确辨别方向的能力，否则会有迷失方向的危险。这里，地图和指北针就成为人们行走和生活的必需品。生活在半岛上的居民、军队便成了定向运动的先驱。

最初的定向运动只是一项军事活动，军人们把在山上辨别方向、选择道路和越野行进作为军事训练的内容。后来，在瑞典和挪威的军营中，军人利用军用地图进行了最初的定向运动比赛。

1897年10月31日，挪威组织了第一次面向民众的定向比赛，当时的参赛者仅有8人，其后在挪威还举行了一些小规模的比赛。

定向运动正式从军营走向社会始于20世纪初。瑞典的一位童子军领袖吉兰特于1918年组织了一场正规的定向越野比赛的活动，引起了人们的极大兴趣。从此，该项活动在北欧广泛开展起来，1919年3月25日，一次影响深远的定向运动比赛在斯德哥尔摩南部纳卡市的林中举行，参赛人数达到217人，它的组织模式与规格标志着定向运动作为一项独立体育项目诞生。1920年，吉兰特为定向运动竞赛制定了包括竞赛规则、路线分类、检查点位置选择、按年龄分组的方法和竞赛组织机构等规则，奠定了现代定向运动的基础，为现代定向运动的推广和发展作出了巨大贡献，因此吉兰特被人们称为"现代定向运动之父"。

随着时间的推移，定向运动逐渐发展成为一项独立的运动项目。它需要参与者使用地图和指北针来确定自己的位置，并选择正确的路线，从而到达目的地。这项运动需要参与者具备较高的体能和耐力，同时也需要他们具备较高的智力水平，能够正确判断方向、距离和地形等。

定向运动在世界范围内得到了广泛的推广和普及。目前，它已经成为一项国际性的体育运动项目，吸引了来自不同国家和地区的人们参与。在比赛中，参与者需要穿越森林、山地、荒野等不同的地形，既能够挑战自己的体能和智力，同时也能够欣赏到美丽的自然风光。

总的来说，定向运动是一项富有挑战性和趣味性的体育运动，它不仅需要参与者具备较高的体能和技巧，还需要他们具备较高的智力水平。这项运动已经成为全球范围内一项重要的体育运动项目，吸引了越来越多的人参与其中。

定向运动在我国主要泛指定向越野。"定向越野"名称在我国经历了几次变化。1961年我国刚开始发展定向越野时，称之为"定向行军"，并仅仅作为国防体育——无线电测向中的一个小项目，在全国省、自治区、直辖市体委的无线电运动中推广。由于在整个越野过程中都要依赖地图，后又称之为"识图越野"，其主要内容和技术是读识地图、使用地图、按地图行进（奔跑）等。

1983年3月10日，中国定向推广第一人张晓威，指导中国人民解放军体育学院首次在广州白云山组织了"定向越野试验比赛"。

1985年9月25日，深圳市体委在解放军体育学院的协助下与香港野外定向总会共同举办了首届"深港杯野外定向比赛"，参加比赛的有来自我国深圳市、香港特别行政区以及其他国家和地区的运动员共200多人。在6个比赛组别中，我国选手夺得了男子双人冠军。1986年1月1日至5日，"亚洲及太平洋地区定向越野锦标赛"在香港举行。

1986年，国际定向运动联合会成立25周年。国际定向运动联合会对我国开展的定向运动给予了热情的关注和支持。我国于1992年顺利加入了国际定向运动联合会。

在此之后，从1994年开始我国分别在长春、北京、承德、天水、杭州、成都等地举行过"全国定向越野锦标赛""全国学生定向运动锦标赛"和"全国体育大会定向越野比赛";部分地区也相继开展了程度不同、规模不等、形式多样的区域性定向越野锦标赛。1998年10月,我国在北京密云成功地举办了"亚太地区定向国际邀请赛"。

随着我国人民经济和文化生活水平的提高及体育事业的发展,每年都有不同规模的定向运动在全国各地开展。团中央把定向越野作为科技体育的重要内容在青少年中普及,教育部把定向越野作为"体育、艺术2+1项目"中的一项内容在中小学中开展。《全国普通高等学校体育教育本科专业课程方案》中,定向越野也被教育部设为大学体育教育类院校骨干必修课。定向运动在我国不断普及发展,众多高校都将定向运动课程设为选修课,并成立了相应的学生社团,如定向越野协会、定向越野俱乐部等。由此,定向运动从社会走进了课堂。

定向越野传入我国内地后,快速发展,我国被国际定向运动联合会评为定向越野发展最快的国家之一。

三、定向运动的发展

(一) 国际定向运动主要赛事

定向运动发展到现在为止,世界范围内具有权威性的定向运动赛事主要有:

(1) O-Ringen瑞典五日定向赛。世界最大规模的定向运动赛事/旅游节,每年7月吸引世界各地2万名男女老少定向运动员相聚瑞典。

(2) 世界定向越野锦标赛(WOC)。世界定向锦标赛(World Orienteering Championships)从1966年开始举办,截至2003年以前,每两年举办一届(1977年和1978年比赛除外)。从2003年开始,世界定向锦标赛每年举办一届。该赛事由国际定向联合会主办。

(3) 世界青年定向越野锦标赛(JWOC)。为年龄在17~20岁的选手举办。始于1990年,每年举办一次,会员国均有资格参加。

(4) 世界杯赛(WCUP)。始于1983年,基本上是以个人方式参加的国际赛事,设有标准距离、短距离和公园定向赛。每两年一届(非世锦赛年),

所有会员国均可参加。从2004年起，改为每年一届（作为世锦赛的选拔赛）。

（5）世界元老锦标赛（WMOC）。为年龄超过35岁的选手举办。只设个人赛项目（经过淘汰赛的挑选）。始于1998年（1983年以前用其他赛名进行），每年一届，所有会员国与个人均可参加（每年约4000名参赛者）。设有男、女35～39岁，男、女40～44岁，男、女45～49岁等组别。

（6）世界级选手排名活动（WRE）。始于1999年，某些国家（国际）级的赛事也被纳入此排名活动。按选手找到的点数总计，每个国家每年至少应该进行一次重新排名。排名活动是遵循国际标准（竞赛规则）的比赛，多数情况下还须获得一名以上别国的路线监督员（controller）的认可。

（7）世界大师定向越野锦标赛。

（8）世界大学生定向运动锦标赛（WUOC）。

（9）世界中学生定向运动锦标赛（WSOC）。

（10）亚洲冬季运动会滑雪定向赛。

（11）亚洲定向运动锦标赛（ASOC）。

（12）瑞典10km夜间定向接力赛（Tio-mila）：世界上最刺激的夜间接力赛，每年4月在瑞典举行。

（13）瑞典25人混合接力定向赛（25-Manna）：世界上最大的混合定向接力赛，每年10月在瑞典举行。

（14）瑞士六日定向赛（Swiss 6-Days）：中欧最大的定向多日赛。

（15）苏格兰六日定向赛（Scottish 6-Days）：英格兰岛上最大的定向赛事。每两年在苏格兰举行。

（16）芬兰24小时接力定向赛（Jukola）：世界上最大的定向接力赛。每年6月在芬兰举行，有2000多个队参赛。

（17）世界山地自行车定向锦标赛（WMTBOC）。

（18）世界滑雪定向锦标赛（SkiWOC，WSOC）。

（19）世界公园定向循环赛（PWT）：每年在世界各地公园巡回举行的职业精英赛。设总奖金及总排名。只有世界排名前25位的男性运动员与前25位的女性运动员有资格参赛。

(二)定向运动的组织——世界公园

世界公园（Park World Tour，以下简称PWT）定向运动组织是于1995年在国际定向联合会（IOF）注册的一个国际组织。每年在世界各地公园举行职业定向精英巡回赛，并设总奖金及排名。它的主要宗旨及目的就是创造一种全新的定向运动概念，即定向运动不仅可以在传统的森林里进行，还可以在城市的公园及大学校园里进行，且现代化的媒体转播，将这项最富有挑战的运动呈现在观众面前，观众不仅能够感受现场激烈的盛况，还可以与伙伴一起分享这份激情和乐趣。这些变化真正使定向运动成为一种任何人在任何地方都可以参与的群众性体育运动，定向运动已从森林开始走向城市。

为推动定向运动的发展，增进人们对定向运动的兴趣与了解，发展新的受益群体，扩大其在新闻媒介中的影响，并将定向运动引入新的国家，PWT将大多数世界循环赛在城市的郊外及公园里进行，而且路程较短，设置点标也独具匠心，从瑞典的野生动物园到威尼斯的水上迷宫，从芬兰的赌场到奥地利的音乐大厅，从捷克的城堡到奥斯陆的购物中心楼顶，整个赛事紧张激烈，聚集了全球顶级定向运动精英，将定向运动推向更高水准。观众不仅可沿途观赏赛事，而且可亲身体验，可谓妙趣横生、乐趣无穷。

PWT每一次组织的国际赛事都会与当地的定向俱乐部或本国定向联合会合作。他们共同的目标就是让定向运动最终成为奥林匹克运动比赛项目之一。

PWT以其精、专的赛事组织安排和现代化的设备、技术风靡全球。1998年已有包括南美在内的30个国家申办PWT世界巡回赛，使数以万计的人们成为定向运动积极的参与者和优秀的运动员，使得定向运动在迈入奥运大家族的道路上踏出了坚实的一步。

PWT将继续努力，把定向运动这项挑战智力和体力的运动介绍给全世界的运动爱好者。

(三) 我国定向运动的发展：全国定向越野锦标赛与全国学生定向越野锦标赛的崛起

1. 全国定向越野锦标赛

定向运动是一种基于地图和指北针的户外运动，需要参与者快速、准确地判断方向，并在规定时间内到达目的地。近年来，随着人们健康意识的提高，定向运动在我国得到了快速发展。全国定向越野锦标赛就是其中之一。

全国定向越野锦标赛是我国最高级别的定向越野赛事，每年举办一次。它吸引了来自全国各地的优秀运动员参加，比赛项目包括短距离定向、中距离定向和长距离定向等。比赛的举办为运动员提供了展示实力、交流经验的机会，也为观众带来了精彩的赛事。

定向运动的发展离不开政府和相关部门的支持。近年来，我国政府加大了对体育事业的投入，为定向运动的推广提供了有力的政策支持。此外，许多学校和企业也积极参与了定向运动的推广，为这项运动的发展注入了新的活力。

2. 全国学生定向越野锦标赛

除全国定向越野锦标赛外，全国学生定向越野锦标赛也是我国定向运动的重要组成部分。这项赛事主要面向全国在校学生，旨在培养青少年的户外运动能力和团队合作精神。

学生定向越野锦标赛的举办，不仅丰富了校园体育文化，而且为学生提供了展示自己、锻炼能力的平台。通过比赛，学生们不仅可以提高自己的体能和技能，还可以增强自信心和团队合作意识。此外，这项赛事也为学校和社会之间搭建了交流的平台，促进了学校与社会的互动。

我国定向运动的发展已经取得了显著的成果。全国定向越野锦标赛和全国学生定向越野锦标赛的举办，为运动员提供了展示实力、交流经验的机会，也为观众带来了精彩的赛事。同时，政府和相关部门的支持、学校和企业的积极参与，也为定向运动的发展注入了新的活力。未来，我国定向运动将会继续保持快速发展势头，成为我国体育事业的重要组成部分。

第二节 定向运动的分类与特点

按照运动模式，国际定向运动联合会将定向运动项目划分为徒步定向、滑雪定向、山地自行车定向和选标定向。定向运动逐渐演变出多种运动形式，如徒步定向又分为一般定向运动、接力定向运动、积分定向运动、公园定向运动、夜间定向运动等。每一种定向运动又可根据参与者的性别、年龄特征，设计不同的难度路线与组别。除接力定向外，每一组别又可分为单人赛、双人赛和团体赛，还可设立男女混合赛等。目前国际上还流行着一些其他形式的定向运动，如校园定向、扶手定向、星形定向、特里姆定向等。

本书将主要讨论徒步定向，此后书中凡涉及定向运动，如果没有特别说明，都是指徒步定向。

一、徒步定向

徒步定向运动是目前各种定向运动形式中开展最为广泛、组织方法较为简便的一种。徒步定向运动主要是检验参与者的识图能力、野外路线选择能力、决断能力和奔跑能力等。组织者可根据参与者的性别、年龄特征设计不同难度的比赛路线与比赛组别，徒步定向运动是适合每个人的体育运动项目。

（一）接力定向

1. 接力定向的定义

接力定向是一种以团队接力比赛形式进行的定向运动。参赛者需要在地图和指北针的指引下，按照规定的路线，依次到达各个检查点，并完成相应的任务。每个团队通常由若干名选手组成，他们需要相互配合，共同完成任务。接力定向是一项集团队合作、个人技能和体力挑战于一体的运动项目。

2. 接力定向的特点

（1）团队合作。接力定向需要团队成员之间的紧密配合。队员们需要互相鼓励、协作，才能在规定时间内完成任务。良好的团队合作是取得胜利的关键。

（2）技能要求。接力定向不仅要求队员们具备良好的方向感、识图能力和体能，还需要在特定的检查点完成各种任务，如寻找特定标志物、收集信息等。因此，接力定向需要参赛者具备一定的综合素质。

（3）竞技性和趣味性。接力定向作为一种运动项目，具有竞技性和趣味性。队员们需要不断地挑战自我、突破自我，才能在比赛中取得好成绩。同时，接力定向也具有很强的娱乐性，能够让参与者感受到运动的乐趣和挑战的刺激。

（4）场地适应性强。接力定向对场地的适应性强，可以在各种地形上进行比赛。无论是山地、森林、城市公园还是校园等地方，都可以举办接力定向比赛。这使得这项运动具有广泛的参与性和吸引力。

总的来说，接力定向是一项富有挑战性和趣味性的运动项目，它不仅需要参赛者具备良好的方向感、识图能力和体能，还需要他们具备一定的团队合作能力和任务完成能力。在接力定向比赛中，参赛者不仅能够锻炼身体、挑战自我，还能结交新朋友、增进彼此之间的友谊。因此，接力定向是一项值得推广和参与的运动项目。

（二）积分定向

1. 积分定向的定义

积分定向是一种基于地图和指北针的徒步定向方式，它使用积分制记分方式来评估参赛者的表现。在这种记分方式中，每个点标都有一定的分数，参赛者每到达一个点标并完成相应的任务，就可以获得相应的积分。积分越高，说明参赛者的表现越好。

2. 积分定向的特点

（1）挑战性。积分定向对参赛者的体能和智力都提出了很高的要求。在寻找地图上的点标过程中，参赛者需要熟悉地图、判断方向、制定正确的行进路线，并克服地形、气候等自然条件带来的挑战。这种挑战性使徒步定向具有很强的吸引力和参与性。

（2）锻炼综合能力。除体能和技能外，徒步定向还需要参赛者具备其他方面的能力，如观察力、判断力、决策力、团队协作能力等。这些能力的锻炼有助于提高参赛者的综合素质。

（3）环保意识。徒步定向通常在自然环境中进行，这要求参赛者具备环保意识，尊重自然环境，不破坏自然生态，不乱扔垃圾等。这种环保意识的强调有助于增强参赛者的环保意识和社会责任感。

（4）社交互动。徒步定向通常需要多人参与，参赛者可以在活动中结识新朋友，建立友谊，甚至发展成为团队或组织之间的合作与交流。

（5）健康生活方式。徒步定向是一种健康的生活方式，它不仅可以锻炼身体、提高身体素质，还可以放松心情、缓解压力，促进身心健康。

总的来说，积分定向作为一种独特的户外运动方式，具有很强的挑战性、锻炼综合能力的特点，同时也强调了环保意识和健康生活方式。这些特点使得徒步定向成为一种受欢迎的户外运动形式。

(三) 公园定向

1. 公园定向的定义

公园定向是一种户外运动形式，它结合了定向运动和徒步运动的元素。在这个活动中，参与者需要在公园环境中找到并到达预设的地点，这些地点通常以图片或标记的形式显示。这种运动形式的目标是在短时间内尽可能多地找到和到达这些地点。

公园是人们经常光顾的场所，设施齐全、环境优美，所以公园成为开展公园定向的理想地点。同时，公园定向对于参与者的身体条件要求不高，不论年龄大小、健康状况如何，只要有决心和毅力，都可以参与进来。

2. 公园定向的特点

（1）多元化体验。公园定向不仅需要参与者具备定向运动的技能，如观察地形、识别方向、寻找和解读标记，还需要他们具备良好的徒步技能，如选择合适的路线、保持正确的步伐和节奏。这种多元化的体验让参与者能够更好地享受运动的乐趣。

（2）社交性。公园定向通常需要团队参与，这使得它具有很强的社交性。参与者可以在活动中结识新朋友，分享经验，互相帮助，增强团队精神。

（3）环保性。公园定向鼓励参与者选择环保的徒步路线，这有助于保护公园的环境，让公园保持美丽和宁静。

(4)挑战性。公园定向具有一定的挑战性，因为参与者需要快速而准确地找到和到达指定的地点。这需要参与者具备良好的判断力和反应速度。

(5)教育性。公园定向可以作为一种教育方式，帮助参与者了解公园的环境和设施，增强他们的环保意识。同时，通过识别和到达不同的地点，参与者可以学习到各种知识，如历史、地理、动植物等。

总的来说，公园定向是一种充满乐趣、挑战和学习的户外运动形式。通过参与公园定向，参与者不仅可以锻炼身体，还可以增进团队合作、环保意识和知识水平。在未来，我们期待看到更多的人加入公园定向这个大家庭中来。

(四)专线定向

1. 专线定向的定义

专线定向是一种利用地图和指北针来确定行走路线和方向的徒步活动。它是一种定向运动，需要参与者根据地图和指北针的指示，找到指定的地点或目标。专线定向通常是在特定的路线或区域内进行，路线通常是由专业的定向运动组织者设计并公布的。组织者只在地图上标出准确的比赛路线，运动员必须按规定的路线行进，并将途中遇到的检查点标绘到地图上。名次以标绘检查点的准确性和耗时的长短来确定。

2. 专线定向的特点

(1)挑战性。专线定向是一项具有挑战性的运动，需要参与者具备一定的空间感知能力和方向感。在寻找目标的过程中，参与者需要面对各种地形和障碍，需要灵活运用地图和指北针来确定方向。

(2)团队协作。在专线定向中，通常需要一个团队来完成任务。团队成员需要相互协作，共同制订计划，分配任务，并在整个过程中保持沟通。这种团队协作的方式有助于培养参与者的团队精神和合作意识。

(3)户外探险。专线定向通常是在户外进行，参与者可以欣赏到美丽的自然风光，体验到户外探险的乐趣。同时，这种活动也有助于增强参与者的身体素质和耐力。

(4)技能提升。通过参加专线定向活动，参与者可以学习到许多有用的技能，如地图阅读、方向判断、团队协作等。这些技能不仅有助于参与者在

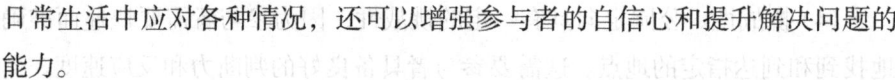

日常生活中应对各种情况，还可以增强参与者的自信心和提升解决问题的能力。

总之，专线定向是一项具有挑战性和趣味性的徒步活动，需要参与者具备一定的空间感知能力和方向感，同时需要一个团队共同完成任务。通过参加这种活动，参与者可以锻炼自己的技能、欣赏美丽的自然风光、增强身体素质和耐力，同时也可以培养团队合作和团队意识。

(五) 百米定向

1. 百米定向的定义

百米定向就是在大致一块 100m×100m 的场地内进行的定向比赛，观众可以看到运动员比赛的全过程。赛前运动员可以在出发区取到一张地图，分析地形，选择行进路线。起点和终点与比赛区是有严格区分的，禁止未出发的运动员观看别的运动员的比赛过程。比赛的地图采用大比例地图，等高距为 1m。比赛区域内的每个地物细节都会被标注在图上。与此同时，组织者还要另外加上一些点标旗以增加比赛的难度。比赛路线的距离一般为 400~1500m，设置 10—25 个点标。

百米定向是一种结合了定向运动趣味性和竞技性的新型运动形式。它要求参赛者在规定的时间内，根据地图和指北针找到正确的位置。相比于传统的定向运动，百米定向更加注重速度和准确性，对参赛者的体能和智力都提出了更高的要求。

2. 百米定向的特点

(1) 竞技性与趣味性并存。百米定向结合了定向运动的竞技性和趣味性，让参与者既能体验到比赛的紧张刺激，又能享受到寻找目标的乐趣。

(2) 强调速度与准确性。百米定向不仅要求参赛者有良好的方向感和地图阅读能力，还需要在规定的时间内到达目的地。这就要求参赛者不仅要有精准的判断力，还要有快速的行动力。

(3) 锻炼综合能力。百米定向需要参赛者具备良好的体能、方向感、地图阅读能力以及快速的决策能力。这些能力的锻炼有助于提高参赛者的综合素质。

(4) 适合不同年龄层次。相对于传统定向运动，百米定向更适合不同年龄层次的参与者。无论是儿童还是成年人，都可以在百米定向中找到适合自己的运动形式。

总的来说，百米定向是一种充满挑战和乐趣的运动形式，它不仅可以增强参与者的体质，还能锻炼他们的思维能力、判断能力和团队合作精神。在紧张刺激的比赛中，参与者不仅可以体验到成功的喜悦，还可以在寻找目标的过程中享受到大自然的美妙。因此，百米定向是一种非常适合推广的体育运动形式。

(六) 夜间定向

1.夜间定向的定义

夜间定向，也称为夜间寻宝定向或夜间徒步定向，是一种特殊的户外活动形式，结合了徒步、地图与指北针的使用，以及夜间环境的观察与判断。它通常在夜晚进行，参与者需要在地图的指引下，根据任务指南或特定的线索，找到预设的终点。

夜间定向是定向运动的一种高难度比赛形式。在夜间进行，比赛的难度大大增加。夜间定向所用的器材上都附有反光材料，参与者亦需要携带用于查看地图的照明设备。夜间定向已被国际定向运动联合会列为正式比赛项目。第一届世界夜间定向锦标赛于1986年10月27至28日在匈牙利举行。

2.夜间定向的特点

（1）独特的体验。夜间定向提供了一种全新的户外体验，它需要参与者充分利用他们的观察力、判断力和解决问题的能力。在黑暗中寻找目标，需要更多的专注和敏锐。

（2）挑战性。夜间定向对参与者的体能和智力都提出了挑战。在黑暗中行走、识别地形、寻找标志物或指示物都需要特殊的技巧和训练。

（3）互动与合作。夜间定向通常需要以团队的形式进行，参与者需要彼此合作，共同寻找线索，这有助于增强团队精神和沟通能力。

（4）教育和启发。夜间定向不仅可以提供娱乐，还可以作为一种教育工具，让参与者了解自然环境，学习地图和指北针的使用，提高他们在黑暗中辨别方向的能力。

（5）安全问题。夜间定向可能涉及一定的安全风险，如夜间行走、未知地形、野生动物等。因此，参与者需要了解并遵守相关的安全规则和指南。

总的来说，夜间定向是一种富有挑战性和趣味性的活动，它需要参与者充分利用他们的观察力、判断力和解决问题的能力，同时也提供了一种独特的户外体验和教育机会。因此，它深受广大徒步爱好者的喜爱。

二、山地车定向

（一）山地车定向的定义

山地车定向（Bike Orienteering），是一种结合了定向运动与山地自行车运动的独特运动形式。它起源于定向运动，但通过引入自行车这一工具，其变得更具挑战性，同时也为参与者提供了独特的运动体验。

定向运动，简单来说，就是利用地图和指北针找出目标位置的户外运动。而在山地车定向中，这一原理同样适用，但加入了自行车的元素。参与者需要先利用地图和指北针找到目标点，然后将自行车骑到该点，这就是所谓的"骑行定向"。

山地车定向是集定向运动和山地车运动于一身的体育运动。在这项运动中，最重要的定向技巧是路径选择和记图。对于顶级运动员来讲，高超的山地车技巧是应对陡坡的必备条件。出于对周围环境的保护，运动员不能离开规定的路线。

山地车定向是国际定向运动联合会承认的最年轻的专业项目，从2002年起每隔两年举行一次世界锦标赛。

（二）山地车定向的特点

（1）独特的运动形式。山地车定向结合了定向运动和山地自行车的元素，创造出了一种全新的运动形式。这使得参与者不仅要利用地图和指北针找出目标位置，还要将自行车作为工具进行骑行，这对于提高参与者的综合运动能力很有帮助。

（2）挑战性。由于需要骑行到目标点，山地车定向具有更高的挑战性。这不仅要求参与者有出色的方向感，还需要他们具备良好的自行车技能和体力。此外，复杂的路线和恶劣的天气条件也会增加运动的难度。

（3）自由度。山地车定向的路线设计非常灵活，可以根据不同的地形和环境进行定制。参与者可以选择不同的路线、体验不同的挑战，这为参与者提供了很大的自由度。

（4）乐趣与社交。除挑战性，山地车定向还为参与者提供了许多乐趣。在寻找目标点的过程中，参与者可以欣赏到美丽的自然风景，感受到大自然的魅力。此外，这项运动也是一种很好的社交活动，参与者可以与其他爱好者一起分享经验，交流技巧。

（5）环保理念。山地车定向还是一种环保的运动形式。相比传统的越野驾驶，骑行更少破坏自然环境，有助于保护自然生态。

总的来说，山地车定向是一种充满自由、挑战和乐趣的运动形式。它不仅考验参与者的方向感、自行车技能和体力，还提供了一种环保的户外活动选择。通过参与山地车定向，参与者可以更好地了解和欣赏大自然，同时也能提高自己的运动能力和自信心。无论你是定向运动的爱好者，还是山地自行车的玩家，都可以尝试山地车定向，体验这种独特的运动乐趣。

三、选标定向

（一）选标定向的定义

选标定向是一种专为轮椅使用者设计的定向技术，通过精准的导航设备，使用者在没有外界引导的情况下，能自行抵达目的地。这是一种利用全球定位系统（Global Positioning System，GPS）或室内地图系统进行无障碍导向的活动，让行动不便的群体能够独立、安全地出行。

选标定向原本是专为伤残人士特别设计的定向运动形式。现在，它既可以让乘坐轮椅车的伤残人士加入定向运动的行列中来，又可以供新手进行定向基本技能的训练。选标定向同样也是一种能让所有参与者都饶有兴趣的专项技能比赛。首届选标定向世界杯赛于1999年举行。

（二）选标定向的特点

（1）独立性。选标定向的最大特点就是独立性。使用者无须依赖他人或外部设施，只须依靠导航设备，就能独自抵达目的地。

(2) 安全性。由于选标定向设备能提供精准的导航，使用者在复杂的道路或室内环境中也能安全抵达目的地。

(3) 适应性。选标定向适用于各种环境，包括城市街道、公园、购物中心、医院等公共场所。它为各种身体状况的使用者提供了适应不同环境的可能性。

(4) 简便性。选标定向设备操作简便，只须按下按钮，就能轻松导航。对于使用者来说，无须复杂的操作，就能轻松使用。

(5) 环保性。选标定向的使用减少了使用者的家属或护工的陪同频率，降低了交通流量，对环保作出了贡献。

(6) 社交性。选标定向不仅帮助使用者独立出行，还能促进使用者在同一环境中与其他轮椅使用者交流，增加社交互动。

总的来说，选标定向是一种创新的无障碍出行方式，它通过提供独立、安全、适应性强、简便、环保和社交性的服务，帮助轮椅使用者更好地融入社会，享受生活的乐趣。

四、滑雪定向

(一) 滑雪定向的定义

滑雪定向，是一项结合了滑雪和定向运动的户外活动。它结合了雪地导航、滑雪技巧和寻宝的乐趣，为参与者提供了一种全新的运动体验。在滑雪定向中，参与者需要在雪地中滑行，同时利用地图和指北针来确定他们的位置，找到设定的标记点，最终到达终点。

滑雪定向也是国际定向运动联合会的正式比赛项目之一，目前在东欧国家十分流行。许多高山运动员、越野运动员和速度滑雪选手同时又是滑雪定向的高手。

滑雪定向也可以按个人、团队或接力比赛等形式进行。它与个人徒步定向越野赛的区别是选手需要使用滑雪装具(非机动的)。供比赛用的滑道则需要使用摩托雪橇来开辟。同一比赛路线上的滑道通常不止一条，以便于选手自行选择。

（二）滑雪定向的特点

（1）独特的运动体验。滑雪定向是一项独特的户外运动，它结合了滑雪的技巧和定向运动的策略。参与者需要在雪地上滑行，同时使用地图和指北针来确定他们的位置。这种运动方式既需要体力，又需要智力，为参与者提供了全新的运动体验。

（2）趣味性和竞技性并存。滑雪定向不仅是一种娱乐活动，还是一种竞技运动。参与者需要在规定的时间内到达终点，这需要他们快速、准确地找到标记点。这种竞技性使得滑雪定向充满刺激和挑战。

（3）锻炼综合素质。滑雪定向是一项综合性运动，它需要参与者具备良好的体能、方向感、空间认知能力和团队协作能力。通过参与滑雪定向，参与者可以全面提升自己的综合素质。

（4）环保与教育相结合。滑雪定向活动还能促进环保意识的提升。在寻找标记点的过程中，参与者需要尊重自然环境，不乱扔垃圾，这有助于培养他们的环保意识。此外，滑雪定向也是一种户外教育方式，参与者可以在活动中学习到关于自然、地理、历史等多方面的知识。

（5）适合各年龄层的人群。滑雪定向适合各个年龄层的人群参与。无论是滑雪爱好者，还是定向运动的初学者，都可以在滑雪定向中找到乐趣。

总的来说，滑雪定向是一项充满趣味性和竞技性的户外运动，它结合了速度与智慧，为参与者提供了独特的运动体验。无论是为了锻炼身体，还是为了寻找刺激和挑战，滑雪定向都是一个不错的选择。

第三节　定向运动的价值与意义

作为一项能够使人们的体力、智力得到全面锻炼，融健身性、知识性、趣味性为一体的新兴体育项目，定向运动不仅能使参与者强健体魄，而且能培养参与者独立思考、果断处事的素质，提高他们快速反应和解决问题的能力。因此，在许多国家，定向运动被列入军队和地方院校的必修课程。

一、定向运动的价值

(一) 健身价值

定向运动是一项结合了体能、智力和技能的户外运动项目，参与者在进行定向运动的过程中，需要快速行走、奔跑、爬山、爬楼，同时还需要观察地图、指北针，寻找和识别标志物等。这些活动都有助于提高心肺功能，增强肌肉力量，改善身体协调能力，增强免疫力，从而达到良好的健身效果。

（1）提高心肺功能。定向运动是一项需要长时间户外运动的运动项目，它能够有效地提高心肺功能，增强人体的耐力和抵抗力。在运动过程中，参与者需要快速奔跑、呼吸、调整节奏，这些动作都需要心肺系统的积极参与。

（2）增强肌肉力量。定向运动需要参与者具备一定的身体协调能力，包括快速奔跑、转向、爬山等动作，这些都需要肌肉力量的支持。通过定向运动，参与者可以增强肌肉力量，提高身体的灵活性和协调性。

（3）改善身体柔韧性。定向运动还需要参与者具备一定的身体柔韧性，以便在运动过程中能够灵活地转向、调整姿势等。通过长期的定向运动，可以改善身体的柔韧性，提高身体的灵活性。

（4）增强心理素质。定向运动是一项需要面对各种困难和挑战的运动项目，参与者需要在复杂的地理环境中快速判断方向、寻找目标点等。这些挑战可以增强参与者的心理素质，提高他们的自信心和应对压力的能力。

(二) 智力价值

定向运动是一项集观察力、判断力、推理能力、空间认知能力为一体的智力运动。参与者在进行定向运动时，需要快速识别地图、确定方向、寻找正确的路径，这需要参与者具备良好的观察力、判断力和空间认知能力。同时，还需要分析地形、标志物等，这就需要参与者具备良好的推理能力和认知能力。此外，还需要记住路线和方向，这需要良好的记忆力。因此，定向运动不仅仅是一项增强体能的运动项目，更是一项能够全面提升参与者智力的运动项目。

（1）提高空间认知能力。定向运动需要参与者具备较高的空间认知能力，以便在复杂的地理环境中快速判断方向、寻找目标点等。通过长期的定向运动，可以提高参与者的空间认知能力，使他们更容易适应各种复杂的地理环境。

（2）提高观察和分析能力。在定向运动中，参与者需要仔细观察地图、分析地形等信息，以便找到目标点。这种观察和分析能力可以通过长期的定向运动得到提高，使他们更容易在日常生活中发现问题并作出正确的决策。

（3）提高解决问题的能力。定向运动中遇到的各种问题都需要参与者自己想办法解决。通过长期的定向运动，可以提高参与者解决问题的能力，使他们更容易在日常生活中解决问题并应对挑战。

（三）德育价值

定向运动不仅能提升个体的身体健康和智力水平，而且能促进个体的人格成长和道德发展。通过定向运动，参与者可以学会独立解决问题，提高自我控制和自我管理能力，培养团队合作精神和竞争意识。同时，定向运动也能帮助参与者更好地理解自然环境和社会环境，增强环保意识和社会责任意识。此外，定向运动还能帮助参与者更好地理解规则和尊重规则，培养良好的道德品质和行为习惯。

定向运动是一项需要参与者具备良好判断力和决断力的运动。在运动过程中，参与者需要不断地观察地图、判断方向、选择路线，这有助于培养他们的观察力、判断力和决策能力。这些能力在日常生活和工作中是非常重要的，能够帮助人们更好地应对各种挑战和问题。此外，定向运动还需要参与者与同伴密切合作，共同完成任务。这有助于培养他们的团队协作精神和沟通能力，对于建立良好的人际关系和社会交往具有积极的作用。

通过参与定向运动，参与者还能够体验到成功的喜悦和成就感。每当找到一个点标，参与者都会感到非常兴奋和自豪，这种积极的情绪体验有助于培养他们的自信心和自尊心，对于他们的心理健康具有积极的影响。

（四）社会价值

定向运动作为一种户外运动形式，具有广泛的社会价值。首先，它有助

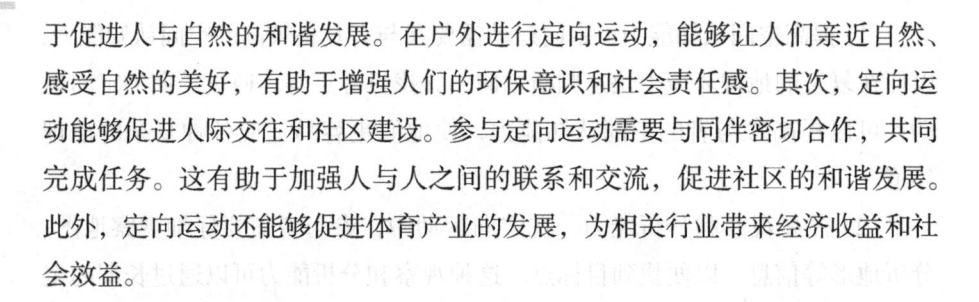

于促进人与自然的和谐发展。在户外进行定向运动，能够让人们亲近自然、感受自然的美好，有助于增强人们的环保意识和社会责任感。其次，定向运动能够促进人际交往和社区建设。参与定向运动需要与同伴密切合作，共同完成任务。这有助于加强人与人之间的联系和交流，促进社区的和谐发展。此外，定向运动还能够促进体育产业的发展，为相关行业带来经济收益和社会效益。

（五）娱乐价值

定向运动为参与者带来了显著的娱乐价值。在紧张忙碌的工作和生活中，人们渴望找到一种既能锻炼身体，又能享受乐趣的活动，而定向运动恰好满足了这一需求。参与者需要在复杂的地形中寻找和确定地图上的点标，这需要高度的专注力和反应力，同时也充满了未知和惊喜。这种刺激和挑战性使得定向运动成为一种极受欢迎的娱乐方式。

（六）经济价值

定向运动在经济方面也具有显著的价值。

（1）促进旅游业发展。定向运动通常在户外进行，需要一定的场地和设施。开展定向运动可以吸引大量游客前来参与，促进当地旅游业的发展。同时，游客的消费也会带动相关产业的发展，如餐饮、住宿、交通等。

（2）带动相关产业的发展。定向运动需要地图、指北针、标识点等工具和设备。这些设备和工具的生产和销售会带来一定的经济效益。此外，一些定向俱乐部和组织还会提供培训和指导服务，这些服务也会带来一定的经济收益。

（3）增加就业机会。定向运动的开展需要相关从业人员提供服务和管理。这些从业人员包括教练员、组织者、裁判员、志愿者等。他们的就业机会的增加也会为当地经济发展带来一定的贡献。

（七）定向运动对学校教育价值

1. 提高学生识别和使用地图的能力

定向运动的核心是利用地图和指北针识别和到达目的地。这项技能需要参与者具有很强的空间感知能力和观察力。在参与定向运动的过程中，学生需要仔细观察地图，理解地图上的各种符号和标记，这有助于提高学生的观察力和空间感知能力。此外，学生还需要使用指北针，这有助于他们更好地理解地理方向，提高他们的方向感。这些技能在日常生活中也是非常有用的，比如，在旅行、探险或者寻找失物时。

地图是军事指挥中不可缺少的工具，能按地图行进、寻找实地位置、确定实地所在位置于地图上（军事上叫确定站立点）、确定实地的远方点的图上位置（军事上叫确定目标点），是军事人员的基本功。定向越野是一种需要参与者借助地图和指北针，按规定的通过点（检查点），自行判定方向和路线，按图依次越野跑寻找检查点，以最短时间完成比赛者为优胜的体育项目。它将越野跑与军事上识图、用图中定点、找点、按图行进、按方位角行进和判定方位有机结合起来，带有很浓的军事色彩，给人耳目一新之感，具有很强的竞争性、实践性、实用性、知识综合性和趣味性。学校开展定向越野时往往要求学生掌握识别和使用地图、准确判定方位的技能，会在图上选择、判定路线，会分析研究和对照地形，具有越野行进的知识和技能。越野不仅要有健壮的身体和顽强的意志，而且要有战术意识，越野能力是这些能力的综合表现；要具有一定的地理文化科学知识，还要有一定的军事知识。这是因为在定向越野中，往往要穿插一些带有军事战术的情况。将定向越野引进中学的地理教学，纳入地理课外活动中，能充分调动学生学习地理的积极性，增强学生识别和使用地图的能力。同时又可提高学生的军事技能，培养学生的国防观念。

2. 开发学生智能

定向运动是一项非常具有挑战性的运动，它需要参与者具备多种智能，包括观察力、注意力、判断力、反应速度和团队合作能力等。在参与定向运动的过程中，学生需要快速判断方向、选择最佳路径，这有助于提高他们的判断力和反应速度。同时，学生还需要与队友密切合作，共同解决问题，这有助于培养他们的团队合作能力。此外，定向运动还需要学生具备良好的心理素质，面对困难和挑战时能够保持冷静，这有助于提高学生的心理素质。

在定向越野中，可安排突然遭敌封锁、指北针损坏、指挥位置变化等战术情况，并增大处理情况的复杂程度。为了在比赛中战胜对手，获得好成

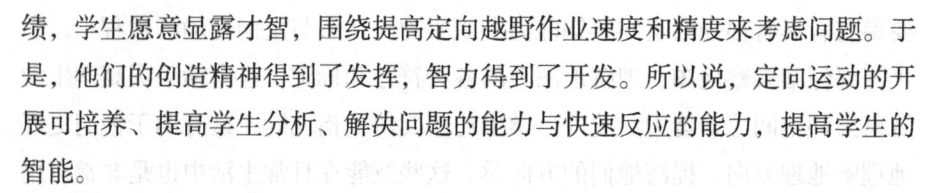

绩，学生愿意显露才智，围绕提高定向越野作业速度和精度来考虑问题。于是，他们的创造精神得到了发挥，智力得到了开发。所以说，定向运动的开展可培养、提高学生分析、解决问题的能力与快速反应的能力，提高学生的智能。

3. 锻炼学生顽强意志与体能

定向运动是一项需要学生具备高度耐力和毅力的运动。在运动过程中，学生需要不断克服各种困难，如地形复杂、路线曲折等，这都需要他们具备顽强的意志和良好的体能。通过定向运动，学生可以逐渐培养出坚韧不拔、勇敢顽强的精神品质，这对他们未来的学习和生活都大有裨益。

将定向越野比赛安排在严寒的冬季或酷热的夏季，如加之限粮限水或断粮断水，使比赛条件艰苦，再多采用中、长距离的比赛，且使学生有一定的负重，增大体力消耗程度，从而锻炼学生的意志、耐力和体能及野外生存能力。

4. 培养学生认真与细致的作风

定向运动要求学生具备高度的专注力和观察力，因为只有在仔细分析地图和实地环境的基础上，才能找到正确的路径。此外，定向运动还需要学生具备良好的空间感知能力和方向感，这都需要他们在运动过程中保持认真和细致的态度。通过定向运动，学生可以逐渐培养出认真细致的工作作风，这对他们未来的学习和生活都非常重要。

在定向越野中，可进行单人独立作业项目，也可安排集体协同作业项目。在时间紧、任务重、地形复杂的情况下，要求学生必须配合默契，善于分析、解决问题，遇事不慌，沉着冷静，运用合理的技术和战术，做到紧张而有序、忙而不乱，从而培养、锻炼学生协同、联合作业的能力。比赛是以按图找点、定点和行进的精度、速度来综合评定成绩，促使学生养成一丝不苟、认真、细致的作风。

5. 促进学生形成良好道德品质和精神

定向运动是一项需要参与者具备高度自律和团队合作精神的运动。在定向运动中，学生需要学会如何制订计划，如何与他人合作，如何面对困难和挑战。这些技能不仅有助于他们在定向运动中取得成功，而且对他们未来的生活和工作也有着深远的影响。

定向运动还强调了公平竞争和尊重对手的重要性。通过参与定向运动，学生可以学会如何对待他人，如何尊重他人的权利和意见，从而培养出良好的道德品质。此外，定向运动还可以培养学生的竞争意识，激发他们的潜能，提高他们的自信心和自尊心。

在定向越野比赛中，学生需要连续奔跑几千米甚至是几十千米，一路上都要着装整齐、精神饱满、勇往直前。当他们相当疲劳时，仍要做到宁肯多走路、多受累，也不践踏庄稼、不穿越民宅，遵纪守法，讲究礼节和仪表。定向越野比赛的场地，往往是在荒郊旷野的山岳丛林，方圆几十里内无人居住，行人很少，可培养学生的胆略和探险精神。定向越野比赛中的集体项目，每个学生的体质和毅力不同，但要长距离奔跑，共同完成众多任务，同一时间到达终点，这促使学生互相帮助，主动配合作业，从而培养学生团结友爱的集体主义精神。定向越野比赛中，由于比赛规则限制，比赛的任务重，设置的情况复杂，客观环境条件艰苦，学生心理承受能力也可相应得到锻炼和提高。

6. 促进学生身体素质的全面发展

随着现代化进程的飞速发展，生活节奏不断加快，现代社会对人体抗疲劳能力提出了更高的要求。然而，作为提高耐力的有效手段——长跑运动，由于其枯燥无味的特点，很难吸引广大学生积极参与。定向运动的趣味性使学生乐于进行长时间的耐力锻炼，角逐体力、较量智力，学生在不断判断地形和选择路线的过程中，快乐地接受野外生存训练，不知不觉中提高了耐力，也磨炼了意志力。

定向运动是一项全身性的运动，它需要参与者具备良好的体能、协调性和注意力。通过参与定向运动，学生可以提高他们的心肺功能、肌肉力量和耐力，增强他们的身体平衡性和灵活性。这些身体素质的提高有助于学生更好地应对日常生活和工作中的挑战。

7. 养成学生良好的心理品质与精神状态

定向运动是一项需要快速判断、决策和执行的运动，这对于学生的心理素质和应变能力有很大的锻炼作用。在定向运动中，学生需要面对各种复杂的地形、恶劣的天气和不确定的因素，这些都需要他们保持冷静、果断和坚韧的心态。通过参与定向运动，学生可以学会如何在压力下保持冷静，如何面对挫折和困难，如何从失败中汲取经验，从而逐渐培养出良好的心理品质和精神状态。

定向运动的参与性非常好，当学生独立处理比赛中发生的各种问题，寻找到一个又一个点标时，以及当学生克服了种种困难胜利到达终点时，都会产生非常强烈的成就感，这对培养学生顽强的意志力，加强沉着冷静、坚忍不拔和自信乐观的心理品质有着良好作用。定向运动是一项智力与体力相结合的运动，参加各种各样的定向运动活动，既可提高体适能水平，又可以增长知识和技能，改善心理素质，提高社会化水平，增强独立解决问题的能力。

8. 培养学生良好的感情沟通能力

定向运动也是一种团队合作的运动形式，它需要学生之间的相互协作和沟通。在参与定向运动的过程中，学生需要学会如何与他人合作，如何表达自己的观点和意见，如何倾听他人的意见和建议，如何解决团队内部的矛盾和分歧。这些技能不仅对学生的人际交往能力有很大的帮助，还可以促进学生情感沟通能力的提高。通过参与定向运动，学生可以学会如何与他人建立良好的关系，如何处理人际关系中的问题，从而更好地适应社会和人际交往。

在有关军校的电影里，经常可以看到这样的场面：人们拿着指北针和地图，在杂草丛生的荒郊野外气喘吁吁地寻找着路标，并顺着路标的指向继续前进，这其实就是定向运动最直观的写照——利用地图和指北针，在郊外陌生的地域判断方向、选择路线，最终到达预定目标。因为是在野外或面积较大的城市公园中进行，对大多数人来讲，定向运动是充分了解大自然、享受大自然的一项趣味性休闲运动。定向运动不仅仅是一项技术，它更是一种沟通感情的方式，爱情定向就是一个例子。爱情定向是目前比较时髦的定向方式：选择一个陌生的环境，在地图的某处画上一个标记作为爱情的目的地，一对情侣从不同的地点出发，心中有着共同的目标，经过寻觅、判断，当两个人克服重重困难走到一起的时候，带给他们的恐怕不仅仅是惊喜。将野外定向与寻觅爱情结合在一起，让人们在不经意间就感受到生活的真实与美好。

9. 提高学生综合素质

（1）增强体能素质

定向运动是一项需要快速奔跑、判断方向、寻找标志物的运动。学生在参与定向运动的过程中，需要不断挑战自己的体能极限，提高自己的耐力和速度。这种锻炼有助于增强学生的身体素质，为其他学科的学习提供良好的基础。

(2) 培养团队协作精神

定向运动通常以团队形式进行，需要队员之间的密切配合。学生在参与过程中，需要学会如何倾听队友的意见、协商解决方案，以及在遇到困难时共同寻找解决方法。这种锻炼有助于培养学生的团队协作精神，增强他们的沟通能力和解决问题的能力。

(3) 提高心理素质

定向运动要求学生具备较高的心理素质，包括应对压力、快速决策、自我调节等能力。学生在参与过程中，需要不断调整自己的心态，克服困难，以积极的态度面对挑战。这种锻炼有助于提高学生的心理素质，增强他们的自信心和自我调节能力。

(4) 培养竞争与合作意识

定向运动具有竞技性，学生可以在比赛中体验到竞争的刺激和乐趣。同时，定向运动也强调团队协作，学生需要在团队中找到自己的定位，为团队的成功贡献力量。这种锻炼有助于培养学生的竞争与合作意识，让他们明白在竞争中合作的重要性。

(5) 提升学习积极性

定向运动具有很强的趣味性，能够吸引学生积极参与。学生在参与过程中，不仅可以锻炼身体，还可以学到新知识，如地图与指北针的使用、地形分析等。这种体验式学习有助于提升学生的学习积极性，增强他们对学习的兴趣和热情。

综上所述，定向运动对学校教育具有多方面的价值，能够提升学生的综合素质。通过增强学生的体能素质、培养团队协作精神、提高心理素质、培养竞争与合作意识以及提升学习积极性，定向运动可以为学校教育带来积极的变革。

10. 提升学校体育教育的空间

在现代学校体育教育中，定向运动正逐渐成为一种新兴的运动形式，其独特的魅力与丰富的内涵为学校体育教育提供了新的空间。定向运动以其独特的参与性、趣味性和教育性，正逐渐改变着传统的体育教育模式，这不仅提升了学生的身心健康，而且推动了学校体育教育的改革。

（1）多元化教学。定向运动为学校体育教育提供了新的教学素材和方式。它打破了传统体育项目的局限，提供了更多元化的教学内容和方式。它使体育课不再局限于田径场，而是走向户外，丰富了体育教学的内容和形式。

（2）提高学生兴趣。定向运动具有趣味性和挑战性，能激发学生的学习兴趣和积极性。在参与定向运动的过程中，学生不仅可以锻炼身体，还可以在解决问题、团队合作的过程中体验到成就感，从而更加热爱体育。

（3）培养学生的综合能力。定向运动不仅锻炼了学生的体能，还培养了他们的判断力、团队协作能力和独立解决问题的能力。这些能力的培养有助于提高学生的综合素质，为他们未来的发展打下基础。

（4）促进校园文化建设。定向运动作为一种健康、积极、阳光的校园文化，有助于营造良好的校园氛围，增强校园的凝聚力。

随着定向运动的普及和深入开展，它将在学校体育教育中发挥更大的作用。未来，我们期待看到更多的学校引入定向运动，将其作为体育教育的重要组成部分。同时，我们也期待定向运动能在学校中形成一种健康、积极、阳光的校园文化，为学生的全面发展提供更多的可能性。

总的来说，定向运动为学校体育教育带来了新的活力和可能性。它丰富了教学内容和形式，提高了学生的学习兴趣和综合素质，促进了校园文化建设。因此，我们应该积极推广定向运动在学校体育教育中的应用，以提升学校体育教育的空间，促进学校体育教育的多元化。

二、定向运动的意义

（一）定向运动的生理学意义

定向运动是一项非常健康的智慧型体育项目，它融合了智力与体力两种能力。这项运动之所以备受推崇，原因之一是它对身体具有多方面的益处，是一项非常适合生理学研究的体育项目。

1.定向运动对心血管系统和呼吸系统的益处

定向运动可使心率加快，同时由于长时间的奔跑还有利于心功能的提升，使心脏收缩更充分、排血量更大，从而提高了心脏的工作能力和摄氧能力。经常从事定向运动的人心肺功能良好，对于不同强度、速度的呼吸要求均能适应。有关呼吸系统的影响主要有：通过变速跑和平地快跑肺通气量得到显著提高，在疲劳时由于肺通气量还能持续增大，从而有助于肺部气体交换效率的提高，促进身体更好地进行有氧耐力运动。另外，这项运动需要很好的耐酸能力，能够促进机体维持酸碱平衡的能力得以提升。

2.定向运动对肌肉系统的影响

通过一些经典的测验结果表明，在持续奔跑3~4小时之后，参加定向运动的男女运动员肌肉爆发力均出现明显的增强，说明在定向运动中机体不断经受"极点"和"第二次呼吸"的锻炼之后，身体具有更强的恢复能力。肌肉耐力和身体恢复能力的增强有利于肌肉疲劳期过后迅速恢复到最佳状态。通过这种训练可使肌肉群在形态和机能上均发生良好的变化，从而提高了肌肉力量和肌肉群之间的协调性。此外，在野外进行定向运动还能对神经—肌肉接点产生良好的刺激作用。

3.定向运动对内分泌系统的益处

参加定向运动训练对内分泌系统的益处主要有以下几个方面：首先，该项运动的进行能够促进性激素分泌增多，有助于生殖器官的发育和第二性征的充分展示；其次，可有效调节生长激素的水平并促进骨骼发育；再次，可促使身体更好地适应应激反应的出现；最后，可有效调节免疫功能。

综上所述，定向运动对身体健康和心理健康均具有积极意义。参与者在参加该项运动时需注意做好充分的准备活动，遵循科学训练原则和循序渐进的原则，切忌盲目进行高强度训练而损伤身体。此外，参与者还应掌握一定的野外生存技能以备不时之需。定向运动的开展不仅能锻炼身体、增强体质，还能丰富人们的业余生活，有助于培养人们勇敢顽强、坚韧不拔的意志品质和良好的团队合作精神。

(二)定向运动的心理学意义

定向运动是一项非常健康和有益于身心发展的体育运动，它不仅可以增强人们的体质、提高机体的免疫力，同时还可以锻炼人们的思想意识，培养人们勇敢、果断、机智和团结协作的优良品质。由于定向运动涉及许多复杂和变幻莫测的思维，它也是一种认知过程的体育运动。此外，它也是一种有效的心理训练方法。在心理学领域，定向运动具有重要的意义和价值。

第一，定向运动有助于提高注意力。注意力是人类认知和行动的基础，定向运动需要参与者保持高度的注意力和警觉。通过参加定向运动，参与者可以在短时间内专注于任务并保持思维清晰，这对他们的日常生活和工作是非常有益的。此外，这种注意力集中也有助于减轻焦虑和压力，增强心理适应能力。

第二，定向运动可以提高解决问题的能力。在定向运动中，参与者需要解决各种问题，如寻找地图上的标记点、判断方向等。这些问题需要参与者运用逻辑思维、空间认知和决策能力等复杂的认知过程。通过参与定向运动，参与者可以锻炼这些能力，提高思维水平。

第三，定向运动有助于增强自信心和自尊心。在定向运动中，参与者需要面对各种挑战和困难，但他们必须相信自己能够克服这些困难并取得成功。这种自我肯定和自我激励的过程可以帮助参与者建立自信心和自尊心，这对他们的心理健康是非常重要的。

第四，定向运动可以促进团队合作和领导力的发展。在定向运动中，参与者需要与其他队员合作完成任务，这需要他们具备良好的沟通和协作能力。通过参与定向运动，参与者可以学会如何与他人合作、协调和领导，这对于他们未来的职业生涯和个人发展是非常有益的。

总之，定向运动是一项非常有益的体育运动，它具有很高的心理价值。通过参与定向运动，参与者可以增强注意力、解决问题能力、自信心和自尊心、团队合作和领导力等方面的发展。同时，参与者在解决复杂问题的过程中，也增强了其自身的思维能力、反应速度和应变能力等智力水平。此外，这种面对挑战、积极进取的态度对参与者的个人生活和职业生涯都是非常有益的。因此，我们应鼓励更多的人参与定向运动，以提高其身心健康水平和生活质量。

（三）定向运动的生存能力意义

定向运动，一种结合了智力与体力的户外运动，不仅仅锻炼了我们的体能，更提升了我们的生存能力。定向运动让我们更深入地理解自然环境，提高了我们的判断力，同时也增强了我们面对困境的生存能力。

首先，定向运动提高了我们的体能。在定向运动中，我们需要快速奔跑、爬山、跨越障碍，这都需要强大的体能。在户外环境中，没有良好的体能就无法完成这些挑战。然而，更重要的是，定向运动不仅仅能提高体能，它更让我们理解到体能的极限，培养我们在挑战中寻找平衡的能力。当我们面对困境时，这种平衡和适应的能力会帮助我们更好地应对环境的变化。

其次，定向运动提高了我们的判断力。在定向运动中，我们需要根据地图和指北针的指示，确定我们的位置和前进的方向。这就需要我们具备敏锐的观察力和判断力，能够从复杂的自然环境中提取有用的信息。这种能力在生存环境中尤为重要，因为我们需要根据环境的变化来调整我们的行动。

最后，定向运动增强了我们的生存技能。在户外环境中，我们可能会遇到各种困难和挑战，如迷失方向、缺乏食物和水源等。定向运动中的一些基本技能，如寻找水源、搭建临时住所、寻找食物等，都可以直接应用于生存环境中。这些技能不仅可以帮助我们生存下来，还可以提高我们的自信心和应对挑战的能力。

总的来说，定向运动不仅仅是一项户外运动，更是一种生存能力的锻炼和提升。它让我们更好地理解自然环境，提高我们的判断力，增强我们的生存技能，培养我们的团队合作精神。这些能力在日常生活中都是非常重要的，它们可以帮助我们更好地应对各种挑战和困境。因此，我们应该积极参与定向运动，通过这种运动来提升我们的生存能力。

(四) 定向运动的商务意义

随着社会经济的发展和人们生活水平的提高，定向运动作为一种新兴的体育运动形式，逐渐受到越来越多商务人士的关注和喜爱。

定向运动需要参与者具备高度的团队协作能力。在定向运动中，队员需要相互协作，共同完成路线，寻找各个检查点，这对于商务人士来说具有重要的借鉴意义。在商务活动中，团队成员需要密切配合，才能更好地完成各项任务，实现企业目标。因此，定向运动可以帮助商务人士提高团队协作能力，为商务活动打下坚实的基础。

定向运动作为一种新兴的体育运动形式，具有广泛的受众基础和社会影响力。通过组织定向运动比赛或活动，企业可以吸引更多的潜在合作伙伴和客户。这些合作伙伴和客户对于企业的产品和服务具有较高的认可度和需求度，可以为企业的业务拓展带来更多的机会和资源。此外，通过与合作伙伴共同组织定向运动活动，企业还可以建立更加紧密的合作关系，实现互利共赢。

总之，定向运动作为一种新兴的体育运动形式，具有广泛的商务意义。它可以帮助企业增强团队协作能力、提升企业形象、促进企业文化建设、拓展商务合作机会等。因此，企业应该积极探索和实践定向运动的商务应用价值，将其作为一项重要的商务活动形式来开展，为企业的可持续发展注入新的动力。

第四节 定向运动的文化特征

一、定向运动文化内涵特征的体现

较之其他项目，定向运动有如下特点：压力促使人员聚精会神地读图、估测路线选择方案、积极研判当前形势，通过指北针操作与在地形中奔跑等形式，迅速找到最可靠的路线，穿过陌生地域。定向运动只给出了几个定点，剩下的事都要参与者自己思考、分析与研判，比如，走哪条线更便捷、省力？怎样找到最合适的路线，路上有没有障碍物？这段时间自己的体能如何，有没有信心到达目标？等等。从这里可以看到，该运动的内涵集中反映在：利用指北针以及地图，在压力下冷静分析，作出正确的决定。这就像人的一生，人们为了实现自己的理想追求，每天都要不停奋斗，比如，制定人生目标、持之以恒向该目标靠近等，这是我们每个人的定向运动。由此可见，定向运动既能锻炼我们的身体，还能磨炼心性，这体现了该运动的重要意义。

二、定向运动文化外延特征的体现

（一）定向运动是一项竞技体育项目

定向运动既展现了参与者的体力，还体现了其各方面能力，这是参与者之间智力的竞争，无论是研判路线、不断奔跑，还是使用指北针等，都体现了参与者的智慧。因此定向运动的另一个特征，就是包含显著的对抗竞争性。

(二) 定向运动是一项大众体育项目

人们要重视这项技能，知晓该技能的重要作用，通过普及地形学这一层面来看，让人们了解用图相关知识，有利于提升其野外生存能力、随机应变的能力等。

(三) 定向运动是一项颇具商业价值的体育项目

定向运动是绿色健康、适应性突出且覆盖面非常广的一种运动。参与人员只须带上指北针和地图就可以参与该运动。

综上，该项运动属于个人体验型项目，具有突出的参与性，如果没有参与过，可能无法感受该项目的乐趣。

三、在不同体育形态下定向运动的体育文化

(一) 竞技体育下定向运动的文化

体育文化包含了竞赛活动的特征。该文化在长期的发展中，不管是青少年体育，还是全球性的活动，都呈现相互竞争与不断较量的态势，竞赛由此诞生，这是其他艺术没有的特征。这一独特性展现了人类努力奋进、爱好竞争的属性。这反映了体育文化的特征，是该文化不断演化的重要动力。定向运动也是如此，其对抗竞争性非常明显。其是人类认识客观世界、与大自然和谐相处的过程中，充分展现主观能动性、挖掘潜能，不断挑战自我、超越自我的一项运动，人们通过此项运动，充分认识自我，在成功挑战自我后能够获得巨大的满足感，这种喜悦感无以言表。

(二) 休闲时代赋予定向运动的文化

将人作为核心，旨在顺应人身心发展的要求的特定文化活动，即社会体育。社会体育的主要思想，就是增强民众体质，让人们养成健康的生活习惯，显著改善大众的生活，让人们健康、全面地发展。想要增强民众体质，

让民众身心更加健康，一个重要方式就是提升其社会参与度。该指标能够全面展现大众的生存情况。随着民众生活水平的不断提高，休闲时代向大家敞开了怀抱，这个时代可以充分满足民众的精神需求，要求人们不断提升自我，展现自己的价值。而定向运动能够帮助人们认识自我、提升民众的健康水平，并减轻人们的生活与工作压力，该运动是一种良好的休闲模式，具有广阔的发展空间。同时，这一项目还能够顺应人们亲近大自然的要求，其给人们提供了走出钢筋水泥围城、拥抱大自然的机会，通过参与定向运动，人们走进广阔的原野，与青山绿水为伴，思考着人生的意义。其体现了民众保护生态环境、与自然融合的愿望，这符合中国传统文化"天人合一"的理念，换言之，就是顺应自然发展规律，促进人与自然和谐发展。

(三) 与体育产业相关的定向运动文化

体育产业主要通过自身的影响力与重要优势，获取相应的经济价值，是设计、生产与销售体育产品等各种活动的综合体。在体育经济发展水平比较高的国家，体育产业是该国经济的重要组成部分。由于国际定向运动的快速发展，该运动的商业价值也在逐步增加，许多人开始关注定向运动，正在考虑是否加入该运动。这表明这项运动迈向了大众化之路，我国也将会掀起定向运动的热潮，该项运动为喜欢这一项目的人创造了参与的有利条件。在这项运动中民众可以选择当定向地图设计者，也可以当运动员，或者对相关设备进行设计与开发，语言表达能力好的人可以成为定向运动的解说员，或者设立专门的俱乐部，向民众宣传该项运动的长处与相关知识，组织一些培训活动、定向运动比赛等，将爱好这项运动的人聚集在一起，共同探索美丽的大自然。

第二章 定向运动的基础知识

第一节 定向运动中的定向地图

任何一张地图都可以定向，但为了定向运动本身，还须制作专门的定向地图。地图记录的信息指示了实际的场地，它提供寻找点标的基本信息。定向地图的主要信息一般包括图名、指北线、比例尺注记、等高距注记及图例说明等。地图上所标明的比例尺说明地图被缩小了多少倍。在日常生活中我们看到过各种各样的地图，不仅颜色、符号各不一样，而且质量也不同，有些地图简单、粗略，有些则精确、详细，地图上的信息十分丰富，需要大家进一步学习。

一、地图上的比例尺

比例尺是地图上最重要的参数，是识别、使用越野图的重要因素。

（一）比例尺的概念

图上某线段的长度与相应实地水平距离之比，叫地图比例尺，即，地图比例尺＝图上长度／相应实地水平距离。

如某幅图的图上长为1cm，相应实地的水平距离为15000cm，则这幅地图是将实地缩小至1/15000测制的，1与15000之比就是该图比例尺，叫1∶15000地图。

（二）比例尺的特点

（1）比例尺是一种没有单位的比值，相比的两个量的单位必须相同，单位不同不能成比例。

（2）比例尺的大小是按比值的大小衡量的。比值的大小，可按比例尺分母来确定,分母小则比值大,比例尺就大;分母大则比值小,比例尺就小。如1∶10000大于1∶15000、1∶250000小于1∶10000。

(3) 一幅地图,当图幅面积一定时,比例尺越大,其包括的实地范围就越小,图上显示的内容就越详细;比例尺越小,图幅包括的实地范围就越大,图上显示的内容就越简略。

(4) 比例尺越大,图上量测的精度越高;比例尺越小,图上量测的精度也就越低。

(三) 图上距离的量算

用直尺量读:当利用刻有"直线比例尺"的指北针量读时,可根据刻在尺上的数值在图上直接读出相应的实地距离。

当利用"厘米尺"量读时,要先从图上量取所求两点间的长度,然后乘以该图比例尺分母,即可得出相应的水平距离(须将结果的单位换算为m或km),即实地距离=图上长度×比例尺分母。

如在1∶15000越野图上量得某两点间的距离为3mm(0.3cm),则实地水平距离为3mm×15000=45000mm(45m)。

当量算某两点间的弯曲(如公路)距离时,可先将曲线切分成若干短直线,然后分段量算并相加。

估算法:估算法又叫心算法,这种方法在定向越野比赛中最具实用价值。要掌握它,需要具备下述两个方面的能力。

(1) 能够精确地目估距离,包括图上的距离和实地的距离。在图上,能够辨别0.5mm以上尺寸的差异;在实地,目估距离的误差不超过该距离总长度的1/10,如某两点间的准确距离为100m,目估出的距离应在90~110m。

(2) 熟知几种图上常用的尺寸单位与相应实地水平距离的对应关系,如:在1∶15000图上,1mm相当于实地15m,2mm相当于实地30m,1cm相当于实地150m。

图上量算距离时应注意:从越野图上量得的距离,不论是直线距离还是曲线距离,都是两点间的水平距离。如果实地的地形平坦,图上所量距离接近于实地的水平距离;如果实地两点间的地形起伏,则两点间的实际距离大于图上量得的水平距离。因此，在计算行进里程时，必须根据地形的起伏情况进行具体分析，在图上量得的距离上加上适当的改正系数。

二、地图上的符号与颜色

如同其他地形图一样，定向地图也要求完整而详细地表示地貌、水系、建筑物、道路、植被和境界，即所谓"地图的六大要素"。

(一) 符号的分类

根据定向运动比赛的特殊需要，国际定联将定向地图（也称为越野图）的符号分成以下五类。

(1) 地貌，用棕色表示。这类符号还包括小丘、小洼地、土崖、冲沟、陡坡、土垣等表示地面详细形态的专门符号。

(2) 植被，按下列基本原则表示。

——白色（空白）指容易通过的森林区。

——黄色指空旷的地域。分为空旷地，半空旷地及凌乱的空旷地。

——绿色指树林中密度较大的地区。按可跑性分为慢跑：使正常跑速降低20%~50%；难跑：使正常跑速降低50%~80%；通行困难：使正常跑速降低80%~100%。上述可跑性的区分均取决于树林的生态，如树种、密度，及矮树、草丛、蕨类、荆棘、荨麻等植物的生长情况。

(3) 人工地物，用黑色表示。包括各种道路、房屋、栅栏、境界等地图符号。

(4) 岩面与石块，用黑色表示。岩石与石块是地貌的特殊形式，它们既可以为读图与确定点位提供有用的参照物，又可以向运动员表明是危险还是可奔跑通行的情况。为使它们明显地区别于其他地貌符号，这一类符号使用了黑色。

(5) 水体与湿地，用蓝色表示。这类符号包括露天的明水系和水生或沼泽生的植物、植被，用空白或黄色和绿色表示。植被情况的详细区分和全面表示非常重要。

(二)符号的等级

根据各类符号在世界各国定向越野图上出现的频率，同时为了促进全世界定向越野地图的标准化，国际定联将越野图的符号分成以下三个级别。

A——适用于各种国际比赛和世界锦标赛；B——可以用于一定地形类别之中；C——在特殊地形中补充 A 级和 B 级的非国际通用符号。

在国际定联 1982 年制定的《国际定向运动图制图规范》(Drawing Specificationsfor International Orienteering Maps) 中，A 级符号列出 73 个，B 级符号列出 25 个，C 级符号未做统一规定。

(三)符号的大小与相互关系

为了完整而详细地表示出地形，同时又能保证越野图清晰、易读，国际定联规定了越野图符号的最小尺寸以及相互靠近的符号的关系的处理原则与最小间隔。

符号的大小、线条的粗细、符号间最小距离的规定，都是以日光条件下的正常视力可见范围和地图制印能力为依据制定的。通常：

(1) 岩石类符号、河流与沟渠类符号，最短不小于 0.6mm。

(2) 虚线符号，至少应有两段。

(3) 点状符号，至少应有两个点。

(4) 淤泥地最小面积应为两条 0.5mm 长的线。

(5) 蓝、绿、灰、黄的普染色块和黑色的网点，图上最小面积为 0.5mm²。蓝、绿、黄色的网点最小面积为 1.0mm²。

(6) 同颜色的两条线间的最小距离，如黑与黑、棕与棕之间，为 0.15mm；

(7) 两条蓝色线之间的最小距离为 0.25mm。

当若干小而重要的地物紧靠在一起，即使用最小尺寸的符号表示，符号大小也超过了实地地物的大小时，这些符号仅保持了它们相互间位置关系的正确性，实际的准确位置已经做了合理的移动。

(四)符号的图形特点(不包括 C 级符号)

无论何种地物，它们的平面形状特点都可以被理解为：面状的、线状的和点状的。在这一点上我们发现，图上各种符号的图形特点与实地地物的形状特点之间具有惊人的相似之处，并且一一对应。

面状的：这类符号在实地的面积通常较大，包括树林、湖泊、宽河、淤泥地、建筑群等，它们用依比例尺描绘的符号或轮廓符号表示。我们可以在图上直接量算出地物在实地上的长、宽和面积，因此，有些教科书称这类符号为"依比例尺表示的符号"。

线状的：这类符号包括小河、公路、铁路、窄林道、石垣等，它们的长度是依比例尺缩绘在图上的，宽度则没有依比例尺表示，因此这类符号又被称作"半依比例尺表示的符号"。

点状的：这类符号在实地的面积或体积通常较小，但它们的外形或功能却具有明显的方位作用，是运动员在行进中的重要参照物。例如，水坑、石块、塔形建筑物、水井等，用不依比例尺描绘的图案符号或点状符号表示。

(五) 认识符号需要注意的问题

在越野图上，对于一组属性相近的地物，通常只规定一个基本符号，之后根据这些符号的不同分类，分别使用不同的颜色。在识别符号时，不要搞混。

为了表示某些同类地物之间的差别，一般只将它们的基本符号做一些局部的改变或方向调整，在认识这些符号的时候应特别仔细，注意符号本身或其与周围地形之间的细微差别。

当若干同类符号以某种有规律的排列方式来表示地物时，它们所反映的只是地物的性质和范围，并不代表地物的个数和精确位置。

某些地物，虽然它们的性质相同，但当它们的长度、宽度或直径不同时，图形特点将会改变——"在一定条件下相互转化"。

这就说明，面状地物、线状地物或点状地物，虽然它们的符号在图上的区别是比较明显的，但在实地，除非具有足够的经验，否则不易看出它们的区别。

三、地图上的磁北线

定向图上的磁北线在图幅内以磁北矢线的形式标绘若干条。一般情况下是每实地距离 250m 或 500m 标绘一条，贯穿南北；公园赛、校园赛等比例尺较大的地图，磁北线数量可视实际情况而定，但间隔必须一致。

四、地图上的定向标号

定向标号是用特定符号和图形点标点的相关位置表示出来，用来指示点标点在图上的位置和帮助练习者快速寻找点标点、完成定向任务的符号。定向标号分为定向路线标号和标点说明符号。

（一）定向路线标号

定向路线标号是标绘在定向运动图上的指示起点、点标、终点的符号。起点以正三角形表示，其精确的位置是三角形的中心，一般三角形的边长为 7mm；点标以单圆圈表示，一般直径为 5~6mm；终点则以双圆圈表示，同心圆的内外直径一般分别为 5mm 和 7mm。点标之间用直线连接。

（二）点标说明符号

（1）点标说明符号：点标说明符号是国际定向联合技术委员会统一制定的图形符号。不同的颜色、符号表示不同的地物。

（2）点标（详细信息）说明：如果在比赛场地上设有许多的点标旗，那么选手如何分清找到的是不是他（她）的路线上应该找到的正确点标呢？每一位选手在出发前都会得到一张点标说明（有时也会印在地图的下面或侧边）。这张说明给出了点标的详细信息，包括点标的确切位置和具体编号（当有多条路线时）。在一些大型的比赛中，如省级或国家级的比赛，应使用 IOF 点标说明标准。在附录中有更多、更详尽的关于点标说明的信息。

五、地图上的等高线和等高距

等高线，即为将地面高程相等的邻接点连接后所形成的闭合曲线。它一方面可以展示地表面的起伏形态，另一方面还可以帮助我们判定任意点的高程。

(一) 等高线的高程起算面

目前我国采用的国家高程基准是由青岛验潮站 1988 年测定的。根据青岛验潮站 1952—1979 年测定的验潮资料，我们将新的黄海平均海面作为全国高程的起算面。

(二) 等高线显示地貌的原理

测绘等高线的原理是两平面平行则两平面间必等距。先设大地水准面为高程基准面，我们假想将一座山用一组等距的平行于基准面且彼此平行的平面与山体表面相切，则可以得到平行于基准面的一组水平截口，然后将各截口线沿铅垂线方向投影到高程基准面上，最后按一定比例尺缩小绘制于纸平面上，即可得到一组各自的曲线——等高线。

(三) 等高距及其规定

等高距指地图上彼此相邻的等高线之间的高差，即两相邻的平行水平截面之间的垂直距离。选择等高距时，须根据地面坡度、地形图比例尺和用图目的等因素而定。等高距的大小决定了地貌显示的详细程度：等高距越小，显示地貌越详细；反之则越简略。一般来说，地图比例尺越小，等高距越大；而地图比例尺越大，等高距就越小。目前，我国常用的比例尺地图的等高距规定：比例尺为 1∶25000 时，等高距为 5m；比例尺为 1∶50000 时，等高距为 10m；比例尺为 1∶100000 时，等高距为 20m；比例尺为 1∶250000 时，等高距为 50m。因为实地地貌的起伏与切割程度往往是千差万别的，适合显示平坦地区的等高线，在显示山区时就有可能会出现等高线密集甚至重合等问题；相反地，适合显示山区的等高线，在显示平坦地区时则会出现等高线过于稀疏的情况。除此之外，等高线的疏密还会影响地图的清晰性和易读性。因此，对于定向越野地图的等高距，国际定联已作出了专门的规定，并要求将等高距说明印制在每张地图的显著位置。例如：定向越野地图的标准比例尺为 1∶15000，等高距 5m，在选择稀疏且面积较大、地势平缓的地形地物时，为了便于表达，也可以采用 2.5m 的等高距，但必须注意的是，在同一张定向地图上不允许使用两种不同的等高距。当遇到标准比例尺及其等高距的地图还不够详细时，我们也可以考虑使用1∶10000的比例尺及其他等高距，但须经过国家定向运动协会地图委员会的批准。

(四) 等高线的特性

(1) 在同一条等高线上，各点高程相等，每条等高线都是闭合曲线。

(2) 相邻等高线间的水平间隔与地面坡度成反比，即相邻等高线间的间隔越小，则对应的地面坡度越大；反之则越小。

(3) 在同一幅地图上或同一等高距的条件下，高程越高则等高线条数越多，高程越低则等高线就越少，由此可判断地形的高低；而在凹地中，等高线则表示深浅。

(4) 等高线的形状与相应截口的形状相似，所以等高线与实地相应地貌具有对应性，这是图上地貌判定和野外用图的重要理论依据。

(五) 等高线空白现象

当因为地面坡度陡峭而无法逐一绘出每条应绘等高线时，允许隔一条中断一条等高线或中断四条等高线，在能清晰绘出的地方再连续绘出。这样在图上的局部范围内，便出现了"等高线空白"现象，这时便需要根据未中断部分来判定高程。

(六) 等高线的种类和作用

为了详细地反映地貌的局部变化和便于根据等高线迅速地判定高程，等高线可被分为首曲线、间曲线、助曲线、计曲线四种。

(1) 首曲线即基本等高线。它是按规定的基本等高距描绘的等高线。

(2) 间曲线即半距等高线。它是以二分之一基本等高距，加绘于局部的等高线，在图上以长虚线(长5mm，间隔1mm)表示地貌局部变化。

(3) 助曲线即四分之一等高距等高线。它是在用间曲线仍不足以显示地貌的微小变化时采用的一种辅助等高线，在图上以短虚线表示。

(4) 计曲线即加粗等高线。它是为了计量等高线的高程而设的。从高程起算面起，每隔4条首曲线，加粗描绘一条等高线，此线即为计曲线。

六、地图上的地貌符号

虽然地貌的外表形态千差万别,但实际上它们都是由山顶、山背、山谷、凹地、鞍部、山脊、山脚、斜面等基本形态组成的。而地貌的每一种形态都有一个独有的等高线图形表明地貌的特征。

(一) 山顶的识别

山顶是独立山体的最高部分,也叫作山头。山顶有圆、尖、平顶的分别,相应的山顶的形态反映在等高线的组合结构特征上,用图者识别山顶正是通过山顶的等高线组合特征来认识的,如图 2-1。

尖山顶的特点是等高线环圈小而且间隔小,图形的样子是曲曲折折且十分尖利的,与尖山顶峰尖、坡陡、脊显的特点相对应。

圆山顶的特点是等高线环圈比较圆润而间隔较均匀,转折比较平缓,与圆山顶丰满圆润、坡度和缓的特点相对应。

平山顶的最高一条等高线露空宽大,而以下相邻等高线骤然紧密,与平山顶的顶部宽平、四周陡峻之态相对应。

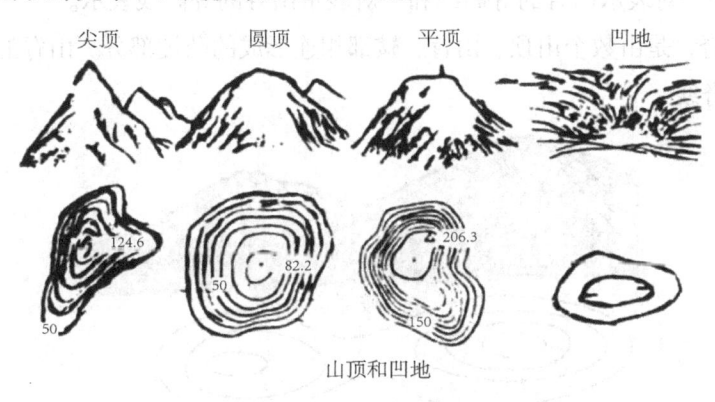

图 2-1 山顶和凹地

(二) 山背、山谷

山背,是从山顶到山脚的凸起部分。图上表示山背的等高线以山顶为准,等高线向外凸出,各等高线凸出部分顶点的连线,就是分水线(如图 2-2)。

山谷，是相邻山背、山脊之间的低凹部分。图上表示山谷的等高线以山顶或鞍部为准，等高线向里凹入（或向高处凸出），各等高线凹入部分顶点的连线，就是合水线。

甲 山背　　　乙 山谷

山背和山谷

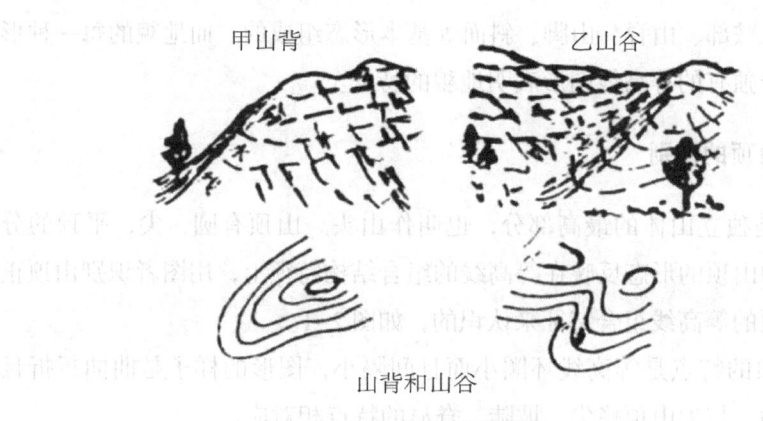

图 2-2　山背和山谷

（三）鞍部、山脊

鞍部，是相连两山顶间的凹下部分，其形如马鞍状，故称为鞍部。图 2-3 是用一对表示山背的等高线和一对表示山谷的等高线表示。

山脊，是由数个山顶、山背、鞍部相连形成的凸棱部分。山脊的最高棱线叫山脊线。

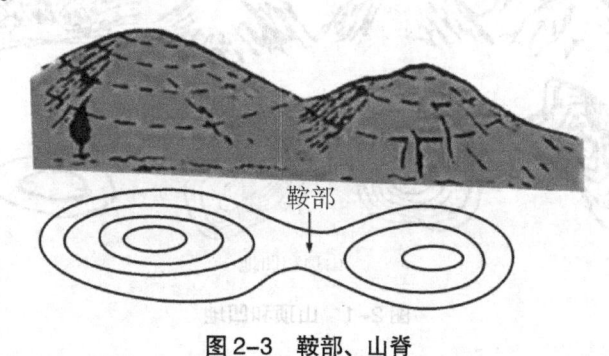

鞍部

图 2-3　鞍部、山脊

（四）山脚的识别

山脚是山体与平缓倾斜地的交线。在平原与山地相交处，山脚呈现倾斜变换线的样子。如果想要有所收获，则必须阅读大量地形图。但就局部山体而言，其基部的倾斜变换线还是比较明显的。因为在基部，等高线的疏密程度出现了明显变化。

山脚的识别如图2-4。

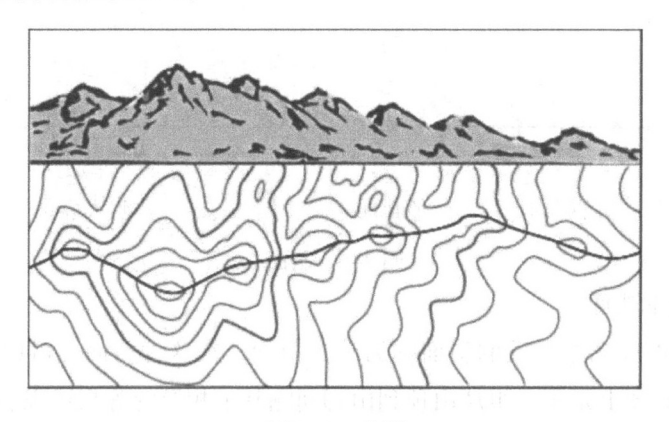

图2-4　山脚

(五) 山凸的识别

斜面上短而狭长的小山背，是一条向下坡方向凸出的等高线图形。

(六) 山垄的识别

斜面上长而狭窄的小山背，是一组向下坡方向凸出的等高线图形。

(七) 台地的识别

斜面上的小面积平缓地，是一组向下坡方向凸出的等高线图形。

(八) 斜面与防界线的判别

由山顶到山脚的倾斜面称为斜面，如果能判别斜面，对于定向运动而言还是相当有用的。按断面的形状可将斜面分为凸形斜面、凹形斜面、等齐斜面和波状斜面。斜面上由山顶到山脚坡度的变换线称为防界线（如图2-5）。

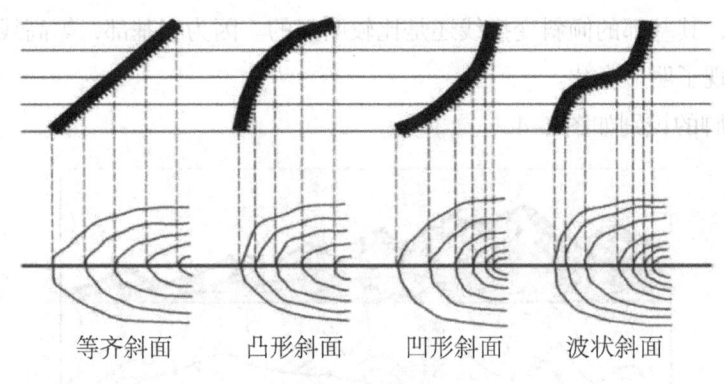

图 2-5　斜面

1. 等齐斜面

实地坡度基本一致的斜面称为等齐斜面，在这种斜面上可以有很好的视角。在地图上是用一组从山顶到山脚间隔基本相等的等高线来表示。

2. 凸形斜面

实地坡度为上缓下陡的斜面称为凸形斜面，这种斜面的一些地方视线比较差。在地图上是用一组从山顶到山脚间隔为上稀下密的等高线来表示。

3. 凹形斜面

实地坡度为上陡下缓的斜面称为凹形斜面，在这种斜面上可以有很好的视角。在地图上是用一组从山顶到山脚间隔为上密下稀的等高线来表示。

4. 波状斜面

实地坡度非常复杂，坡度、倾斜度交叉变化，呈波形状的不规则斜面称为波状斜面，这种斜面一些地方视线比较差。在地图上是用不规则间隔稀密不均的等高线来表示。

(九) 变形地貌的识别

凡是不能用等高线表示的地貌都称为特殊地貌，亦称为变形地貌，如冲沟、陡崖、崩崖、滑坡、陡石山等。它们是地球内力和外力的长期作用形成的，人们为此设计了对应的符号，来识别特殊地貌。

冲沟：一种较大的、有间歇性水流活动的长条状谷地，由切沟发展而来。冲沟的沟壁一般比较陡峭，在定向地图上根据其宽度分别用单线或双线表示，冲沟一般注记深度，如分数式注记，分子表示宽度，分母表示深度。

陡崖：高地斜面坡度接近垂直（大于70度），近于垂直的山坡，称为陡崖。陡崖的等高线表示方法是多条等高线汇合重叠在一处，符号的实线表示崖壁的上沿部位，陡崖的高度有专门的标记数字表示。

崩崖：沙质或石质山坡受风化作用向山坡方向崩落的沙土或石硝地段。

滑坡：斜坡的局部稳定性受破坏，在重力作用下，岩体或其他碎屑沿一个或多个破裂滑动面向下做整体滑动的过程与现象。

陡石山：崖石裸露的陡峭山脊、独立山石。

（十）地貌起伏的判断

地貌起伏判定的定义是从地形图上根据等高线的组合特点以及一些有关的标记，判断实地地势起伏的方法。换句话说，就是判定实地地貌的斜坡方向。

判定地貌起伏状况总体上应从以下方面着手。

（1）观察地形地貌，找出河流、谷川等负向地貌；

（2）沿河谷方向判断山头、山脊等正向地貌；

（3）比较高低，根据山体的起伏找出联系。

具体可用以下方法判定。

（1）利用示坡线判定：顺示坡线方向为下坡；逆示坡线方向为上坡。

（2）利用河（流谷）地判定：沿河流向河源为上坡；背河源为下坡。横向河流时，向河流为下坡；背河流为上坡。

（3）利用高程注记判定：朝字头方向为上坡；朝字脚方向为下坡。

（4）利用等高线图形判定：山背、山垄等地貌隆起部分的等高线图形凸出部分总朝下坡；山谷、洼地朝上方向为上坡。山脚等高线一般较疏，中上部一般较密，由此可根据等高线的疏密变化来判断上下坡方向。

（十一）高程和高差的判断

通常地形图上高程注记点标定在图上的测量控制点，在其旁注记有该点的高程，其注记值取至小数点后一位，单位为m。等高线的高程通常被均匀地注出，一般注在计曲线上，字头朝山顶方向。

点的高程判定：

(1) 当某点位于等高线上时，该等高线的高程即为该点的高程。

(2) 当某点位于两条等高线之间时，估计该点与最邻近一条等高线的距离占这条等高线与另一条邻近等高线间的距离的比例用以下公式估算。

$$H=H_{下邻}+H\frac{点与下邻等高线之间隔}{相邻两条等高线间隔} \tag{2-1}$$

(3) 当点位于鞍部上时，有两种判定方法：一种是以最邻近的一对山谷的等高线加上基本等高距的一半；另一种是以最邻近的一对山背的等高线高程减去基本等高距的一半。

高差计算：

(1) 当两点位于同一斜面上时，只要数一下等高线的间隔数量，将其乘以等高距并加上余高即可。

(2) 当两点位于不同斜面上时，先分别求两点高程，然后用大数减去小数。

(十二) 坡度判定

地表单元陡缓的程度叫作坡度。常以"度"或百分数表示。常用求坡度公式为：

$$\alpha = 两点间的高差 \div 两点间的实地水平距离 \times 100\% \tag{2-2}$$

根据图上等高线的间隔大小来判定。在 1∶15000，等高距为 5m 的标准定向图上，可按以下公式计算出斜面的概略坡度：

$$\alpha = 19° \div d \text{ （}d \text{ 小于 } 0.5\text{mm 不宜使用）} \tag{2-3}$$

α 为坡度，d 为图上相邻等高线的间隔（单位：mm），几个常见尺寸相应的坡度：

2mm ≈ 9.5°，1mm ≈ 19°，0.5mm ≈ 38°

(十三) 示坡线

为了便于辨明山头或凹地以及不易辨别的斜坡升降方向，在这些部位的等高线上，一般还绘有示坡线来表示升降方向，即用与等高线垂直相接的短线表示，示坡线不与等高线连接的一端指向下坡方向。

七、地图上的其他内容

(一) 磁北线

磁北线 (MN 线) 是地图上表示地磁的方向线。它不仅可以用来标定地图的方向、测量目标的方位角，还可以用于概略地判明行进路线的方向和距离。

磁北线在图上用 0.175mm 的黑色平行线表示。在 1∶15000 万的越野图上，要求两相邻磁北线间的距离约相当于实地 500m；在 1∶10000 万的图上，要求两磁北线间的距离约相当于实地 250m。磁北线在图上的长度，要求贯通整个赛区。

(二) 比赛路线符号

比赛路线是在定向越野比赛前根据设计临时标绘的内容，在较正规的定向越野比赛用图上，比赛路线符号一律用透明紫色表示。对于等级高的比赛，国际定联规定必须在赛前将路线符号加印在比赛用图上，其他等级的比赛则可以用红色圆珠笔手工填绘。

第二节 定向运动中的装备

一、指北针及其使用

(一) 指北针

指北针的主要作用是辨别方向，是定向运动不可或缺的工具之一，常见的定向运动指北针包括两类：一种是带有基板的，另一种是套在拇指上的。带基板的指北针是在二战时期发明的，它有一个矩形的透明基板，上面有红色箭头和一些平行线，用来指示前进方向；还带有一个用来测量地图的刻度尺，以及一个塑料放大镜。指北针在转动室中转动，里面也画有平行线，用来确定正北与磁力线之间的不同角度，透明基板和指北针的转动室之间可以做全角度的旋转。另外，它通常还有一个带子，用来把指北针系于腰间。

拇指型的指北针是带基板的指北针的一个变种，它是瑞典人在20世纪80年代中期专门为定向越野开发出来的。它有专门的带子，平时就套在手上，在需要定位时，用左手的拇指穿过它上面的指孔保持方向，同时用左手拿地图完成定位工作。这类指北针的好处就是可以用一手快速完成全部的工作。但它的不利之处在于，需要精确定位时它又不是非常容易与地图保持精确平行的状态。对于这两种指北针，每个人各有偏好，但世界冠军在比赛时通常是两种并用的。

（二）指北针的作用

定向运动是一项智力与体力并重的运动。定向中读图、选择路线和标志物等都由大脑决定，因此最重要的工具是人脑。但仅凭大脑的判断还不能获取全部信息，我们必须借助其他工具来准确辨别方向和标定地图，最常用的工具就是指北针。

以PWT8M拇指指北针为例，它具备实用、简单、高质量而又不昂贵等优势。下文中介绍指北针的使用方法，就以PWT8M拇指指北针示例。指北针的具体作用如下。

（1）标定地图；

（2）出发时用指北针确立行进方向；

（3）途中遗失方向时用指北针走出困境；

（4）寻找点标过程中确定点标的大概位置。

（三）使用指北针定向的具体方法

利用指北针标定地图，当水平放置地图和指北针时，存在下列两种情况时说明地图已被定向。

（1）指北针的红色指针指向粗红线（在PWT的地图中）；

（2）指北针的红色指针与磁北方向线平行，并且方向与磁北箭头方向一致。

(四) 利用指北针选择前进方向

1. 利用拇指指北针选择前进方向——以 PWT8M 拇指指北针为例

(1) 将指北针套在左手大拇指，水平放在地图上，将指北针右侧的蓝色箭头从你所在的地点指向你所要到达的地点。

(2) 把指北针和地图作为一个整体，水平放置在面前，让身体和定向图与指北针同时水平转动，直到指北针的红色指针与磁北方向线平行，并且方向与磁北箭头方向一致，此时地图被标定。

(3) 此时指北针的蓝色箭头所指方向即为所要前进的方向。

2. 利用基板式指北针选择前进方向

基板式指北针与拇指式指北针的使用原理大同小异，但在使用场合和使用方法上又有所不同——基板式指北针特别适合在特征物少、植被密度低、地形起伏不大的树林中使用。具体使用方法如下。

(1) 将基板式指北针水平放置地图上，并把直尺边从站立点指向目标点（目标点在前，站立点在后）。

(2) 转动分度盘，使磁北标定线与图上磁北方向线重合或平行。

(3) 移开地图，并将指北针平持于胸前适当位置，转动身体，使磁针与定向箭头重合，前进箭头所指方向即为目标点方向。

(五) 关于指北针的几点常识

(1) 判断指北针的好坏，主要是看指针稳定性的高低。稳定性越高，指北针质量越好。

(2) 指北针由充满液体的容器组成，若容器中发现有气泡产生，则此指北针已经失效。

(3) 检验指北针灵敏程度的方法：用一个钢铁物体（如小刀）多次扰动静止的磁针，若磁针每次都能迅速摆动并停止于同一处，则表明磁针灵敏；反之则说明该指北针已不能使用。

(4) 指北针使用时应注意避开各种钢铁类物体。

(5) 磁力异常的地区不能使用指北针。

二、点标旗

点标旗由三面正方形标志旗连接组成，每面点标旗的尺寸为 30cm×30cm，该正方形的对角线分开，左上部为白色，右下部为橙黄色。夜间定向检查点应有光源。检查点标志悬挂的地点，一般距地面 80～120cm。

三、打卡器

打卡器是与检查点配合起作用的，它提供给运动员一个到达位置的凭据。

针孔打卡器：针孔打卡器用弹性较佳的塑料材料制成，一端装有钢针，每个打卡器的钢针的组合图案都不相同，运动员可在记录卡上打孔，也可直接将孔打在地图的记录卡上。此种打卡器价格便宜，使用方便，适合日常教学与训练以及一些小型比赛的使用。

电子打卡计时系统：电子打卡计时系统一般由指卡（SI-card）、打卡器（SI-Station）和终端打印系统组成。

在使用电子打卡计时系统的定向比赛中，每个参赛者都配有一个统一编号的指卡，它可存储开始和结束时间。打卡器能存储运动员到访时的时间，当将指卡插入打卡器时，打卡器便自动将到访的时间写入指卡。

四、操作程序

在参加定向比赛时，一般使用的是电子打卡系统，运动员应将指卡佩戴在手指上，并按以下程序进行打卡。

(1) 选手出发前打"清除"，清除卡中原有的信息，并打"核查"来检验指卡是否已经清查；

(2) 出发时拿地图，打"起点"，比赛开始计时；

(3) 比赛中途按比赛要求按顺序找到每一个检查点，并在相应检查点的"打卡器"上打卡，读取到达该检查点的时间；

(4) 回到终点打卡，比赛结束；

(5) 到主站上打卡，领取个人成绩条。

第三节 定向运动中的地图使用

读图能力的培养是定向技能训练中不可或缺的一个环节，它是建立在了解定向运动地图语言的基础上的。在实际比赛过程中，我们需要清晰理解、熟练掌握自己所选择的路线上的相关信息，地图上的其他不相关的信息对我们来说是没有价值的。因此，读图时应有侧重点。

一、读定向地图的一般原则

（1）比例尺和等高距：在拿到一张新的地图时，首先要了解的是地图的比例尺和等高距，这将直接影响到你的距离感和爬高量。

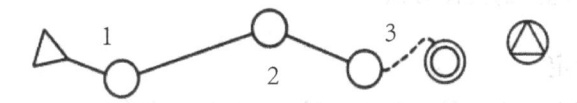

图 2-6 起点、检查点、终点、起终点

（2）起点：找到起点的位置，并标定地图。

（3）第一个检查点：第一个检查点相对其他检查点来说更重要，它会对选手对整个地图的信任度、理解程度和选手在整个比赛过程中的心理状态产生巨大的影响。因此一定要好好选择第一条路线。

（4）其他检查点：浏览其他检查点，对比较简单的检查点可以少花点时间，而把更多的时间留给地形相对复杂、路线较难选择的检查点。

（5）制图时间：制图时间决定了地图的可靠性，即地图和实地差异化的程度。

（6）制图人或组织：好的制图人或组织能让你对地图的信任度大大增加。

（7）终点：若起点和终点设在一地或相距很近，应在赛前实地观察一下终点设置，即终点与其附近地形的相互关系，以便于终点冲刺。

二、标定地图的概念及方法

对于初学者来说，标定地图这个概念比较难理解。在行进过程中，利用指北针迅速给地图定向，并且始终保持地图方向与实地方向一致，这就是所

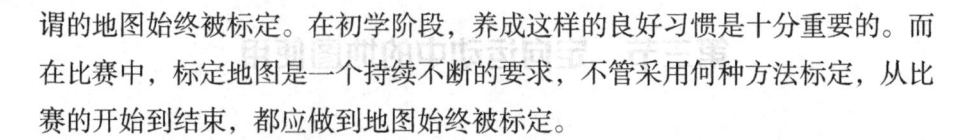

谓的地图始终被标定。在初学阶段，养成这样的良好习惯是十分重要的。而在比赛中，标定地图是一个持续不断的要求，不管采用何种方法标定，从比赛的开始到结束，都应做到地图始终被标定。

(一) 获得地图的正北方

首先我们必须明确，地图的正北方向在哪里。这一般可以通过以下三种途径获得。

(1) 正置地图，地图的正上方为地图的北方。

(2) 在中国所有 PWT 制作的定向图上，北都用一条从左至右的粗红线标出。

(3) 地图的磁北方向箭头所示方向为北。

(二) 标定地图的具体方法

1. 概略标定

定向地图上的方位是：上北、下南、左西、右东，通常我们在实地正确地辨别了方向之后，只要将定向地图的上方对向实地的北方，此时地图已标定。这种方法简便迅速，是定向比赛中最常用的方法。

2. 利用线状地物或直线地物标定

利用线状地物（如道路、篱笆、高压线、水渠等）标定地图。首先应在图上找到这段线状的地物，然后不停地转动地图，使图上的线状地物与实地的线状地物方向一致，再对照两侧地形，使地图与实地地形点的关系位置概略相符，则此时地图已标定。如运动员站在一条明显的大路上，在标定地图时，要先在图上找到大路位置，转动地图，使图上大路与实地大路方向一致。再对照大路两侧地形，发现左侧为山地，右侧为沟渠。此时，地图已被标定。

直线地物可以抽象为两点连接的线段。因此，当实地和图上均有两个明显地形点时，连线的两点是已知线段。地图上这两点的连线，与实地地形上这两个地形点的连线相平行，则地图已被标定。实际上，在用图过程中我们不可能总是在直线地物上的，但是却总可以在地图上找到和实地同时存在的两个以上明显地形点，用此方法标定地图无疑增加了用图的灵活性。

利用线状地物或直线地物标定地图时应注意的两点：

（1）要注意线状地物或直线地物在地图上相对应的地物符号，不要被相似的地物符号干扰，特别是几条相似道路不能混淆。

（2）要特别留心线状地物或直线地物两侧地形的位置关系，切勿左右对调。

3.利用明显地形点标定

当你在地图上找到自己所站立的明显地形点时，可以利用明显地形点标定地图。方法是：先选择一个图上与实地都有的远方明显地形点（目标点），然后转动地图，使图上站立点、目标点及实地目标点三点一线，此时地图即已标定。如运动员站在桥上，远处山顶有一高塔，标定地图时，转动地图，使图上的桥、图上的高塔、实地的高塔三点为一线，则地图已被标定。

4.晴朗夜间利用北极星标定

当你身处野外，且夜间晴朗时，可利用北极星标定地图。标定时，先找到北极星的位置，面向北极星，平持并转动地图，使地图上方概略朝向北方，然后通过东（西）图廓瞄准北极星，地图即被标定。

三、对照地形、确定站立点和目标点

认真对照地图和实际地形地貌，明确自己当前的位置，这就是对照地形，其还被人们称为实地对照。明确站立点，即知晓自己所处的具体位置，能够在地图上准确找到当前自己所站的位置。明确目标点，即能够将地图与实地醒目的标志物一一对应，熟知两者的对应关系。

确定目标点、对照地形、确定站点这三者之间具有十分紧密的关系，它们彼此影响、互相作用。借助对照地形，可明确实地目标点、确定站立点；确定了目标点、明确了站立点，有利于优化对照地形的精确度。此外，明确了站立点在地图中的具体位置，就能够明确目标点；同理，找到了地图中目标点的位置，站立点也将快速显现。尽管站立点的明确非常重要，但是因为这三者关系密切，可以互为前提，所以其重要性不分先后，须按照实情进行分析。

（一）先明确站立点，后对照地形

先确定站立点的意思是站立点提前已经标明，参与者已知晓了站立点，这种情况一般会发生在这些情况中：在定向运动中，地图上已提前标好了出

发点，也就是参与者的站立点；运动员已知晓了站立点。然后对照地形，就是指明确了站立点后，看着地图认真对照地形。

参与者刚开始参与地图和实地对照锻炼的时候，可以采用这种方式，第一步要控制对照，换句话说，就是确定比较醒目的控制点，对照这些位置，比如，绵延起伏的山脊、显著的鞍部以及一些大的地物等，细致观察这些控制点在地图中的位置，来明确其实际位置。如此有利于参与者快速读图，提升对照精确度。光线法是展开管控对照的有效方式。在此过程中，应细致地查看地图中控制点的具体位置，标明地图后，先将指北针长尺边与地图中的站立点相对应，然后借助各控制点确定实地位置，在尺边的延长线上，依照站立点和各控制点之间的长度与地形地貌，就能快速找到控制点。要想找到实地控制点在地图中的位置，应先标明地图，然后用长尺边且在地图的站立点上，依次瞄准实地各个控制点，画上方向线，大致估测站立点到控制点之间的实地距离，根据比例尺，围绕控制点的地形地貌，就能知晓其在地图中的位置。

基于控制对照，加以认真对照。在此过程中，根据控制点实施分片对照或者按照特定的顺序，如从右到左、从近到远来对照。此时核心要向地貌倾斜，围绕地图中间隔的距离、线条弯曲的情况等，先明确地貌特征，然后比对实地地貌，让实地和地图全面对照。

还须关注这些层面：设计制作地图时，制作者会适当删去一部分，删去的大多是没有重要作用的、小的地物，不用太过关注这些小细节。此外，在参与定向运动时，参与者通常携带的是非专用定向越野图，该地图是很早之前绘制的，尽管与实地没有显著差别，但是一些地物与以前相比，具有显著的改变。所以，应综合研究地图与实地地形，将核心放在对照地貌上。在对照地形中，地貌对照是难点，要将重心置于对照地貌上，以获得满意的效果。

（二）先对照地形，后确定站立点

当对站立点不了解时，可用对照地形来明确当前的站立点，这就是先对照地形，后确定站立点。积累了相应经验后，参与者再利用对照地形，对站立点进行明确。在具体比赛、日常训练中，如果方向不明，则要借助对照地形，来明确站立点、辨别方向，弄清楚运动路线。

1. 直接确定

当运动员当前的位置是比较显著的地形点时，想要明确站立点，只须从地图上找到该地形点即可，这是大部分运动员使用的方式。但在应用该方式的过程中存在一些问题，比如，当站立的地形点与其他地形点比较相似时，如何分辨这些地形点？在快速行进时，如何在短时间内找到有用的明显地形点？

这些明显地形点包含如下明显特点。

面状地物的核心、特点比较鲜明的边缘；单个地物；线状地物的丁字形交会点、十字形交叉点以及端点。

这些明显地形点具有如下地貌特征。

独特的地貌形态，如冲沟等；鞍部、山地以及洼地；谷地的拐弯与交会点；山背线上的转折点等。

2. 利用位置关系确定

利用站立点周围的显著地形特点，从整体上进行思考，来明确站立点。应用该方式时，须加以控制对照，才能明确控制点的实际位置。此时是在站立点不明的时候进行控制对照的，但首先要知晓图中站立点大致的方位，在进行控制对照的时候，须依照不同控制点之间的联系、主要特点，进行比较分析，即可明确其在地图中的具体位置。明确各个控制点在地图中的位置后，须通过站立点周围的控制点，根据该控制点和站立点之间的距离等，进行细部对照，这样就能明确地图中该控制点的位置。此运动员站在实地高地南山背与冲沟之间的位置上。对站立点进行明确时，先要进行控制对照，明晰地图中该高地的具体位置，然后进行细部对照，找到山背南侧与冲沟的东面，从而明确地图中站立点的具体位置。

3. 后方交会法

一般人们会在视野开阔、地势平缓的地方使用该方法。通过该方式明确站立点时，第一步要进行控制对照，在距离实地相对比较远的地方，确定图中也有的显著地形点，选取独立房、选定远山顶，在地图上标明，先用直尺切于图中山顶的定位点，然后摆动，瞄准实地山顶，然后顺着直尺边画线；同理，瞄准实地独立房，进行画线，两条线的交会点，即图中站立点的位置。在参与定向运动的过程中，因为时间有限，通常不会借助直尺瞄准，来寻找站立点，可能会利用目测的方式明确方向线，找到站立点的大致位置。想要进一步确定该位置时，可以结合综合分析法来展开。

4. 截线法

通常是在线状地物上使用截线法。该方法的核心是：在表明地图的基础上，在距离线状地物相对比较远的实地，确定图中也有的显著地形点，定向运动的参与者在水渠一侧，将另一侧远处的独立房当作显眼地形点，先把直尺面切于该地形点，然后摆动直尺，将实地独立房瞄准，将独立房的一侧和水渠符号相切，所得的交点即地图中站立点的位置。在参与定向运动的过程中，也能通过目测的方式来明确。

5. 磁方位角交会法

当运动到视野不开阔、有大量植被的地方时，因为用地图与实地对照没有明显作用，而且不能看到实地位置，无法通过地图瞄准目标，这时可以通过磁方位角交会法，来明确站立点。步骤如下：第一，爬到附近的大树上，选择图中的明显地形点，确定不远处的三角点与独立树；第二，先明确站立点与这些目标点之间的磁方位角，然后到大树旁边标定地图，用长尺与三角点、独立树相切；第三，依次摆动指北针长尺，先让磁针北端指向特定位置，再顺着长尺边画线，两条线的焦点就是站立点。或者在图中直接标出大概位置，通过目测的方式，明确地图中站立点的大致方位，根据实地站立点的一些地形特点找到图中站立点的位置。

6. 90度法

当监测点所在的位置是线状地形时，比如，谷地线、坡度变换线以及山背线等，若能在与移动方向垂直的方位找到明显地形点，就能迅速明确站立点，也就是说，该线状地形和垂直方向线交会的点，就是站立点的位置。

7. 连线法

该方法的适用条件是：当待测点所在的位置在线状地形上时，而且该位置处在两个显著地形点连线上，利用该方式就能明确站立点。

(三) 确定目标点

无论是对照实地和地图，还是在运动过程中要了解路线与方向，都须明确地图中目标点的位置，此时可以使用分析法，也就是说，在当前的站立点，标定地图，将站立点作为核心，瞄准目标点，画方向线，围绕这两个点之间的距离，对地图中的位置进行明确。该方式的优势表现在：具有较好的精确度。但是对普通目标点进行明确时，因为无法迅速明确站立点的距离，所以出错的概率也比较高，所以须依照目标点的实地特点，比对思考，来明确其在地图中的位置。在运动的速度比较快时，可以先通过目测的方式进行瞄准，再围绕目标点实地位置的鲜明特点来明确。

通过前文分析的明确目标点、站立点的方式发现：这两个点的明确，互相明确、相互弥补，可以通过其中一个点的明确，来确定另一个点。换言之，就是通过已经确定的站立点，可以对目标点进行明确，或者通过目标点，来明确另一个点。当确定的点是站立点时，可以通过分析法来明确目标点，想明确站立点时，可以使用截线法、磁方位角交会法与后方交会法等来展开。

四、按图行进

定向运动的核心运动模式，即按图行进。在行进途中，在奔跑的同时，要快速对照地形，估测前面可能遇到的方位物。通过各岔路口、交叉口时，运动员要在较短的时间内对照地形，及时明确自己在地图上的位置。

在日常训练与比赛中，参与者可以灵活使用有效的方法，不断训练按图行进的能力，逐步提升自己各方面能力。

（一）拇指辅行法

应先确定运动路线、站立点，再转动地图，让自己所处的方向与地图相同，同时用拇指压在站立点一侧，然后向前行进。在此过程中，须对照自己的方位，持续移动拇指，摆正地图，确保方向准确。这样有利于运动员快速明确自己在地图中的位置，真正实现"人在行进中，心在图中游"。

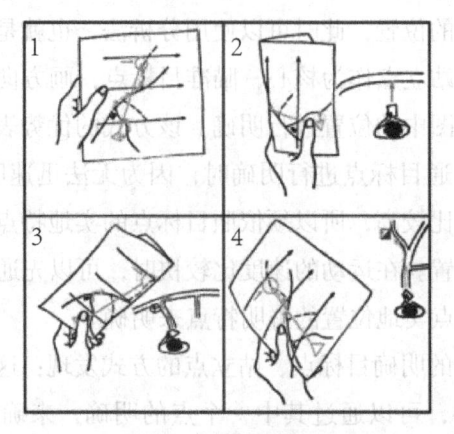

图 2-7 拇指辅行法

(二) 分段运动法

在日常训练中大部分初学者经常使用的方式，就是分段运动法。从初学者的角度来看，使用该方法有利于其掌控行进方向，迅速明确自己在途中的位置，节省时间，确保及时到达目的地。

(三) 连续运动法

运动员在对照地形、确定行进路线时，要在各辅助目标、检查点停留较短的时间。有经验的运动者会使用这种方法：没有到达首个辅助点前，运动员预先分析运动路线、探究下一个辅助目标的地形所使用的运动方式，即连续运动法。运动员到第一辅助点后，若看到的地形和事先分析的一样，就不用再停留，可以继续行进。

(四) 一次记忆运动法

为了获得优异成绩，那些积累了一定经验且技术良好的运动员，会利用该方法。操作方式如下：出发之前，一次性记住地图中开始的位置到第一个检查点的最佳路线，在途中根据记住的路线行进。到第一个检查点前，一次性记住第一个检查点到下一个检查点具体路线，以此类推，直到最后一个检查点。

第四节 定向运动中的路线选择

明确由一个点到另一个点的路线，这就是路线选择。路线选择得合理，有助于节省体力、时间，增强运动的安全性。在挑选行进路线的时候，运动员一般会依照各赛程的实际状况，细致研判路况，思考怎样才能展现自己的智力与优势。此外，选择路线是意义更深刻的技能上的策略。选定最合适的运动路线，要符合如下要求：第一，能够节省体力；第二，能节约时间；第三，确保人员安全；第四，能够展现自己的优势。

一、路线选择的基本原则

在行进过程中，比较关键的环节是路线选择，运动员在行进前制定了最佳路线，可以显著节省体力，获得显著的优势，有望获得优异的成绩。运动员在制定路线、选择路线时，要根据自身的体能，选定有利于展现自身长处的路线。

(一)"有路不越野"原则

该原则适用的情形为：地图具有显著的现势性，详尽标注了各个点之间的道路。由于道路清晰，对行进时对照地形非常友好，在行进途中，运动员可以快速了解自己在地图中的位置，比如，最低点、拐弯角、交叉口等，便于运动员找到正确方向，并且道路平坦，可以显著节省人员的体力、加快速度到达目的地。

(二)"择近不择远"原则

适用该原则的条件是：点与点之间的地势没有较大的起伏，没有太多的树木，视野开阔。

(三)"走高不走低"原则

在确定路线的时候，如果是参加越野活动，就须根据该原则来行进，原因主要如下。

（1）站在较高的区域，视野较为开阔，有助于运动员明确站立点，找准前进的方向。

（2）地势高的地方通风好且干燥，没有太多害虫与荆棘，相对比较安全。

（3）俗话说人往高处走，所以地势较高的地方有许多人走，走得多了，道路会比较平整，可以显著提升行进速度。

（四）"遇障提前绕"原则

这一原则的适用条件是：行进的地段植被多、地势有明显起伏，且障碍物多，这时运动员要及时找到显眼的参照物，以明确自己的站立点，不能在树木多的路段快速行进。

二、路线选择的方法

（一）借线法（扶手法）

该方法适用于检查点在线状地形上时，或者检查点在该地形不远的路段。在途中，应确定自己的站立点，再通过特点鲜明的线状地形，比如，高压线、羊肠小道与小溪涧等，找到正确的方向，增强前进的动力。因为顺着线状地形向前，就像扶着楼梯走一样，所以该方式也被人们称为扶手法。

（二）借点法（攻击点法）

借点法适用于检查点周围有非常显著的地形点的情形。这些地形点包括交叉点、高塔以及高大的建筑物等，到攻击点之后，借助指北针寻找行进的正确方向，明确检查点。通过攻击点来确定检查点，有利于确定最佳路线，优化精确度。在正式参与定向运动之前，应认真分辨此地形点，再迅速到达检查点。

（三）偏向瞄准法

当检查点所在的位置在线状地形上，或者处于该地形周围的路段时，若瞄准前进，通常会因一系列因素，如绕过沼泽地等，导致方向不正确，或者到该地形之后，摸不清检查点的具体位置。如果起步时运动员就把目标方向偏移相应的角度，到该地形后其就能知晓检查点的具体位置了。

(四) 水平位移法

顺着等高线移动，即水平位移法，换言之，就是不往上走、不往下行进。该方式是许多运动员都使用的方式，并且是适用于查找位于复杂地形中的检查点的方式。使用该方式的基础，是合理研判地形地貌、顺着等高线前进，但是使用这一方式时应关注以下方面。

(1) 辅助点和检查点的高度相同。

(2) 在检查点和辅助点之间，没有太多植被与树林，不影响前行，没有较大的障碍物。

(3) 运动员如果体力下降，通常会自觉偏移到山下，此时应竭尽全力纠错，可以通过重复上下的方式来展开。

(五) 导线法

该方式适用的情形是：站立点与检查点之间有比较远的距离，中间的地形非常复杂，此时可以划分路线，细化为多个路段，然后锲而不舍地前行。在前进的过程中，运动员须根据明显地形点，找准方向，快速到达终点。

(六) 距离定点法

适用该方式的情形是：在视野不开阔、山势没有明显起伏、有大量树木、没有道路的路段中行进。运动员应根据比例尺，推算出站立点与检查点之间的距离，然后估算要多少步才能到达。在指北针的加持下，找准方向，顺着直线前进，注意实际步数是否与估算步数存在明显差异。

选定好路线，可以对路线进行划分，将其设置为绿区、黄区以及红区。然后在这些区域中使用适宜的定向方式。

黄区：标准定向。选手利用该区域中的明显地形点，逐步向检查点行进，选手可以借助水平位移和借点等方式来展开，同时要注意速度，尽量使用标准跑速。

绿区：概略定向。因为行进的方向已经明确，通过检查点知晓了站立点的位置，运动员要迅速行进，可以提升自己行进的速度。如果条件允许，可以通过借线等方式,迅速奔跑。

　　红区:精确定向。快要接近检查点时,可以降低速度,便于寻找点标,明确具体位置。这时选手要多看几遍地图,仔细对照,在最短的时间内确定站立点的位置。运动员可以通过借助进攻点、拇指辅行等方式,使用指北针找准方向,利用步测明确行进距离,以检查点为依据,对点标进行明晰。

第三章 定向地图的制作

第一节 定向地图制作的基本步骤

一、制图人需要具备的基本知识与技能

(一) 制作定向地图涉及的知识面

(1) 地质地貌学：需要知道地貌的成因。

(2) 绘图学：了解各种绘图符号的构成、色彩、表达方式、绘制特点与要求。

(3) 地图编制与印制的常识：制作地图的过程必须遵循制图规律，采用科学的理论与先进的技术手段。

(4) 测量学：因为没有现成的地图完全适合于定向运动。

(5) 定向运动基本常识：国际定向运动图制图规范；各类、各级定向运动比赛的规则；定向路线设计的原理与原则；OCAD 制图软件的使用；参加定向运动比赛的实际经验（这一点十分重要）。

(二) 工作性质与环境对制图人提出的要求

(1) 强健的生理与心理状态：野外测图是制作定向地图最关键也最基础的工作，需要较多的经验和较强的专业能力。

(2) 耐心细致、条理清晰的行事风格：定向运动员能够轻易察觉 1/10 以上的距离误差。这需要定向制图人在野外勘测、室内绘图期间必须保证误差在 0.5/10 以内。

(3) 丰富的野外趋利避害的常识：测绘人需要防备毒草木、瘴气、毒蛇、山（崖）崩、深地坑（井）、山火、暴风雨、雷电、洪水等天灾；车祸、火灾（旅社）、食物中毒、猎人的圈套（陷阱兽夹）、水尽粮绝等人祸。

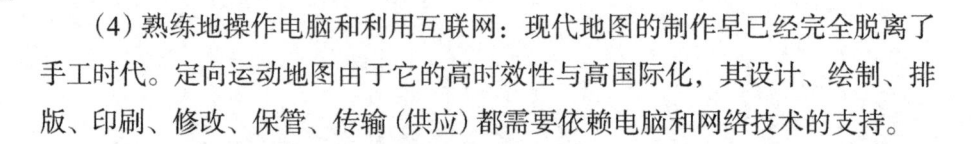

(4)熟练地操作电脑和利用互联网：现代地图的制作早已经完全脱离了手工时代。定向运动地图由于它的高时效性与高国际化，其设计、绘制、排版、印刷、修改、保管、传输(供应)都需要依赖电脑和网络技术的支持。

二、适合用于制作定向越野图的底图

现成的任何一种地图种类都不会完全满足定向运动比赛的需要。按照国际定联的规范，自己动手勘测、绘制定向地图成为必须。在适合定向的地貌起伏、变化多样的山林地中，只是依靠简单的测量工具作出合格的定向地图，时间成本相当高。因此，以前人测绘的具有等高线、比例尺的"现成地图"——底图为基础，到野外将定向所需的内容"加绘、改绘"——勘测上去，则可起到事半功倍的效果。

(一)适合的地图类别

1. 国家基本地形图

国家基本地形图的全称是"国家基本比例尺地形图"(简称国家基本图)，是根据国家统一颁布的规范、图式和比例尺系列测绘或编绘而成。我国规定1∶1万、1∶2.5万、1∶5万、1∶10万、1∶25万、1∶50万、1∶100万七种比例尺地形图为国家基本比例尺地形图。其中1∶1万的大比例尺地形图已基本覆盖全国绝大多数重要城镇及其周边，具有满足定向地图需要的等高距，且一般精度较好，适合用作定向地图的底图。

国家基本图的优点：比较便宜，获得容易，内容虽然普通，但具有精确的"骨架"。国家基本图的缺点：对树林的表示不准确、不详细，对林下特征物基本不表示；局部等高线的表示太简化(失去了小的细部)；大部分定向运动需要的地物及其特征都没有；某些地区更新周期长。

2. 工程测量图底图

工程测量图底图包括城市、道路、水利、绿化建设领域使用的规划或竣工等大比例尺地形图资料，比例尺从1∶200~1∶5000不等。

工程测量图的优点：价格便宜；精度很高；有数字地图供使用(比地形图更常见)；最适合制作公园定向图。

工程测量图的缺点：只有在有工程的区域可供使用；其现实性取决于当

地的建设需要；并非所有的地图资料都有等高线；大部分定向地图需要的地物及其特征都没有；可能还缺少定向图必需的技术要素：磁北线或磁偏角。

3. 航片地图

航片即航空摄影测量照片，已经覆盖我国领土的大部分地区，而且这些照片还被规定定期更新。

航片的优点：可能非常新（由飞行的日期决定）；覆盖的区域可以非常大；对绘制定向图来说，在空旷、半空旷的地区非常有用。

航片的缺点：精度和适应性差异可能很大——飞得太高（小比例尺）的无从辨认、摄影设备简陋的照片变形较大（因为投影）；在林区，航片所表现出来的特征物非常少；获取方式烦琐，价格也可能不便宜。

4. 局部航片底图

局部航片即局部航空摄影测量照片。这是在某些情况下为弥补大比例尺地形图对地形细部的表现不足而采取的局部专门航空摄影。

局部航片的优点：多数区域细部丰富，现势性强（取决于原片拍摄时间）。

局部航片的缺点：依赖照片的质量（飞行的高度、拍摄的季节、植被、拍摄的设备与技术）；能拍出好的局部，但需要实施人员具有很好的定向运动眼光。

5. 旧定向图底图

以前测绘的定向地图是非常好的资料来源，其准确性、可信程度取决于当时制作地图时情况（勘测的时间、是谁勘测的、用什么方法制作）。

旧定向图的优点：真正的定向资料，处理容易；易被定向勘测人接受。

旧定向图的缺点：准确性未知（取决于先前的制作情况），可能比例尺不同；多数是依据旧的制图规范测制。

6. GPS 数据底图

当某个地区无适合的地图可用时，就会很有作用。

GPS 数据的优点：所获得成果的现势性毫无疑问；非常准确；无论在任何地方，没地形图底图也可操作；GPS 接收机的操作简单（教学也容易）。

GPS 数据的缺点：掌握 GPS 的学问并非易事（这是个全面的知识结构）；高度数据的处理比较麻烦（高程数据欠准确且以此绘制等高线困难）；好的

GPS 接收机较贵；采集整幅图内容的数据非常耗费时间。

7. 可做定向图底图的、中国已经生产的数字化地图

数字化地图产品是区别传统测量、绘图、印刷的成图新方法、新产品。下面介绍几种技术相对成熟、在我国一般测绘部门已广泛采用的产品。

（1）DOM——数字正摄影图（Digital Orthophoto Maps）。利用近距航空摄影测量拍摄的照片，在电脑上进行多对像素纠正、相片镶嵌等一系列处理后形成的平面图。正射影像图具有信息量丰富、直观易读等特点，通常用于大比例尺（1∶500～1∶10000居多）的城市及其周边地区地图，售价昂贵。

（2）DEM——数字高程模型（Digital Elevation Model）。利用对地图等资料的数据采样，并使其通过计算机的计算、模拟，直观反映出地貌起伏的状态。主要用于规划设计（高速公路设计、无线台站设置、土方计算、洪水淹没分析等）和战场模拟。

（3）DLG——数字线化地图（Digital Line Graphic）。是现有地形图上采集的矢量数据集，它保存着要素间的空间关系与相关属性信息，主要用于各种地理信息系统。

（4）DGR——数字栅格地图（Digital Raster Graphic）。是模拟纸质地图的数字化产品，经过扫描、纠正、图像处理与数据压缩，形成在内容、几何精度和色彩上与地图完全一致的计算机栅格文件，主要用于在计算机上进行地图查询以及各种计算机设计底图。

（二）获取定向底图的方法

1. 获得途径

（1）测绘、国土、规划、地址、公路、城建（城管）、水利等部门。

（2）上述各单位的大中专业院校。

（3）所在地区的军队作训部门（包括武警、公安、解放军的院校）。

2. 如何要图

假如为相当一级（如市局）以上的单位准备定向地图，只须持有该单位的介绍信，前往本地测绘局（院）的地图供应部门购买并办理相关手续即可。还必须提供所需要地区地图的经纬度（范围）；或者图名、图幅编号；或者平面直角坐标值（范围），供图单位才能快捷、准确地检索底图。

三、定向运动地图制作

(一)区域的选择

如果要在公园或校园里举行定向比赛,那么什么样的地形适合比赛呢?如果要制图的话,哪些地形适合呢?通常来说,这类区域包括:

(1) 单个学校或多个校园连在一起的教育园区。

(2) 中小型的公园。

(3) 具有足够丰富且能够被标识在地图上的物体的区域,这些物体为人造物体、小径、水系、植被及建筑物等。

(4) 没有主干道穿越当中的区域。

(5) 能够明显区分边界的区域。

此外制作地图的区域取决于赛事的目的。如果只是为了举行一场练习赛或者友谊赛,那么地图所需的区域的面积范围在 400m×400m 左右就足够了,如果是为了举办一场具有一定规模的赛事,那么选取 1000m×1500m 的区域,就足够完成一张 A4 纸大小且比例为 1:5000 的地图了。

(二)获得该区域的使用许可

在地图开始制作之前,还有一个十分重要的环节不能够被忽略,那就是获得场地所有者的使用许可。那么,我们应该找哪些部门去获得许可呢?通常情况下,我们可以根据场地的不同情况前往学校的主管部门、公园的园林管理处、公共绿地所在地区的街道管理部门等。

(三)获得底图

定向地图制作的本质是在一张实地底图的基础上,在对所需的区域进行实地测绘之后,将各种符合定向比赛所需要的地理信息添加到底图上去。因此,计划制作地图区域的底图对于定向地图的制作来说是必不可少的。那么向谁去要这样的底图呢?一般来说,在校园中,从学校的基建处就可以获得这样的底图;公园管理处一般都会有公园的底图;而公共绿地的底图可以从该地区的测绘部门处获得。

看完这些介绍以后，你一定会产生另外一个疑问：什么样的底图适合用来制作定向地图呢？我们认为合适的底图包括以下几种。

（1）测量图。包括城市、道路、水利、绿化建设领域使用的规划及已竣工区域的大比例的地形图资料，它们的比例尺从 1：200 到 1：5000 不等。

（2）航拍地图。这种航空拍摄的地图，目前已覆盖我国的大部分领土区域。

（3）旧的定向地图。有一定年限的定向地图也是很好的底图资料。

（四）比例尺的选取

比例尺的选取可以根据场地的大小及赛事活动的目的而定，一般在 1：3000～1：7500。

对于公园地图，大小最好为 A4 到 A3 之间，比例尺可以在 1：5000 或 1：7500 或 1：10000 中选择。

对于校园地图，大小最好不超过 A4 大小，比例尺一般比较大，可以为 1：1000、1：2000、1：3000、1：4000 或 1：5000。

（五）决定地图的色彩

当前，我们一般都采用 OCAD 软件来完成地图的后期绘制工作，OCAD 软件使彩色地图的制作变得十分简单。地图的印制需要一定的花费，因此赛事的组织者可以根据自身的经济情况以及赛事的规模来决定比赛地图的色彩。对于一般的学校俱乐部来说，一方面，彩色地图的印制需要的费用比较昂贵，操作起来比较困难，我们建议采用黑白地图；另一方面，在组织具有一定规模及经济条件的赛事时，彩色地图以其丰富的信息量显示出优越性，不但能使运动员读图更为清晰，而且也能确保比赛的公正性，此时就有必要采用彩色的比赛地图。

（六）制图的物资准备

1. 地图的制作需要的专业物资装备

（1）指北针。作为最必不可少的装备，必须具备良好的准确性和水平性能（针不容易晃），而且要求带刻度盘，记住千万不能使用拇指型指北针。

(2) 绘图板。要求表面平整、质地坚硬、轻便易携，大小以 A5 左右为宜，太大会造成正中间的区域在绘制的时候出现麻烦，太小则会限制测绘的区域。

(3) 绘图纸。一般的硫酸纸即可，但是要注意防水和防潮。

(4) 防水保护膜，用来保护绘图纸不受损坏。

(5) 铅笔。直径 0.5mm，常用颜色为红、黑、蓝、绿、黄。

(6) 笔袋。可根据自身的喜好自行制作。

(7) 尺子、量角器、剪刀、胶带、橡皮。

(8) 电话、身份证、钱、手纸、雨伞、帽子。

(9) 长袖衣裤、食物、饮料（在制作森林地图时尤为重要）。

(10) 计算机、扫描仪、制图软件（OCAD）、彩色打印机。

(11) 适合自己的步距尺。

2. 步距尺制作

由于每个人生理条件的差异，步距都有差异，如果绘制者用150步走完100m，那么他的单步步距就是100/150=0.67（m）（复步步距即为1.33m）。当绘制者采用 1∶1000 的比例尺的底图进行实地测绘时，在实地行进了10步（单步）后，则在图上应该画的距离为 0.67×10/1000=0.0067（m）=6.7（mm）。这种个性化的步距尺可以减少实地测绘时用于计算的时间，同时使用方便，可以被粘贴在制图板的角落上。在野外制图讲究效率，因而通常使用复步；但绘制公园地图讲究准确性，因而使用单步。

（七）实地测绘

实地测绘是关系到地图最终质量好坏的关键环节，赛事公正性及比赛的结果都会受到其准确性、详细程度等因素的影响。因此，我们在开始实地测绘之前必须为整个测绘过程制订计划。

1. 测绘的计划与准备

计划的制订主要须考虑区域性问题和时间性问题。区域性问题主要指需要实际测绘的区域的大小、地图用途、成图大小和成图比例尺等因素对地图成图的影响。时间性问题主要指地形类别、底图新旧、测绘的季节、测绘人员的经验及测绘人员每日的工作量等因素对测绘时间跨度的影响。

(1) 实地检查、确认底图的详细程度

测绘季节的不同，会使植被状况等因素产生变化；除此之外，由于定向地图制作是一个相对个性化的过程，即使是同一块场地，不同的制图员在细节上也会有不同的表述，因此，在开始实地测绘之前，必须大致了解将要测绘的区域，从而产生一个地物选取的基本标准，使地图的表现尽量做到整体一致，这一点在一个团队同时制作一张定向地图的时候显得尤为重要。

制图员在得知需要测绘的区域后，首先要在该区域进行一次快速巡视，对其中的地物以及植被状况形成初步了解，并且建立一个详细的取舍标准。如果该区域的测绘工作是由一个团队负责的，那么所有参与人员都必须一同进行此次巡视。接下来，按照个人特点划分负责的区域，尽量以明显的线性边界作为分割线，如小溪、道路等，而且每个区域的边界区域必须有重合的部分，便于后期制作时使用。

(2) 确定底图的比例尺

如前所述，我们应该根据赛事的需求及场地的实际情况来确定地图的比例尺。而我们在实地测绘的时候，使用的底图地图比例尺是最终成图的2倍。举例来说，如果比赛采用的地图比例尺为1：5000，则实地测绘时底图采用的比例尺为1：2500。这么做的好处在于，当你在进行实地测绘的时候，图纸上能有足够的空间，用以标注各种符号。当然，情况允许的条件下，其他比例的底图也可以考虑使用。

在确定底图比例尺之后，我们只需要将原始底图在黑白复印机上进行缩放，即可得到我们需要的大小。

(3) 标定磁北线

在标定磁北线时，应该先选取地图上两个真实的点状地物，然后进行连线，利用角度偏转获得该直线与磁北线的夹角度数。最后我们可以通过量角器来确认磁北线的方向。在实际操作的过程中，我们可以多测量几次，以便于减少误差，使误差尽量控制在±1%以内。

注意点：

①地物必须在底图上选取。

②取2~3个地物连线的偏角的角度，以减少误差。

③金属物质（围栏、铁门、手表等）及地下埋有电缆的区域都会影响指

北针，从而产生误差，注意回避这些物体及区域。

地理北极：地球是一个球体，中心由一条假设的地轴贯通，地轴的北端为北极，从地球表面任一点通至北极的直线，都指示真正的方向，故所有的经线均是真北线，真北通常以"*"号表示。

磁北极：指北针红箭头所指方向，磁北通常以半个箭头符号"↑"表示。由于两磁极的位置不等于两极，故指北针所指的并不是真北而是磁北，北磁极在1975年时在加拿大北部，约为北纬76°西经100°，磁极会因时而不同，所以地图通常均会注明磁偏角的年月。方格北极：地图上方网格线所确定的北方。磁北与方格北是最普遍使用的基线，当在户外作业时，使用磁北；图上作业则使用方格北。

（4）制作栅格

在确定了磁北方向后，我们需要将底图栅格化，将磁北线分成若干等分（可根据实际情况划分）。以1：2500的底图为例，我们每段选取4cm，然后画段作垂直线。

（5）制作绘图板

栅格化完毕之后，依据人员的数量复制相应的副本。将首先进行测绘的区域用剪刀剪下（15cm×15cm为宜，当然这也可以根据个人喜好来确定大小）。然后，把剪下的底图在制图板上展开并粘贴好，再加上一层防水膜，将绘图胶片粘贴在防水膜上。最后，需要用彩色铅笔把底图上的栅格线在绘图胶片上描一次。接下来，就可以去场地，开始实地测绘了。

2.实地测绘的基本技术

在了解实地测绘技术之前，我们先来看看地图上表示各种细节的符号。这些符号可以分成四大类：线状符号，如道路、围栏、溪流、输电线路等；点状符号，如岩石、人造物体、小丘等；区域符号，如植被带、湖泊等；地貌符号，如等高线。在了解这些分类之后，我们在实地测绘时面对众多地物地貌就不会手足无措了。

定向运动地图的制作主要采用两种基本技术：角度偏转和步测。何为"角度偏转"？就是利用指北针测量出地物与磁北线的夹角，从而根据该角度确定地物与自己站立点的方向关系。"步测"就是利用步距测量出站立点与目标地物两者之间的距离。在实际操作的过程中，我们一般先确定测绘区域的边界，再添加线性地物和点状地物，接着添加区域性的植被，最后完成等高线。具体操作过程如下。

(1) 确定该时段测绘区域的边际。

(2) 确定线性地物：在选定当天要测绘的区域后，就可以从线性地物开始着手，依次将各种线性的地物（如道路、溪流等）添加到底图上。

(3) 添加点状地物：首先将线性地物附近的点状地物（岩石、人造物等）添加到底图上，然后添加远离道路的点状地物。

(4) 确定区域性植被状况：利用此时底图上现有的线性符号及点状符号，确定区域性植被的边界及拐点，最终确定该区域的情况。

(5) 完成等高线：根据该区域山体走势，完成等高线分布状况。

通常情况下，一个有经验的制图员在实地能够同时完成上述几个步骤。

在了解完实地测绘的步骤后，我们又该用什么样的实际操作方法来完成上述步骤呢？前面提及的"角度偏转"和"步测"就是基本方法。在实际运用中，还应注意以下几点。

A. 角度偏转：

①确定线性地物及点状地物的位置；

②误差要求控制在 ±1 度；

③最远测量距离小于150m。

B. 步测：

①准确性受许多因素影响，如坡度、地面平整度等；

②最远步测距离不得超过100m。

除单独运用之外，还可以把角度偏转和步测两种手段结合起来。在向前偏转时先确定自己在图上的站立点，然后利用指北针测出目标地物和磁北线之间的夹角，最后用步测来测量目标地物和当前站立点之间的距离。

在曲线偏转的情况下，弯曲的线性地物会使一些人觉得难以测量。其实我们不妨回想一下数学上对于"圆"的定义：圆就是由无限小直线组成的。利用这种化曲为直的方法，将弯曲的线性地物想象成若干个直线线性地物的组合，问题就迎刃而解了。具体来说，在测量这样的线性地物时，我们的站立点应该位于各种线性地物的中央，然后利用向前偏转的方法，先用指北针测出第一个拐点与磁北线之间的夹角，再利用步测获得站立点到第一个拐点的距离。接着测量第二个拐点、第三个拐点,直至整个弯曲的线性地物。

(6) 利用已知点测未知点:利用已知点确定未知点的方法有三种。

①交叉法

制图员可以通过两个已知地物来确定未测量的地物。依次在两个已知点,测量未知点的偏转角度。两个偏转角度线的交点(或其延长线的交点)即为未知点在图上的位置。

②反向交叉法

制图员还可以站在未知地物所在位置,依次对两个已知点进行测量,得到偏转角度。两个偏转角度的交点(或其延长线的交点)即为未知地物在图上的位置。

③延伸线交叉法

以已知的两个点作延长线,交会点即为所要测量的地物。要点:注意偏转角度夹角大小的问题。

由两个已知点与未知点构成的夹角的大小不能太大,也不能太小。最好的角度是在60°~120°。角度过小,会导致构成该夹角的边线在交点处接触的面积过大,容易造成交点位置的偏差;角度过大,也会构成同样的问题。

(八) 实地复查

实地复查是保证地图质量的一个相当重要的步骤。通常在实地测绘之后,我们还需要进行这一步骤。尤其是当一块区域的测绘由一个团队共同负责时,实地复查就更为重要了,通过这项工作,可以统一地图的风格和详细程度。若地图是某人独立制作,那么复查最好交由不同人员来完成,若地图由团队制作,那么复查工作最好由团队中的某一个成员担任。

当然,实地复查并不是要对已测绘的区域再次测绘,其目的在于使地图的风格和地物取舍标准达到最大限度的统一。所以实地复查中任何可能的大的变动都必须与该区域的原始测绘人员进行讨论后再决定。

(九) 计算机辅助制作

制作一张高质量的定向地图,其完整性的70%来自后期的制作。因此在实地测绘完毕之后,制图员必须及时利用计算机进行辅助制作,并且计算机制作的时间与实地测绘的时间比例为 1∶1，也就是说，在计算机上几乎要用上与实地测绘相等的时间。

（十）印刷地图

在整张地图全部制作完毕之后，我们将地图文件导出并制作菲林后，送至印刷厂印制成比赛用图。

第二节　专用制图软件 OCAD 简介

一、OCAD 软件简介

（一）OCAD10.0 的特点

OCAD 是目前最流行的定向地图制图软件，常用的 OCAD10.0 版有以下特点。

OCAD 所绘制的地图是矢量地图；可以使用 BMP、OCD、JPG、GIF、TIFF 格式文件作为模板；导入模板时可以按任意角度旋转模板；可以同时打开 5 个模板，而且模板关闭之后，重新打开时不需要再进行任何调整就会自动恢复到原来位置；可以进行比赛线设计和检查点说明表设计。

（二）认识 OCAD

(1) 标题栏。在整个窗口的最上方，显示当前打开文档的路径。标题栏的右侧分别是最小化按钮、还原按钮和关闭按钮。

(2) 菜单栏。OCAD10.0 的菜单栏共有 10 个子菜单，分别是 File（文件）、Edit（编辑）、View（视图）、Symbol（符号）、Extra（附加）、Course（路线）、Temperate（模板）、Option（选项）、Windows（视窗）和 Help（帮助）。

1. File（文件）菜单栏

New：新建文件，点击后弹出一个窗口，分为上下三个复选框：map type（地图类型）、load symbol from（导入地图符号）和 Information（地图信息）。如果你要制作一张新的地图，那么你可以先选择 Normal map（普通地图文件），然后在第二个复选框中选取 Orienteer-ing map 10000 或 Orienteering map 15000，如果你有其他比例的符号集，你也可以使用 Browse 命令进行导入。如果要制作比赛路线，可以先选择 Course setting for orienteering（路线设计），然后，根据地图的比例尺在第二栏内选择相应的路线设计文件。完成上述选择之后，OCAD 就会打开一个新的作图区和地图符号集。Information 用于记录该地图制作的一些信息。

  Open：用于打开存档文件，可以打开的文件格式为 *.ocd，*.elt。

  Close：关闭当前的工作文件。

  Save：保存当前的工作文件。

  Save as：将当前的工作文件以新的文件名或新的文件格式保存。

  Information：为当前的工作文件添加说明信息。

  Print：地图打印。点击后弹出打印窗口，分为 2 个子窗口：General（普通设定）及 Options（选项）。在 Printer 中选择需要的打印机。Print 中 color map 指直接打印彩色地图，Spot color separations 指单色打印。Range 栏控制打印的范围：Entire map 选项表示打印整张地图；当地图的尺寸超过打印纸的尺寸时，则只能分幅打印。这时可以选择 Partial map；选择 One page，则将地图打印在一张纸上。选择 Partial map 和 One page 后面的 Setup 可以确定地图的打印范围或地图在单张打印纸上的位置。Map scale 是你制作的定向地图的比例尺，计算机会自动给出，Print scale 指实际打印输出的比例尺，一般与 mapscale 相同。在 options 中可以选择是否对打印输出的地图进行栅格化处理。

  Import：用于导入 OCAD 支持的文件，包括 *.OCD、*.AI、*.DXF、*.EMF、*.WMF。Import 多用于导入分幅地图进行地图的拼合。点击后会弹出一个窗口，有 Placeusing the mouse 和 Place with offset 两个选项，均可用来确定导入地图的位置。Place usingthe mouse 指用鼠标确定导入地图的初始位置，Place with offset 指通过设置具体的坐标偏移来确定导入地图的初始位置。

  Export：导出地图文件。通过该选项可以将 ocd 格式的地图文件导出 *.BMP、*.AI、*DXF、*.TIFF、*.GIF、*.JPEG/JPG、*.EPS 等格式文件。

  Backup：备份当前的文件。

Restore: 恢复被备份的文件。

Exit: 退出OCAD，我们也可以在标题栏点击关闭按钮退出。

2. Edit（编辑）菜单栏

Undo: 撤销上一次操作，最多可以撤销15个操作。

Redo: 作用与undo相反。

Cut: 将选中的对象剪切到剪贴板上。

Copy: 将选中的对象复制到剪贴板上。

Paste: 将已被剪切或复制到剪贴板上的对象粘贴到地图上。

Delete: 删除选中的对象。

Join: 将线状符号的端点到相邻的相同线状符号的端点连接起来。

Merge: 将多个被选中的由相同符号表达的对象合并成一个新的对象。

To curve: 将手绘模式（freehand mode）绘制的线条或区域符号转换成曲线模式，使之更为平滑。

3. View（视图）菜单栏

Spot colors: 分色显示，用于分色层显示地图。

Spot colors options: 分色显示选项，可以选择需要分色显示的色层。

Hatch areas: 将已绘制在地图上的区域符号阴影化。阴影化之后，能够看到区域符号下面的底图及各区域性符号之间的重叠情况。

Transparent map: 透明化地图。

Transparent map options: 透明化地图选项。

Redraw: 刷新屏幕。

Move: 移动屏幕的显示范围，快捷方式为F6。

Move to: 移动到具体位置，可根据坐标来精确移动。

Zoom in: 缩小显示的范围（放大显示的内容），快捷方式F7。

Zoom out: 扩大显示的范围，作用与zoom in相反，快捷方式F8。

Entire map: 显示全部地图区域。

0.25×～32×: 选择地图显示放大倍数。

Standard toolbar或edit toolbar选项控制是否将标准工具栏及编辑工具栏显示在工具栏内。

4. Symbol（符号）菜单栏

New：建立新符号。点击后，会出现选择新建符号类型的对话框，包括：point（点状）、line（线状）、Area（面状）、Text（文字）、Line text（线性文字）、rectangle（矩形）六种符号。

Edit：对选中的符号进行编辑。

Icon：对符号在符号栏中显示的图标进行编辑。

Enlarge/Reduce：放大或缩小选中的符号。在子对话框中可以选择放大或缩小的比例，如果选中 All symbols 选项，则对所有的符号进行放大或缩小操作。

Copy：将选中的符号保存到剪贴板。

Paste：将储存在剪贴板上的符号复制到当前的地图符号集中。

Delete：删除选中的符号。

Duplicate：复制选中的符号到当前的符号集中。用此命令可以方便地新建一个与当前符号相近的符号，只须在复制之后对该符号进行修改即可。

Sort：排列符号。可以根据符号的编号（by number）对符号进行排列，也可以根据符号的色彩（by color）进行排列。

Colors：新建、重定义及编辑符号的使用的颜色。可改变当前符号集定义的颜色，调整颜色覆盖的顺序。

Load colors from：导入颜色。可以从别的符号集中导入颜色体系，导入新的颜色体系后，原符号集定义的颜色将被完全替代。

Load symbols from：导入符号。可以从别的符号集中导入符号，新的符号将覆盖原有的符号。

Normal：恢复命令。可以将被保护和隐藏的符号恢复到初始状态。

Protect：保护命令。可使选中的符号在图上表达的内容不能被改动或移动。在符号集中，被保护符号的图标上会出现一条灰色的斜杠标记。

Hide：隐藏命令。可以隐藏选中的符号。被隐藏的符号在符号栏中的图标上会出现相应的灰色十字标记。

5. Extras（附加）菜单栏

Optimize/Repair：优化（减小）地图文件的大小，将先前的一些诸如删除、粘贴等操作引起的存储增量压缩，并恢复被损坏的对象。

Move map：可以将选中的地图，移动至全新的位置。在点击之后，出现的子对话框可以精确定义地图在工作窗口的位置。

Change scale：改变地图比例尺。通过该功能能够改变地图的比例尺，并生成相应比例尺的全新地图。

Stretch map：水平或垂直拉伸地图。

Rotate map：旋转地图。在点击后出现的子对话框中通过对 Angle（角度）的选择确定旋转的情况。

Select by symbol：可以用来选取图上由某个符号描绘的所有对象。如在符号栏选中 contour（等高线）符号，则地图上所有的等高线均被选取。

Change symbols：可将图上选中的符号所表达的对象用另一符号全部代替。

Export by symbol：可将选中符号所表达的对象导出至新的地图文件中。

Delete by symbol：删除选中的符号所表达的所有对象。

To curve by symbol：将选中的用手绘模式绘制的符号转化为曲线模式。

Partial map：将当前地图的局部输出为一张新地图。

Grid lines：栅格化地图。

Name index：建立名字索引。

6. Course（线路）菜单栏

Course statistics：用于统计检查点在各路线中的使用情况及共用情况。

Options：点击后出现子对话框，可以定义检查点编号与检查点圆圈的距离，连线与检查点圆圈的距离。如果选择 print the code，打印时，检查点序号之后会出现检查点代码。Course title 可以定义检查点说明表的标题。Controls description on map 可以定义检查点说明表方框的大小。

7. Temperate（模板）菜单栏

当 OCAD 用于绘制地图时，模板一般指野外测绘的草图。如果 OCAD 用于路线设计，则模板一般指已在电脑上绘制好的成图。

Scan：扫描模板。选项 Acquire 用于进行扫描，select source 用于选择扫描仪。

Open：打开已用 100dpi 以上的分辨率扫描到电脑并储存为 OCAD 认可格式的野外测绘的草图，可以同时打开 5 个模板。

Reopen：重新打开模板。可以将已关闭的模板打开并自动恢复到初始位置。

Close：关闭模板。

Adjust：调整模板。打开模板之后，通过该命令可以调整模板上的栅格与工作区坐标网格之间的位置关系。

Hide：隐藏模板。快捷方式F10，可暂时将模板隐去。

Options：用以雾化底图，使底图的色彩变淡。

8. Options（选项）菜单

Preferences：可以根据个人的喜好设计OCAD参数。

Shortcut：定义或改变快捷功能键的设置。

Color correction：校正屏幕显示的颜色。

Scales：设置底图比例尺及网格大小。弹出的子对话框中map scale为当前地图的比例尺。Paper coordinates中grid distance为工作区窗口栅格的边距，根据地图比例尺和底图的比例尺进行设置。real world coordinates表示栅格以实地尺寸为坐标，在Hori-zontal offset和Vertical offset栏中输入坐标原点的水平及垂直偏移量。Angle中输入角度值，在Grid distance中输入栅格的边距。

Open GPS：打开GPS。

Close GPS：关闭GPS

Adjust GPS：使底图坐标与GPS提供的坐标一致。

9. Windows（窗口）菜单栏

Title：将所有已打开的工作区窗口同时显示在屏幕上。

Cascade：以重叠的方式显示所有的已打开工作区窗口，下面的工作区只能看到其标题。

10. help（帮助）菜单栏

提供所有关于软件的信息及当前地图的相关信息。

二、OCAD10.0制作定向地图的一般程序

（一）新建（或打开）文件、制作模板

完成当天的实地勘测工作后，制图人员应该尽快在计算机上用OCAD

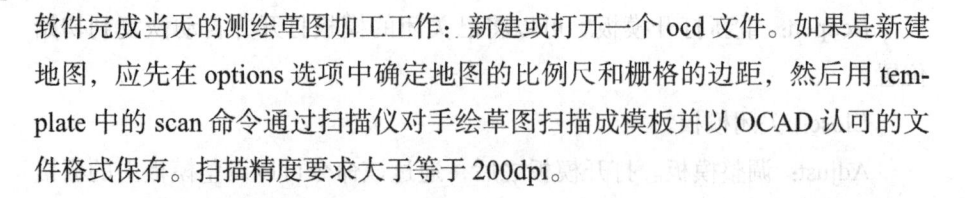

软件完成当天的测绘草图加工工作：新建或打开一个 ocd 文件。如果是新建地图，应先在 options 选项中确定地图的比例尺和栅格的边距，然后用 template 中的 scan 命令通过扫描仪对手绘草图扫描成模板并以 OCAD 认可的文件格式保存。扫描精度要求大于等于 200dpi。

（二）导入、调整模板

（1）导入模板。点击 template 下的 open 项后，根据设置模板与地图的参数，并根据模板的方位设置模板旋转的角度，保证模板的磁北方向指向工作区的正上方。点击 OK 完成模板。

（2）调整模板

①先点击 show grid，在工作区窗口显示栅格线。然后选择 adjust，鼠标光标变为十字形光标。以模板上某一栅格线的交点作为定位点（最好从模板的四个边角部位的栅格交点中选择）并点击，然后点击相近工作区栅格线的交点，按回车键，软件将自动完成模板的调整，使草图上的栅格与工作区栅格重合。

②如果存在偏差，应该进一步进行模板调整。首先选定原定位点双击，然后选定 2~3 个新定位点，依次点击完成后按回车键。使模板栅格线的交点与工作区窗口栅格线的交点完全重合。

（三）绘制地图

（1）线条的绘制：OCAD 为线状符号提供了曲线模式、椭圆模式、圆形模式、矩形模式、直线模式和手绘模式 6 种工具。

①曲线模式：用于绘制曲线。通常以模板上某条曲线的端点为起点，用鼠标左键点击，拖动鼠标在每个拐点处单击左键，直至曲线的另一个端点。

②椭圆模式：用于绘制椭圆。先用鼠标左键点击模板上椭圆的一个端点并拖动形成一条直线至椭圆的另一个端点处再点击，然后沿垂直方向拖动鼠标，当椭圆的形状与模板一致时，松开左键。

③圆形模式：用于绘制圆形。先用鼠标左键点击模板上圆周的一点，然后拖动鼠标，直至与模板上的圆形重合。

④矩形模式：用于绘制矩形。用鼠标左键点击矩形的一个端点，拖动鼠

标并在矩形的每个边角单击左键，直至与模板上的图形重合。

⑤直线模式：用于绘制直线。用鼠标左键从直线的一端开始，拖动鼠标直至直线的另外一个端点单击。

⑥手绘模式：用于绘制任意线状特征。先单击鼠标左键，然后移动鼠标，工作区窗口将留下鼠标移动的轨迹，直到再次单击完成结束手绘模式。

(2) 面状区域的填充：包括对选中的面状对象进行填充或添加边界。

①整体填充或添加：先选中需要填充或者添加边界的对象，再在符号栏中选中将要填充的面状符号或将添加的边界符号，然后在编辑工具栏单击 ◎ 工具完成操作。

②局部填充：对面状对象进行局部填充。先选中将要填充的面状符号，再在绘图工具栏中选中相应的绘图模式，通常选择曲线模式，然后将填充区域的边界描绘一圈。

(3) 图形的剪切：包括对线状对象的剪切和对面状对象的剪切。

①线状对象剪切：先选中所需剪切的线状对象，然后选取剪切工具，在须剪切线段的一个端点单击鼠标左键并拖动至下一个端点。

②面状对象剪切：先选中所需剪切的区域，然后选择绘图模式，再选中裁剪区域工具，在面状对象内部剪切出需要的图形。

注意：面状对象的剪切在定向地图的电脑制作过程中占有重要地位，使用的频率非常高。在 OCAD 中，各种颜色面状对象的覆盖顺序是固定的。为了将被覆盖的面状对象在地图上显现出来，必须经常利用剪切区域工具将覆盖在其上的面状对象的相应区域裁剪掉。

(4) 文字输入：OCAD 文字输入默认字体是 Arial，如果需要在地图上添加中文字符，可以用右键点击符号栏中的文字符号，在 Edit 菜单下，在 true type font 的下拉菜单中选中所需的中文字体，点击 OK 确认后，选择任意一种绘图模式即可进行中文的输入。

(5) 描绘程序：在 OCAD 中描绘地图是基于经验建立的，与制图人员的个人风格有关，因此不同绘图人员的操作程序可能不同。另外，校园和公园地图的操作程序与森林地图的操作程序也有所不同。

①校园和公园的操作程序：描绘校园和公园地图一般先描绘较大的交通干道等框架性线状地物，将整张地图的描绘分成一个个的局部，然后选定

其中的一个局部从一个角开始向另一个角描绘，依次描绘小径或小路等线状特征、建筑物和细节，最后描绘等高线及植被等面状特征。植被等一般先描绘边界线，然后进行填充。

②森林地图的操作程序：描绘森林地图一般从路和小径开始，先将整张地图的描绘分成一个个局部，然后选定其中的一个局部从一个角开始向另一个角描绘，依次描绘小径或小路等线状特征、等高线及特殊的地貌特征（如丘、土崖、悬崖等），最后描绘植被等面状特征。

植被等面状特征一般先描绘边界线，然后进行填充。

三、整饰地图

地图的整饰指在完成绘制工作的地图上添加必不可少的整饰要素，包括地图名称、数字比例尺、等高距、磁北线及磁北线距离尺、地图制作日期等信息。如果地图的使用对象为初级水平的定向者，应该在地图上加上图例。如果地图是有偿制作的，还需要标明制图人及地图版权所有者。此外，地图所在区域周围的主要交通要道的名称、比赛地的风土人情及赞助商的广告也都可以根据需求添加。

四、输出地图

地图在 OCAD 中制作完成后，要输出成一定格式的文件，再经过打印或印刷成纸质地图用于比赛。可以由 OCAD 直接输出打印，不过价格较高；也可以采用印刷的形式降低单价。如果选择印刷方式输出，应该先通过文件菜单下的 Export 命令输出为分辨率在 200dpi 以上的 eps 文件，再送印刷厂。

第三节　简单定向运动教学用图的制作

地图是定向比赛中的必需品，如没有成图（已绘制好的定向图），则须自己来绘制。本节我们将较深入地介绍如何绘制不同比例尺和不同质量的定向地图。

一、初级——教室地图

【装备】两张白纸、一个夹子、一把尺子/指北针、一根铅笔、一块橡皮。

【第一步】确定地图的边界线（如教室的围墙），测量出墙到墙之间的距离。可用一些测量工具，也可采用简单的步量法。如采用步量法，则须预先控制步幅在1m左右。高个子的人正常步幅大约为1m、身材稍矮的人步幅为50～60cm，为方便起见，可用50cm的步幅来测量。在测完长度后，即确定比例。对于一个不太大的教室来说，用A4或A5的纸，比例尺一般定为1∶100或1∶200(有时也用1∶150)。

【第二步】确定边界线后，就可开始进一步测量那些较大的物体，如讲台、桌椅等。

【第三步】测量一些小的物体，如花瓶、扬声器等。当然，这张地图的详细度是由绘图者自己决定的，应注意的是：一张简单而精确的地图远比一张详细但不准确的地图好得多。

【第四步】做图例说明表，解释地图上的细节分别代表什么地物。

【第五步】(建议)：在地图中标明正北方向，一张简单而准确的教室图就完成了，可用这种地图举办小型的竞赛来做定向体验。对于初学者来说用这种办法学习定向运动和识图知识是非常简单而有效的。

二、中级——运动场/校园地图

【装备】：首先是一张底图(大比例尺平面图，一般来说，所有的公园、校园都有此种底图)；如没有，就绘制一张像教室那样的简图。基于底图绘制定向图，确定地图的边界(围绕着边界走一圈)，同时观测较明显的标志物。如果底图中存在错误，必须将之更正。如果底图上的错误过多，需要多花些时间研究这一地区，找到安全点作为参考来准确地绘制地图上的其他细节。地图可绘制成黑白的，也可以是彩色的。一张彩色的地图既可直接用彩笔绘制后彩色打印，也可在计算机上用专业的定向绘图软件来绘制。尽可能使用与图例一致的符号来绘图。

三、高级——公园/森林地图

制作高品质的公园/森林地图通常需要较高的艺术技巧。这种地图的绘制者应非常了解和理解定向运动，且具有丰富的制作其他初级定向地图的经验。

一张好的底图非常重要。如要绘制地图的比例尺为1∶4000，底图的比例尺最好为1∶1000～1∶4000。许多非常好的底图比例尺为1∶500。绘制定向地图前须把它们复制成需要的比例尺。但要注意复印机并不一定能完全准确地按照要求来复制，所以最好在复制完后检查一下比例尺，确定所需制图的边界。在底图上先分好格/块（有时底图上的格已分好），然后根据需要把底图剪成几个部分，以方便带出进行实测。当有一张合适的底图后，便可以直接在底图上绘制，也可在底图的上面放置一张透明的胶片，将其固定在画板上后在胶片上绘制。职业定向制图员均采用这种方法。也可在底图上放置一张塑料贴膜，以防止地图受潮。

实地测量绘画：首先，检查南北方向线（有时在底图中已标出）。有时在底图中表示得并不准确，必须用一个肯定正确的长而直的线形地貌（如道路）来检测，更正方向。同时，还需用一些非常明显的标志物来检测图的比例尺是否正确。然后，选择一片面积相对小的地区（如有道路，围墙包围的地方），绕着这一地区走一圈以确定地图的边界线是否准确。之后，测量那些较小的物体。重要的是：一定要一次测完一个完整的地区。

将绘制好的地图扫描进计算机完成实测后，再把最后的结果用扫描仪扫入计算机，并存储成一个扩展名为 *.bmp 的文件。然后将扫好的图放入专门制作定向图的OCAD软件中，进行数字化处理。最后，设计图例上边线和南北子五线。可用较好的彩色打印机打出，也可送印刷厂印刷。

第四章　定向运动路线设计

第一节　定向运动路线设计的基本原则与步骤

路线设计是在合适的地形和地图上事先设置定向活动或比赛路线的起点、检查点和终点，规划定向活动和比赛进程的过程。路线设计是定向运动竞赛中最重要的核心技术之一，路线设计质量的好坏直接影响着赛事和活动的效果。好的路线设计不仅能公正地反映竞赛结果，而且能全面考查运动员的竞技能力。

一、路线设计的目标

路线设计的目标是为每个组别的参赛者设计出与他们的定向竞技能力和年龄等相适应的比赛路线。这种比赛路线能够公平、公正地考查参赛者的各项定向技能，使比赛的结果反映出参赛者的实际水平，同时也能使参赛者得到身心锻炼和快乐的享受。在为非竞赛型定向活动设计路线时，重点不在于比较成绩，而是优先考虑一般的或较差的选手的实际技能状况，尽力做到让所有选手从这项富有挑战性的活动中得到锻炼和乐趣。

二、路线设计的基本原则

(一) 保持定向运动的独有特征

定向运动的独有特征就是"定向"和"奔跑"。广义的解释就是准确识图，熟练使用指北针，在压力下独立分析，快速选择路线以及合理分配体能快速奔跑。
(1) 对于竞赛型的定向运动路线要遵循下列要求。
①要使路线最大限度地满足定向要求。

②选择山丘地、树林地，地形富有变化，有丰富细小的地物、地貌，需要动脑筋仔细判读的地形。

③地图的等高线和比例尺必须与该地域的地物多少和地貌情况相适应，能边奔跑边读图。

④设计路线时要利用最好的自然地形，路段长度要适中，使选手能连续思考读图，路段上不应有能简化定位定向问题的大型醒目特征地物。

⑤最合适的检查点是位于小的、较难的特征地物处，需要精确定向和仔细思考判读，能够提供一个好的路段，并且技术上能改进路线设计的位置。

（2）对于非竞赛型的定向运动路线（初学者参与路线）要遵循下列要求。

①选择适合步行或奔跑、地面松软、易于通行的地形。

②地图上等高线很少，地形平坦，易于识别，最好为大比例尺地图。

③只须设置一些简单的定向问题，特征地物应显而易见，并可以辅助定位。

④检查点特征地物应显而易见。

（二）保证竞赛的公平公正

路线设计者在为各组别选手设计相应的路线时，必须坚持公正。

（1）在路线中设置足够数量的"定向"问题，使"定向技能"成为决定比赛结果的主导因素，避免出现由体能决定结果的情况。

（2）注意排除任何"侥幸"因素。在定向比赛中，任何参赛者都有可能在某个难度大的检查点判断失误，因而耽误比赛时间。但是，如果难度大的检查点足够多，则只有优秀的参赛者才能赢得最后胜利。在定向路线设计中，应尽量避免出现没有定向问题，但对比赛结果有决定性影响的是沿着道路长距离奔跑的路段。

（三）适应参赛者的水平

不论是男女老少，也不论是初学者还是优秀参赛者，他们参加定向运动比赛都有一个相同的目的：在陌生地形环境中寻找自己的目标，从中得到身体的锻炼、获得成功的体验和人生的感悟。只有适合参赛者水平的路线，才能使他们达到这一目的,因此,不能让所有的参赛选手都在同一条路线上进行比赛;不能将所有的路线都布设在同一种地形上;不能让所有的路线难度都一样。

(四)体现定向运动的趣味性

在保证比赛公正性、体现定向独特性和适应参赛者水平的基础上,设计比赛路线时,应尽可能地体现定向比赛的趣味性。主要通过路线设计体现比赛路线的多变性,如路段方向的变化、路线长短和速度的变化、路线选择的变化等。

(五)体现观众和媒体的需要

为了推广定向运动,设计比赛路线时,在不影响比赛公正性和路线质量的情况下,要尽可能多地考虑媒体传播和观众观看定向运动的需要。通过精巧的路线设计使比赛过程尽可能接近观众以提高观赏性,让更多的人有机会欣赏到激动人心的场面。

(六)充分考虑安全和环保的要求

由于定向比赛在野外举行,安全防范和环境保护一直是人们关心的问题。路线设计时要注意避开危险的悬崖峭壁、高速公路和铁路,有毒或有可能伤害人体的植物群落,不受控制的狗、野蜂等;路线设计时要注意设计的路线不会引导参赛者试图游过危险的湖泊、河流或穿越危险的铁路、高速公路等;路线设计时对于可能影响整个路线设计质量而无法避开的区域,也要在图上用技术符号标示出其危险性,提醒参赛者采取必要的防范措施;路线设计时要保证对动植物所造成的影响最小,必须避开有保护动植物的地域;路线设计时不要太靠近农作物、家畜棚或民用建筑物等区域。

三、路线设计的步骤

(1)了解赛事的目的、要求和参赛者基本情况。
(2)检查地图是否符合比赛要求,在地图上选择合适比赛要求的地域。
(3)比赛场地的实地勘测:审查赛场和地图是否能满足比赛要求,勘察比赛场地内是否存在禁区、危险区、私人禁地等应回避区域。

（4）与赛事组织者、赛事顾问一起踏勘比赛场地，确定赛事中心和比赛起点、终点。

（5）拟定路线设计工作时间表，按规程要求设计比赛路线草案。

（6）征求赛事顾问对比赛路线草案的意见。

（7）根据赛事顾问的意见调整、编排所有路线以及所有检查点说明。

（8）安排各条路线的试跑：试跑的目的是检查实际比赛路线是否符合路线设计的原则，是否达到了路线设计者在理解赛事目标基础上制定的路线设计目标，对不太合适的检查点和路段进行调整。

（9）将调整后的路线设计图和试跑结果交赛事顾问征求意见。

（10）修改并确定最终的比赛路线设计方案。

（11）组织各条定向路线的套印并严格保密。

（12）参与场地裁判组对布点裁判员的培训和布点指导。

（13）路线质量的赛后评估。

第二节　定向运动路线设计的方法

一、赛事中心和终点的选择

（一）赛事中心

指参赛者、媒体工作人员、观众、裁判员和官员等人员活动的中心区域，一般选择在地势平坦开阔，方便设置竞赛指挥部、参赛者休息区、比赛成绩发布区、医疗点、小卖部、卫生间和停车场的区域。一般要求竞赛中心离终点较近。起点和终点要有一定的隔离屏障，避免尚未出发的参赛者和已经完成比赛的参赛者之间进行赛场信息交流。此外，选择赛事中心时还应考虑是否会明显影响赛场的选择和路线设计。

（二）终点

一般设置在赛事中心附近，让所有参赛者共用一个终点，而且也可以方便观众观看比赛。选择终点时要注意利用自然地形条件将观众与终点裁判工作区隔开。在设计终点时，要让所有的参赛者从一个方向到达终点。为了引导所有参赛者从同一个方向到达终点，通常将最后一个检查点设置在明显的、容易找到的特征处；参赛者能看到终点；有明显的特征处（如道路引导参赛者到达终点）。也可以将最后一个检查点到终点的比赛路线设计成必经路线，用标记物引导运动员到达终点。如果在实地设有必经路段，那么必须在比赛路线上用虚线绘出，并在检查说明表中给出其长度。从最后一个检查点到终点的路段应避免出现以下情况：长距离的上坡；长距离穿越大片田野到达终点；深沟或围栏等障碍物；长距离的必经路线。

二、起点区域的选择

选择出发区的要求是能容纳所有的参赛者，并能为参赛者提供休息区、准备活动区，为起点裁判工作提供便利的条件，为组织赛事提供便利的交通条件。

设计起点区的关键技术是出发线和起点的设计。出发线是运动员等候出发和开始进入比赛计时之间的一条线。出发线通常用标记物在出发区前标记出来。参赛者在出发线后等待出发信号，出发信号发出后计时开始，参赛者立刻打卡越过此线进入赛区。起点在地图上用三角形标出，它可以在出发线上，也可以在出发线前方一定距离处。当起点位于出发线前方时，从出发线到起点之间的路段应设计为必经路段，起点要用没有代码和打卡器的点标旗标记出来。

起点设在出发线上还是设在出发线前方，主要取决于等待出发的参赛者是否能看到已出发参赛者的路线选择。如果等待出发的参赛者能够看到已出发参赛者的路线选择，那么起点与出发线就应分开，前移至等待出发参赛者无法看到已出发参赛者的位置。

三、选择检查点特征和设置路段

（一）设置检查点的目的

一条比赛路线要设置多少个检查点没有明确规定，数量多少并不重要，

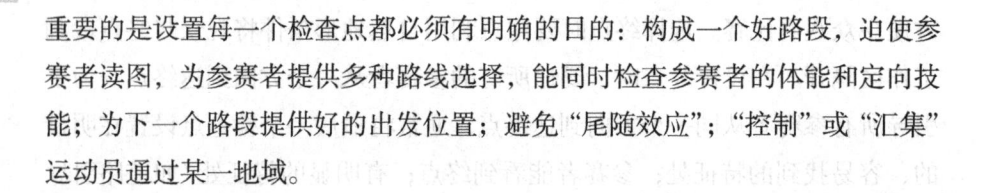

重要的是设置每一个检查点都必须有明确的目的：构成一个好路段，迫使参赛者读图，为参赛者提供多种路线选择，能同时检查参赛者的体能和定向技能；为下一个路段提供好的出发位置；避免"尾随效应"；"控制"或"汇集"运动员通过某一地域。

（二）设置路段时常见问题的处理技术

（1）尾随路段的处理。尾随效应是指由于检查点位置设置不当，运动员从检查点离开时为正在寻找该检查点的其他运动员起到了引导作用。导致尾随效应出现的路段就是尾随路段。由于出现尾随效应的两个路段间的夹角常常为锐角，所以尾随效应又称为锐角效应。构成锐角的路段不会导致尾随效应则该路段就不是尾随路段，尾随路段在地图上也不一定都是锐角。两个路段间有可能出现尾随效应时，可以通过增设过渡检查点来消除。

（2）比赛路线穿过湖泊和池塘时的处理。当定向比赛路线横穿湖泊和池塘时，容易使参赛者产生"游过"或"涉水蹚过"湖泊、池塘的念头。通常通过设计斜穿湖泊或池塘的路段来避免。

（3）比赛路线必须通过主要公路时的处理。当比赛路线不得已必须穿过某条主要公路时，要考虑参赛者的安全问题。在设计路线时要寻找一处参赛者和司机都有很好瞭望范围的位置，设置一个"汇集"检查点。让参赛者在同一地点通过公路或设置一段必经路线，可以安排专人指挥参赛者通过公路。

（4）比赛路线有交叉路段时的处理。当比赛路线出现交叉路段时，要避免在路段交叉点附近设置序号大于当前待寻找检查点的检查点。这样参赛者可能在寻找当前检查时顺便到达该检查点打卡，出现不按顺序到访检查点的情况，特别是比赛使用机械打卡器时更是如此。可以让序号在后的检查点远离交叉点。当比赛区域不大，而又需要设计长距离路线或较复杂的路线时，可以通过合理运用设计交叉路段来实现。如果出现交叉路段过多、难以辨识的情况，可以将一条比赛路线分别设计在两张地图上。

（5）需要在没有特征的位置设置检查点时的处理。在路线设计中，有时会遇上必须在某一地域中设置一个检查点，但是该地域又无合适的特征，此时可以人工修建一个地物，如挖一个土坑、临时搭建一个建筑物等，必须保证能在地图上用规范的符号将它标示出来。

（6）检查点之间的距离太近时的处理。检查点与检查点之间要有合适的间距，否则可能会误导正在目标检查点附近寻找检查点的参赛者。在中距离赛、长距离赛和接力赛中，检查点之间的距离一般要大于60m，只有当检查点特征在实地和地图上都明显不同时，其间隔才可小于60m，但是必须大于30m。其他单项比赛如短距离赛、微型定向赛等虽然没有明确规定，但也应该尽量将两个检查点间的间隔控制在一定距离之外。

（7）检查点特征为点状特征时的处理。比赛中参赛者寻找的是位于检查点圆圈中心的特征而不是点标旗。对于点状特征，点标旗可位于特征的中心，也可以位于特征一侧。检查点圆圈的中心应该落在检查点特征的位置上，而不是点标旗上。

四、比赛路线长度、爬高量的计算

在设计比赛路线时（积分赛除外），要计算出比赛路线距离和爬高量，为参赛者在比赛过程中提供参考数据。比赛路线长度是地图上从起点开始，按顺序经过各个检查点后到终点之间的直线距离，如果有必经路线，则应按实际距离计算。因此，参赛者在比赛中行进的实际距离要大于比赛路线的距离。爬高量是由比赛路线起点到终点，各路段连线方向上坡路段高度的总和，必经路段按实际高度计算。国际定联徒步定向运动规则中规定爬高量不能超过比赛路线长度的4%。

五、饮水站的设置

设计比赛路线时，如果估计相应组别比赛的胜出时间超过30min，应该考虑设置饮水站，通常按每25min的路程设置一个的要求来设置。当饮水站在检查点旁时，要在检查点说明表中标明；当饮水站不在检查点附近时，要在地图上用饮水站符号标明其位置。如果比赛安排在我国南方地区高温季节进行，要视具体情况增加饮水站数量。

第三节　定向运动路线设计

一、接力赛路线设计

接力赛同样会分成几个组别，分别适合于不同运动水平的选手和体验者参加。接力赛可以在白天举行，也可以日夜交替（如芬兰的 Jukola 接力赛）。在同一支接力团体内，每名队员掌握的定向知识和竞技水平可能存在一定的差异，所以必须能在比赛的地域内设计出适合不同水平的路线。

（一）赛事中心的选择

（1）设在地势平坦开阔，方便设置赛事组委会、运动员准备出发区、接力交接区、赛后休息区和比赛成绩公布区、医疗站、卫生间等的区域。

（2）应离起点、终点，特别是离终点较近。

（3）起点和终点的设置要与接力交接区明显地划分开，并且有明显的标识和引导，避免尚未出发的参赛者和已经完成比赛的参赛者之间进行赛场信息交流，避免由于区域设置不当或标识引导不清而延误运动员之间的交接，影响参赛队伍的比赛成绩。

（二）地图发放区、起点、交接区和终点的设置

接力赛的第一棒采用集体出发的方式，一般终点也设置在交接区，人员较为集中，对于赛事组织工作任务很重。所以必须合理利用现实地域，清晰划分地图发放区、起点、交接区和终点等各个区域，保证比赛顺利进行。

（1）地图发放区的设置。应有足够的空间，保证可以由运动员自己拿取地图，形式可以多样（如平铺式、立式和悬挂式等）。

（2）起点的设置。可以在第一棒选手的地图发放区，也可以在地图发放区和交接区之间。

（3）交接区的设置。一般第一棒运动员都将在地图发放区取图出发，而其他棒次运动员的地图会放置在交接区。交接区也应具备足够的空间，便于每一个参赛队有自己的地图位置，并且设置好引导和标示。

（4）终点的设置。一般设置在交接区，每个参赛队最后一棒次选手返回

交接区的终点线即完成比赛。

(三) 接力赛路线设计方法

1. 设计原则

每个参赛队完成的定向路线应该相同，各参赛队同一棒次运动员分别完成不同的分支路线，但每个参赛队完成所有定向路线后，各队的总路线应一致；所有路线的难度应该基本相同；所有路线的长度应该基本相同，各条定向路线的长度变化量一般不应大于跑完一条路线所用时间的5%。

2. 典型的分支定向路线设计方法

(1) 摩特勒（Motala）法。通常设置4条分支路线，适用于每个参赛队有4名选手的比赛。4条分支路线共用一个起点和终点，4条路线基本相同，彼此间有交叉、重叠，有共用检查点。4条分支定向路线的摩特勒法中仅有1/4的选手跑相同的路线，特别适用于4人接力。有24种不同的路线组合，只有报名接力的参赛队超过24个时，才会有一些路线组合出现重合。由于3条分支定向路线的摩特勒法（3人接力）只有6种不同的路线组合，因此该方法不适用于只有3条定向路线的接力比赛。

(2) 瓦拉斯（Vannas）法。所有分支定向路线由一个位于定向路线距离中部的公用检查点分成两大部分，可以排列出比摩特勒法更多的路线组合。瓦拉斯法有3条路线，这3条路线在整个定向路线距离约一半处汇集到一个公用的检查点，从而将路线分成6个部分，这6个部分可以相互排列组合形成多条不同的路线。瓦拉斯法的分支定向路线中仅有1/9的选手跑完全相同的路线，它主要适用于3条定向路线的接力赛。

(3) 法斯特（Farsta）法。法斯特法设有2条分支路线，2条定向路线共用一个出发点，共用一个终点。2条定向路线中有部分共用一支路段，在某些检查点分支成2条路线，而在某些检查点又汇集到一起。在这种方法中，分支的次数可随意设置，在每条分支路线上的检查点个数也可以随意设置。分支点的个数决定了法斯特法不同定向路线组合的数量。法斯特法灵活多变，路线组合数量多样，目前的接力比赛多采用此方法。

(四) 接力赛路线设计注意事项

(1) 第一个检查点最关键，通常为共用检查点。如果不作为共用检查点，而是将第一个检查点设置在起点的不同方向，那么路线组合将很明显。如果实在不好做到，也应尽量彼此靠近，彼此靠近的检查点的地物特征应有所不同，检查点的代码也应不同。

(2) 各条定向路线应能随意混用，避免将检查点的分支路线设置得彼此很靠近。定向路线的分支方法应避免运动员彼此都在一起奔跑，同时应有利于各个选手的定向技能发挥。

(3) 不同定向路线上的检查点数量不必相同。在接力赛各组别中，如果参赛队较少或参赛队之间实力比较悬殊，分支点可以少设置一些。

(4) 最后一个检查点的设置应相对容易一些，不要设置在复杂的地形上，并应起到"汇集"选手的作用。

(5) 路线的难度必须相等，保证对每个参赛队的公平性。

(6) 一些共用检查点应该能同时容纳多名运动员同时到达，保证有充足的打卡器，避免因为有许多运动员在一起而暴露检查点的位置。

二、积分赛赛事设计

积分赛定向地图上并没有事先规定好的路线，各检查点之间并没有直线相连，只是散布在地图上，同时标明根据检查点的难易程度及体力消耗等因素给予每个检查点不同的分值和检查点代码，并且规定参赛者完成比赛的时间。参赛者不必依次到访每个检查点，只须在规定的比赛时间内，自己规划路线，尽可能多地获得积分。超出比赛时间将按照规则扣减积分，最终以获得积分多者为胜。

(一) 积分赛的场地、起终点和检查点的选择设置

(1) 积分赛的场地选择与传统定向比赛的场地相同，范围不宜过大。由于参赛者是自己规划路线，还应考虑到要避免场地包含有危险区域和其他敏感区域，要明确标示出危险区和禁区。

(2) 起点和终点可以设在场地中心也可以在赛场边缘，如果采用集体出

发，则起终点必须选择在较为空旷且能够容纳较多人员的地区。

（3）检查点设置比较灵活，应体现出难易差别，检查点说明也应易于理解。检查点可以均匀分布在赛场内，但是不应彼此距离太近，避免"侥幸"因素发生。

（二）积分赛检查点代码及检查点说明表的设置

积分赛检查点说明表中通常不标明检查点的序号，只标明检查点代码，一般还要在检查点说明表中 H 栏标注该检查点的分值。同时为方便参赛者读图和规划路线，可以将检查点代码和相应分值同时标注在地图上。

三、夜间定向路线设计

夜间定向与日间定向有很大的不同，所以其路线设计也有自身的特点。

（一）夜间定向比赛地形和场地的选择

（1）夜间定向最重要的就是选择合适的比赛地形，而且一定要考虑到适合设计夜间定向路线。

（2）夜间定向主要是在地形相对平坦且易于奔跑的地域进行，可以选择开阔地、森林地、地物丰富的耕作地、地形起伏不大的公园和学校校园等地域进行。

（3）夜间定向场地应避免选用包含危险陡崖的山地、夜间不易察觉的沼泽地、废矿井、铁丝网等的地域。如果在夜间比赛中有少量类似地形而又无法避开，应该在危险处用带有反光材料的明显标志引起参赛者的注意。

（4）对于初学者、老年人、儿童，夜间定向比赛场地要避免设在地形复杂的林地，最好选在地形起伏不大的公园或校园。

（二）夜间定向路线的路段设置

（1）尽量将夜间定向路线布置在最佳的夜间定向地形上，避免将路段设置在较差的地域。路段难度一定要与每个组别选手的水平相适应。

（2）夜间定向路线上，行进路线选择是一个重要的比赛因素。在夜间定向比赛中，比赛选手宁愿放弃需指北针定向跑的行进路线，而选择较快的和更容易奔跑的行进路线。因此，可以设计一些带有许多行进路线的长距离路段，同时也能让参赛者较容易判断哪条行进路线最适合自己。

(三) 夜间定向路线的检查点设置

(1) 在夜间定向中，检查点的特征尤其重要。夜间定向检查点的设置绝不能使选手从远处就能看见检查点处点标旗上反光条，或者选手头灯发出的光。

(2) 检查点目标不能过早暴露，一定要让选手在接近检查点的最后部分路段保持高度的注意力，精确定向，直到到达检查点。

(3) 夜间定向检查点不宜设置在小山顶、小丘等特征物位置。

(4) 夜间定向检查点应主要设置在能自然遮掩点标旗反射光线的地形或地物处（如小山坳、山谷、隧道等）。

(四) 夜间定向路线中返回点 (Turing-Points) 的设置

夜间定向检查点应有安全的"返回点"，它是位于检查点一定距离处或者场地边缘处，且容易确定位置的地形特征物。这样，参赛选手即使在找寻检查点时出现了错误，错过了检查点，到达"返回点"也能比较容易确定自己的位置，并很快纠正自己的错误，顺利完成比赛。

(五) 影响夜间定向组织和路线设计的因素

(1) 夜间定向比赛地图。由于是在弱光条件下进行，地图应该清晰易读，最好选用大比例尺地图。

(2) 赛事中心等区域照明保障。赛事中心、起点、终点、卫生间、医疗站、成绩公布处等区域必须有良好的照明保障。

(3) 检查点发光设置。检查点要配备放光设备，目前多采用反光材料作为光源。如果赛场周围有路灯等比较明亮的环境光源时，检查点也可以不配置光源。

(4) 必经路线的设置。在夜间定向路线的必经路段上最好用自身发光的材料标示。

(5) 赛前试跑检查。夜间定向检查点和定向路线应在夜间进行测试检查，

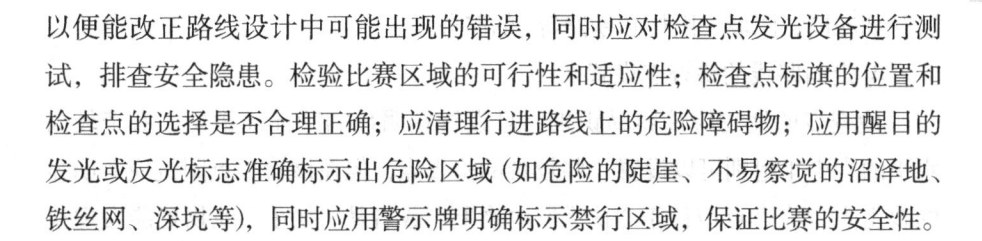

以便能改正路线设计中可能出现的错误，同时应对检查点发光设备进行测试，排查安全隐患。检验比赛区域的可行性和适应性；检查点标旗的位置和检查点的选择是否合理正确；应清理行进路线上的危险障碍物；应用醒目的发光或反光标志准确标示出危险区域（如危险的陡崖、不易察觉的沼泽地、铁丝网、深坑等），同时应用警示牌明确标示禁行区域，保证比赛的安全性。

四、不同水平定向路线的设计

路线设计的目标就是为每个组别的参赛者设计出与他们的定向竞技能力和年龄等相适应的比赛路线。我们要根据参赛者具备的能力水平，有针对性地设计。

（一）青少年定向路线的设计

青少年是我国参加定向运动活动和比赛的主要人群，他们运动态度积极、热情很高、希望自己能够成为胜利者，因此应让他们无须克服太多的困难就能顺利达到目标。路线设计的难度应与该组别中最差的选手相适应，以培养其自信心，增加其定向兴趣。

1. 定向地形和场地的选择

应设置在地形比较平缓的地域，易于奔跑和具有良好的通视距离。避免与等高线相关的地域，避免全是石块或有茂密难通行植被的地形。比赛地域内应有明显的地形界限（如道路网、开阔地、围墙和溪流、沟渠等明显地物），以保证参赛者不会因迷失方向而走出比赛区域。

2. 定向地图的要求

应采用大比例尺以易于读图；地图中定向路线的区域尽量不包含许多难以判读的细碎地域地貌，描绘地物要素在实地中必须明显清晰。

3. 定向路线的路段设置

路段须简单容易，使每个人都能够完成；路段距离要短，对于较高水平的青少年组别可以设置一些较长的路段；在初学者的定向路线中，不应出现迫使参赛选手使用指北针来确定行进方向的路段；各个路段的长度和方向不必有大的变化，路段之间不要交叉；对于较高水平的青少年组别，可以设置与等高线相关的路段；尽量避免出现使青少年初学者试图直接穿越的"禁行区"(如花园、围墙、围栏和铁路等)的路段。

4. 定向路线的检查点设置

检查点的地物应该容易识别,且设置在明显的特征地物处。对于较高水平的青少年组别可以设置一些较难的检查点,但在该检查点附近应有明显的攻击点。检查点应位于"扶手"地物上,或者从"扶手"地物处能发现检查点。各个检查点地物的特征并不一定要有所不同。检查点处点标旗应该清晰可见。特殊情况下,若检查点地物本身不能起到明显地吸引参赛选手的作用,可以把点标旗放在明显的位置。

(二)成年初学者定向路线的设计

成年初学者这一群体通常是青少年时期没有接触过定向运动,而是在成年后才开始参加的。他们由于自身各方面条件的差别,掌握的定向技能也不尽相同。他们中的多数人也许并不在乎比赛的名次,而只是想体验一下户外运动的乐趣,因此比赛路线的设计重点是让他们体验定向运动的休闲性、娱乐性和趣味性,路线难度应与青少年初学者基本相同,有更广泛的适应性,特别是对他们的体能水平的适应性,使他们把注意力集中在解决定向问题上。

1. 定向地形和地图的要求

路线应设置在有许多平坦地物的地形上,并且容易奔跑,具备良好的通视度,如沿道路、建筑物、开阔地设置定向路线;比赛地图中不应包含很多难以判读的地物要素。

2. 定向路线的路段和检查点设置

沿各个路段尽可能分布有许多明显地物;应多设置短距离路段;不需要经常变化路段方向、路线长度和检查点地物类型;检查点尽量位于"扶手"地物上,避免使用等高线;检查点应设置于或很靠近具有方位作用的地物处;检查点点标旗应放置在明显处。

(三)中级水平参赛者定向路线的设计

中级水平参赛者大多具备基本的定向运动知识和定向技能,也积累了一定的野外定向经验。但由于年龄差异及性别差异,在定向技能和体能上有较大的差异。因此路线设计的难度一定要合适，路线富有变化，以激励选手继续参加比赛。

1. 定向地形和地图的要求

能满足定向比赛一般要求的场地都适合中级水平参赛者，但要避免选择缺少大路、小路等的荒野；避免选择山地和难奔跑的林地；避免选择石块较多和有陡峭地形等容易给参赛者带来危险的地形；对于45岁以上的选手组别，可适当选择比例尺较大的地图。

2. 路线的路段和检查点设置

路段中可供选择的行进路线应多利用"扶手"，同时也包括一些利用"攻击点"行进的路段；路段中提供多条行进路线供参赛者选择，参赛者能够运用包括路线选择、概略定向、精确定向、攻击点等定向技术进行比赛；不要过分强调长距离路段，距离较短的路段也能与长距离路段一样提供多条行进路线；检查点应该设置在地形特征丰富的地域，检查点特征应该明显，但不能太醒目，地图上一定要有表示检查点特征的符号，设置在参赛者到达之前无法看到点标旗的位置；在有许多相似特征的区域，检查点最好设置在不同类型的特征位置。

（四）高级水平参赛者定向路线的设计

高水平参赛者竞争意识很强，并且参加定向运动的经验丰富，定向技能较高，他们的目标是在比赛中取得最好的成绩。因此路线设计的重点应放在比赛路线的难度上，在一条定向路线上要尽量包含许多不同类型的地形。尤其应该特别注意避免出现"侥幸"因素，路线设计时路线难度应该以水平最高的参赛者为基准。

1. 地形和地图的要求

可以使用各种类型的地形。适合高级水平参赛者的理想地形包括林地、荒野地以及地物较少、地貌细碎变化多、地形复杂的丘陵区域，要求易于奔跑，地形富有变化并有一定的坡度；尽量避免选择必须攀爬的陡峭地形；避免选择奔跑困难以及容易对运动员造成伤害的地形；避免选择能见度好的地形，比如，开阔地、林中空旷地等；避免选择容易被破坏的不稳定地形。高级水平参赛者适合使用各种比例尺和等高距的地图，年龄较大的组别可使用比例尺较大的地图。

2. 路段的设置

尽量将主要路段设计在地物要素丰富、地物特征多样，需要一定读图能力的地形上；不要将路段仅设置在荒野地，或只沿小路设置，或只强调选手的奔跑能力等，应将定向路线设置在迫使选手充分发挥定向能力的地形上；尽量将路段距离设置长些，保证选手不能借助易辨认的、较大的、醒目的地物特征行进，注意路段的长短结合；避免在路段上出现有使读图容易的地形特征，要求参赛选手在寻找检查点位置时，必须集中注意力，并具备较高的读图能力；路段穿过特征地物稀少的区域时，要避免设置短距离路段；路段穿过地貌很丰富、定向难度最大的地形上时，要避免设置长距离路段；路段分布在陡坡上时，路段应该沿着等高线或者横跨等高线设置。

3. 检查点的设置

检查点应该尽可能远离容易的和明显的攻击点，避免参赛者在实地依靠"侥幸"寻找检查点，但检查点地物在实地和地图上都应明显清晰；检查点应设置在地物要素丰富的地域，需要选手利用精确定向接近检查点地物；当有相似的检查点地物时，应变化检查点类型，以便使定向路线更多样；位于检查点地物处的点标旗位置，应视具体情况进行相应设置，点标旗位置不应该给参赛选手带来"侥幸"；检查点的位置特征和类型在地图上或检查点说明表上都应明显。

第五章　定向运动基本技能

第一节　现地判定方位

一、定向运动现地判定方位的定义

定向运动现地判定方位是指在定向运动中，运动员需要根据地图和实际环境之间的对应关系，确定自己的位置和方向，以便正确地完成定向任务。

定向运动现地判定方位包括以下几个步骤：

（1）观察地形和地图的比例尺，确定地图的比例尺和实际距离之间的关系。

（2）将地图与实际环境进行对比，找到相应的地形特征和参照物。

（3）利用罗盘、指北针等工具确定自己的方向，并根据地图的比例尺和实际距离之间的关系，估算自己的位置和距离。

二、定向运动现地判定方位的意义

定向运动现地判定方位具有重要的意义，主要体现在以下几个方面。

（1）提高空间感知能力：通过定向运动现地判定方位，可以锻炼运动员的空间感知能力，让他们更好地适应不同的地形和环境。

（2）提高判断能力：在定向运动中，运动员需要根据实际情况做出正确的判断，如选择最佳的行进路线、确定自己的位置和距离等。通过多次实践，运动员可以逐渐提高自己的判断能力。

（3）增强身体素质：定向运动需要运动员具备良好的身体素质和耐力，同时通过长时间的徒步和奔跑，也可以锻炼运动员的体能和耐力。

（4）促进团队协作：在定向运动中，团队协作非常重要。通过现地判定方位，可以增强团队成员之间的沟通和协作能力，提高团队的凝聚力和战斗力。

总之，定向运动现地判定方位是完成定向任务的关键步骤之一，对于提高运动员的空间感知能力、判断能力和团队协作能力具有重要意义。

三、利用地图判定方位

地图是用符号和颜色表示的平面图，不能直接利用指北针测定方位。在利用地图判定方位时，应遵循以下原则：一般地图上都有"上北下南"的图例，确定了地图的朝向为北方（地图的上方），则其他各方的相对位置也随之确定下来。同时还要注意图上的比例尺和图例，以便正确使用地图上的符号确定地面目标的方向和位置。在实际使用中还应考虑到地形起伏和地物分布等实际情况的影响。此外还须利用目标指示方向的要诀，把所行进的地形状况及可能出现的地物和居民点等因素综合考虑起来。如遇到分不清目标指示方向时要积极考虑可能遇到的自然特征来确定正确的行进方向。在野外作业遇到分不清方向时，不要惊慌失措或盲目行动，而要沉着冷静地观察周围的地形、地物特征及其他明显标志后再行判定。

四、利用指北针测定方位

指北针通常作为方向标示用具，仅表示南北相对关系而不代表精确方位，常用于判定方位时做辅助工具。

（一）判定方位的原理

地球是一个两极稍扁的扁球体，其自转轴倾斜造成的赤道面与地球本体的法线间的夹角为黄赤交角。由于地球在自转，地面某点所受太阳辐射强度，随地球自转而产生正午太阳高度角的变化，因而产生昼夜长短的变化。地球自转时，除地轴与地面垂直的方向所产生的直线位移（地球上某点正对太阳的瞬间方向）外，其他任何方向的地平位置与正北方向（或磁北方向）的夹角称为磁偏角。磁偏角是随时间而变化的，且变化周期为一年。因此，在利用指北针判定方位时，必须考虑磁偏角。

（二）判定方位的方法

（1）磁北法。利用指北针或磁性罗盘判定方位时，应使指北针或磁性罗

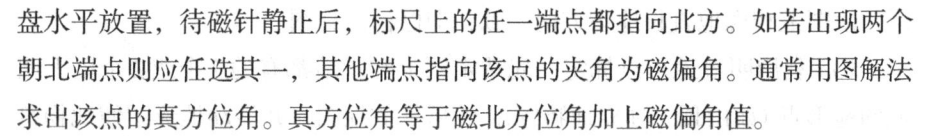

盘水平放置，待磁针静止后，标尺上的任一端点都指向北方。如若出现两个朝北端点则应任选其一，其他端点指向该点的夹角为磁偏角。通常用图解法求出该点的真方位角。真方位角等于磁北方位角加上磁偏角值。

（2）太阳法。在晴朗的白天，根据日出日落的太阳位置来判定方向。具体方法如下：在晴朗的白昼，太阳总是位于正南或正北方向。根据这个原理，可以先推算出太阳在正南或正北方向的高度角，然后利用高度角和天顶距推算出站立点方向。步骤如下：首先通过指北针确定站立点的磁方位角；然后将该角度除以2得到的半角就是太阳照射角度（视时太阳在天顶两侧所处的位置关系）；最后通过该角度以及太阳视位置求出站立点方向。

（3）手表定位法。先将当时的时间数除以2，再针对它看是几点几分。除得出来的那个数字就是所处的大概位置方向。例如下午4点钟除以2得到约2点钟，那么2点的方向就是南方；又如晚上9点钟除以2得到4点5分左右的位置方向为北方。当然这必须是在没有灯光且四周环境反射下才有效。

总之，利用指北针现地判定方位是军人在野外活动中必须掌握的基本技能之一。只有熟练掌握这一技能才能更好地适应复杂多变的野外环境并确保自身安全。

第二节 地图与现地对照

一、标定地图

标定地图就是使地图的方位和现地方位一致，地图的方位是上北下南，左西右东。

（1）用指北针标定。一般按磁子午线标定（也可按坐标纵线标定），地形图与南北内图廓线分别绘有注记，磁北和磁南用虚线连接，这两点的连线就是磁子午线，标定时先使指北针的直边切于磁子午线（纵坐标线），转动地图使磁针北端对准地图"北"，且磁针与磁子午线（纵坐标线）平行，地图即标定完毕。

（2）利用直长地物标定。当站在直长地物（如道路、河渠等）边时，可先在图上找到这段直长地物符号，然后将图平放转动地形图，并对照两侧地形，使图上和现地直长地物方向一致，即已标定地图。

（3）利用明显地形点标定。先选定图上和现地都有的2个或2个以上明显的地形点（如山顶、独立地物等），然后平放地图，并转动地形图使地物符号与现地2个或2个以上明显地物相一致，即已标定。

（4）利用北极星标定。夜晚可利用北极星标定地图，面向北极星，使地图的上方朝北，转动地图，使其子午线对准北极星，即已标定。

二、确定自己在图上的站立点

地图标定后应确定自己在地形图上的具体位置，这是用图的关键，熟练地掌握在图上确定站立点的各种方法是学习使用地图的关键。对于确定站立点的方法，除要记住它们各自的步骤、要领外，还要学会根据不同情况对它们进行选择使用和结合使用。

（1）利用明显地形点判定站立点（目测法）。这是最常用的方法，训练和比赛的地图都是1∶1万、1∶1.5万或1∶2.5万的，其精确度较高，地形图上的地物较详细。当自己所处位置是在明显的地形点（如山顶、桥梁、岔路口等）上时，从图上找出该地形点的符号，即为站立在图上的位置。这是奔跑中最常用的方法。困难在于在紧张的奔跑进程中须防止"张冠李戴"。需要特别注意：现地地物的拐弯点、交叉点（呈"十"字形）、交会点（呈"丁"字形）和端点；面状地物的中心或者有特征的边缘（山地、鞍部、洼地）；特殊的地貌形态（陡崖、冲沟等）；谷地的拐弯、交叉和交会点；山脊、山背线上的转折点、坡度变换点。

（2）截线法。当站立点在线状地物（道路、土堤等）上时可利用此法确定自己在图上的位置。其方法是：标定地图，在线状地物上或侧方选择一个图上和现地都有的明显地形点。

（3）后方交会法。当附近没有明显地形点时，可用后方交会法确定自己的站立点，其操作过程是：标定地图，选择离自己较远且已经通过了的图上和现地都有的两个或两个以上明显的地形点进行交会。交会时地图方位不动，先将指北针的直尺边分别切于图上两个（两个以上）的地形点符号的定位点上，移动直尺另一头依次瞄准现地相应的地物，然后沿直尺边向后作线。图上两方向线的交点，就是现地站立点在图上的位置。

确定站立点时应注意:

(1) 不论采取何种方法确定自己的站立点, 都应首先仔细分析周围的地形, 以免判断错点位、选错目标。

(2) 选择地形点作已知点时, 图上位置要准确。

(3) 标定地图后, 地图方位不能变动, 并随时检查。

三、现地与地形对照图

在标定地图并确定自己在图上的站立点后, 就应全面详细对照现地地形, 虽然在确定站立点时首先必须粗略对照地形, 但实际上两者是交互进行的, 对照地形, 就是使地形图上的地物地貌和现地一一对应, 包含: 现地与地形图上都有的一一对应; 现地有而地形图没有的应确定其在地图上的位置; 现地没有而地图上有在现地确定其原位置。

(1) 地形与现地对照时, 先是主要行进方向, 后次要方向; 先对照大而明显的地形, 后对照一般地形; 先由近到远, 由现地到图上, 再由图上到现地, 以大带小, 由点到面逐段对照。根据自己在图上的站立点及行进目标方向, 距离、特征及目标与附近地形的位置关系, 对照时一般用目估法, 必要时才用其他方法。当地形复杂、不便观察时尽快离开该位置, 找到通视好的开阔地进行目估。

(2) 对照山地地形, 应首先在图上判读山分布状况, 主要的高地位置, 山脉基本走向, 然后具体对照。在对照时根据地貌形态, 应先对照明显的山顶、山脊、谷地, 然后顺着山脊、谷地的走向具体对照各山顶、鞍部山脊等细部地形。

(3) 对照丘陵地形, 方法基本与山地相同, 但丘陵地形山顶浑圆、形状相似, 在对照时应特别仔细。

(4) 一般以山脊为主沿山脊线, 山背、鞍部、山谷与地物的特征有关系的位置进行认真对照, 同时可根据耕地形状变化谷地、居民地的形状, 大小等特征进行分析判定。

(5) 对照平原地形时, 可先对照主要交通路线: 河流居民地、独立地物和高地, 再根据它们的分布情况和位置关系进行细部地形对照。

现地对照时要注意: 比例尺越小, 越概略, 因此现地一些小的地形细部在图上找不到，另外随着社会建设的发展，有些地形由于建设的需要有较大的变化，这时应根据地形变化规律，仔细分析对照，才能得出正确的结论。

第三节 利用地图行进

一、按地图行进

利用地图行进是定向越野的基本运动方式，辨别方向、识别越野图、标定地图、对照地形确定站立点，都是为了能够熟练地利用地图行进。

（一）选择行进路线

（1）行进路线是根据训练和比赛中预先设在地形图上的各检查点的具体位置选出行进的最佳路线。应着重考虑和研究路线上与行动有关的地形因素，如地貌起伏、森林带、桥梁等状况，记住路线上转弯点的明显方位物。

（2）标绘行进路线和方位物，就是将选定的行进路线和方位物用彩色笔醒目地标绘在地图上，以便行进中一一对照检查。

（3）在地图上估算行进的距离及通过的时间，做到心中有谱。如两点距离估算1km，需要5min，如果跑了10min还没到位，很可能过位了，必须重新找出自己在地图上的站立点。

（4）熟记行进路线要按行进的顺序，把每段的里程、行进时间、经过的居民地、两侧方位物和地貌特征，特别是道路的转弯处、岔路口的方位物的地形特点都熟记在脑中，力求做到心中有图，未到先知。

（二）定向运动中徒步沿道路行进的方法要领

（1）在出发时或出发后，先标定地图，对照地形判定出检查点的位置与起点之间的关系，明确行进的道路和方向，然后计时出发。

（2）为了便于行进中掌握方向，先明确自己的站立点和将要到达目标的路线，然后转动身体，使地图与现地的方向一致，并用拇指压于站立点一侧，再开始行进。行进中要根据自己所到达的位置，不断移动拇指，使地图保持与现地的方向一致。还应沿线选定明显突出又不易变化的目标作参照

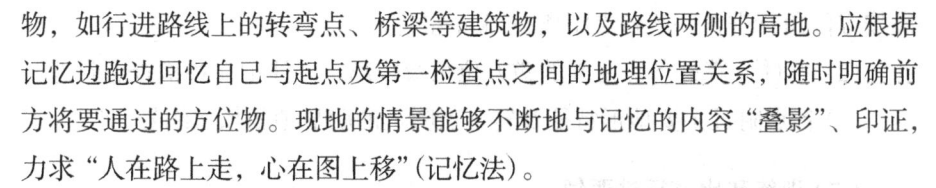

物,如行进路线上的转弯点、桥梁等建筑物,以及路线两侧的高地。应根据记忆边跑边回忆自己与起点及第一检查点之间的地理位置关系,随时明确前方将要通过的方位物。现地的情景能够不断地与记忆的内容"叠影"、印证,力求"人在路上走,心在图上移"(记忆法)。

(3)在遇到现地地形与地形图不一致时,应采用多种方法仔细对照地形、地貌,整体分析前后的变化关系位置,做到"有疑不走,方向不明不走"。

(4)当检查点位于线状地形或其附近时,要先明确站立点,利用易于辨认的线状地形,如道路、围栏、高压线、山背线、坡度变换线等,引导自己。由于沿着线状地形前进犹如扶着楼梯的栏杆行走,因此也称为"扶手法"。

(5)当站立点距离检查点较远,途中地形又很复杂时,可以采用导线法,即多次利用各个明显地形点,确保前进方向与路线正确。

(6)当在现地找不到目标又无法确定站立点时,即为迷失方向。

寻找正确方向的常用方法:

沿道路行进时:标定地图,对照地形,先判明是从哪里开始发生的错误、偏差有多大,然后根据情况另选迂回的道路前进。

越野行进时:应停止行进,标定地图后选择最适用的方法先确定站立点,然后尽量插到原来的正确路线上去,否则返回原路。

在山林地中行进时:根据行进方向、大概距离,找出发生偏差的地点,并以此为基础,确定站立点的概略位置。如果确定不了站立点,就要在图上看一看附近是否有较突出的明显地物(最好是线状的)或突出的明显地貌。如果还没有,就返回原路,待途中能够确定站立点后,迅速向目的地靠拢。在山林中行进,最忌讳匆忙、轻易行进或斜插,都会造成在原地兜圈子。

二、按方位角行进

在训练和比赛时,当地形地貌起伏较小,障碍较少、通行方便以及夜间大雾、雪地等不良情况下,常用按方位角行进。

(一)训练和比赛的准备

(1)进行地形分析,选择地貌起伏较小、通行方便、地形特征明显的地段按方位角行进，一般各点距离在 1km 左右。

（2）测（估）算好各点之间的磁方位角及距离，并注记在各检查点附近。

（3）各点附近主要地形特征及转弯点附近的明显地物依次编号注记。

（二）训练和比赛行进要领

（1）出发后首先在地形图上找到出发点准确位置，查清从起点到第一个检查点的磁方位角，并注记沿途通过的重要地形特征。

（2）在定向越野过程中，随时根据地图上的地物、地貌对照地形，用指北针检查前进的方向。遇障碍物时可走正四边形或平行四边形绕过，也可根据自己绕行后偏差多少加以修正。

（3）山林地比赛时，因为山地起伏大、山脊重叠、纵横交错、林木丛生，缺少明显方位物，应采取按地图和方位角相结合的方法进行。

在山林地按方位角行进要注意以下几点。

（1）有路不越野，有脊不走沟：在山地要认真选择转折点和方位物，并尽可能选择山顶、鞍部、岔口等。

（2）量算各点的方位角、距离，估算通过各点的时间，判明总方向及各点间的关系，山林地通行速度比一般的通行速度慢 1/3~1/2 倍。

（3）要随时掌握方向，每行进一段，都要知道自己在地图上的位置，并认真明确下段路线的行进方向，边跑边左右观察地形，严格按照预先测定的磁方位角行进。

（4）在识图训练中还要时刻对照地图，随时判定到达检查点的图上位置，抓住地形的主要特征（如山的大小、高低及走向，道路与河道的位置关系。林木的种类等）。

第四节　定向运动的基本战术

定向运动的基本战术是指运动员在定向运动比赛过程中根据比赛规则、比赛特点和定向运动的规律采取的策略和行动。具体来说，就是使自己的体能、技能、心理和智力在比赛时达到最佳状态。

一、赛前战术

(一) 赛前分析情况,制订合理的训练计划

赛前应对比赛情况做充分了解,如比赛地点的地形特点、气候、比赛项目设置、赛事规模和日程、参赛对手情况等,并根据获得的信息和队伍中运动员的构成情况,有针对性地制订队伍赛前训练计划和整体竞赛目标。对于个人而言,各项竞技能力是否达到了较好的比赛状态,自己可以对前段时间的训练进行综合评价。

(二) 设定合理的比赛目标

考虑到比赛规模、对手情况、自身情况、训练程度和比赛经验等,合理设置竞赛目标,比赛中承受适当的压力。

二、赛中战术

(一) 开始路段的战术

开始路段的战术主要指比赛路线中由起点开始第一两个路段所运用的战术。

1. 出发前的战术

(1) 拿到地图后快速阅读,了解比赛路线的情况,判断第一点的方向。在国内的比赛中,出发的位置与起点位置是一致的,因此在比赛出发前可以留意同组中出发靠前参赛队员的奔跑方向。如果前几位跑的方向相同,拿图后可按相同的方向跑,边跑边读图,特别是前进方向的路面情况较好时。如果方向不同,说明找寻第一个检查点可能有多条路线选择,这时出发不应太快,而要小心选择。在国外比赛中,参赛队员出发后,须向前跑一段距离才能到达出发点,后面的参赛队员看不到前面参赛队员的出发路线,要特别注意快速阅读地图。

(2) 快速阅读地图后,根据地图、地形和路线的情况,预计自己本场比赛时间(预计胜出时间),做好心理准备。只有较高水平的运动员才会使用这

种战术，初学者慎用，以免造成不必要的心理压力。在国外比赛中，可以提前1天左右拿到检查点说明表，因而可以提前预测比赛时间；目前国内比赛中，有时在出发前1～2min发放。

（3）检查点说明表是检查点对具体位置设置的说明，也就是对所要找的检查点所在地的地物进行说明。在找寻一个点标前，应该先查看检查点的代码和地物，找到检查点后查看检查点说明，以确认是否正确。比赛要求寻找的是特征而不是点标旗，当检查点设置在点状或面状特征旁时，一般只需要读检查点代码和检查点特征，不需要读检查点说明表中的其他内容。

2. 起点到第1、2个检查点。

（1）控制跑动速度，顺利找到1号点标，建立比赛信心。开始路段的发挥直接影响到完成比赛的信心，这段跑动不要太快，保证顺利找到检查点即可。

（2）了解地图质量。熟悉制图员的风格与水平有两个途径，一个是在比赛开始路段中对制图员的风格和水平作出判断，另一个是从比赛前组委会提供的训练地图中了解。制图员在测图时首先测路，对于测绘水平不高的制图员，对于他或她认为对参赛队员意义不大的绿色区域，可能不会深入实地进行详细测绘，因此包括小径、植被的界线等在内的特征，可能会有较大的误差，应避免选择进入此路线。同时不同制图员对植被覆盖情况下的可跑性判断也有一定误差。

（二）中间路段的战术

中间路段的战术主要指从比赛路线上第二个路段后开始到最后一两个路段前所应用的战术。

1. 找寻检查点战术

检查点圆圈中心是什么，应该找什么；攻击点选择的安全性问题；从攻击点到检查点的过程，特别是由攻击点到检查点的距离较远时，要特别小心。当自己在途中发现有更好的攻击点时，可不必再去找原来计划的攻击点。在偏离前进方向，可找到一个较好的攻击点时，就应该改变计划。攻击点对选择路线的影响较大，对于从攻击点到检查点须穿越复杂地带的情况，可首先标定前进方向，判断距离，然后通过慢跑或者使用步测技术小心接近点标。如果距离较远，可通过分段步测方法前进。找到每个细小特征，校正或减小误差。

2. 控制奔跑速度的技术

控制好速度，合理平衡体能和智能是比赛成败的关键。中间路段即使是好跑的大路，也不能全速奔跑，可花一些精力研究路段的技术问题。

> "红绿灯"战术
>
> 利用概略定向和精确定向战术对比赛过程中的体能和智力进行合理的分配。把一个路段（点与点之间的距离）分为三段，就像在街口遇到红绿灯一样：首先是绿灯赛段，主要使用概略定向技术发挥体能，尽量快地接近攻击点；其次是黄灯赛段，当快接近攻击点时，适当降低奔跑速度，提高注意力，以保证顺利找到攻击点；最后是红灯赛段，应仔细分辨检查点附近的地形细节以保证顺利找到检查点，速度也应该是点与点之间最慢的。

此外，在中间路段还要特别注意控制好下坡时的速度，否则很可能出现跑过检查点的情况。

3. 绿色地带的穿越技术

穿越浓密林地的目的是节省比赛时间，如果穿越时出现错误，那么反而会浪费时间。因此穿越只有在有十分有把握的情况下才能进行。作出穿越决策时不但要通过地图仔细来分析实地的情况，而且也要考虑地图的质量。通常绿色区域在地图上的精确性和准确性相对较低。穿越绿色地带时，要注意观察等高线，原则上只有在坡度不大的下坡路段才可以应用穿越战术，上坡路段不能应用。

(三) 结束路段的战术

结束路段的战术主要指在整个比赛路线中，靠近终点的一两个路段所应用的战术。由于比赛接近尾声，当参赛队员到达最后1到2个点位时，往往能听到终点传来的声音，这种声音对于严重疲劳的参赛队员来说，很容易导致其注意力的严重下降而前功尽弃。因此，在比赛的最后路段，注意力应集中于找点是非常重要的。

第六章　定向运动竞赛的裁判法与规程

第一节　定向运动竞赛的裁判工作

一、定向运动竞赛起点裁判工作

(一)起点裁判组的职责

(1)起点裁判长负责全组裁判员学习竞赛规则和裁判法。

(2)起点裁判长根据裁判员基本情况进行分工(检录员、发令员、地图检查员、序道员)。

(3)对起点场地进行踏勘,并组织裁判员对场地的布置进行分工安排。妥善安排好运动员准备活动的地方,划定区域。准备区域至起跑线要有专门通道。

(4)赛前实习,分析竞赛时可能发生的问题以及对策。

(5)裁判长必须熟练掌握检录员、发令员、发图员的位置、工作程序及各项业务。

(6)负责对起点标志的合理挂放,维持起点区域秩序。

(7)赛后认真写好赛后总结,交到总裁判长处。

(8)在裁判长领导下安排迟到运动员的出发。

(9)核实各竞赛组别以及各组别人数。

(10)接力赛前除分好每一组别、每个队的棒次外,还应在棒次图后面填写运动员号码。

(11)竞赛时发图员也可兼任序道员。

(二)起点裁判的工作程序及方法

1.赛前工作

(1)根据技术组裁判组设计的起点位,确定起点的正确位置。

(2)检查各组别的竞赛用图上是否有检查点说明表格,一般初级比赛也可以用文字叙述。

(3)检查各组别竞赛地图的数量,各组别地图交一人保管,以免出现意外,无处可查。

(4)按竞赛组别的要求布置各组别的具体起点及地图的发放位。

(5)认真填写器材清单,交总裁判审阅,到器材组领取起点主要器材:发令器口哨、扩音器、小旗、长桌、椅子、对讲机、太阳伞、起点标志牌、横幅等,校园如果利用自身优美环境,可以省去一部分器材。

(6)领取器材后,应认真检查、试用,要熟练掌握,运用自如。

(7)接力赛地图放置方法通常采用立体夹叠法:把地图背面朝外,按棒次依次排好夹牢,同一组别的各队并排放置在同一竖板前。竖板可按组别分成数块,也可把同一组别各队放置在并排的竖板前,此方法适用多组别、多棒次的竞赛。

2.临场工作

(1)在运动员开始做准备活动时,起点裁判如有可能应召集所有运动员交代竞赛中应注意的问题。

(2)竞赛前 20min 检录员按出发顺序表开始检录,出发前一段时间检录员应请运动员到自己组别的起点处就位。

(3)根据规程及本次竞赛出发时间的间隔,检录运动员到起点的各个区域,如出发间隔为 2min,离出发时间还有 6min 时,检录员就应检录第一批运动员,离出发时间 4min 序道员就应通知第一批运动进入准备区,检录员检录第二批出发运动员进入就位区,离出发时还剩 2min 时,序道员通知第一批出发的运动员进入待发区,第二批运动员进入准备区,检录员检录第三批运动员。出发时间到时,第一批运动员取图进入赛区,预道员通知第二批运动员进入待发区,第三批运动员进入准备区,检录员检录第四批运动员进入就位区,以此类推,检录完所有运动员。

(4)检录员在检录时如有运动员未到或迟到,必须按出发顺序表的出发时间检录,不能提前或推后。

(5)运动员在待发区,发令员控制发令器发出出发指令,发令器在出发前 10s 开始叮鸣,出发时间到发令器一声长鸣,运动员即可取图出发进入赛区。

（6）运动员在待发区等候出发时，发令员应检查运动员的组别，出发时间是否准确，运动员的号码是否与出发顺序表一致，运动员的指卡佩戴是否正确及清除和启动是否完成。

（7）发令器发出信号，发令员要及时提醒运动员取图出发，同时通知终点裁判组竞赛开始（在没有电子打卡系统时，尤为重要）。

（8）在接力竞赛中，如是采用第一棒的运动员同时出发，检录员应检录完所有参赛队的第一棒运动员，待出发时间到，发令器发令，运动员到自己的地图前取图进入赛区。

（9）接力赛第一棒运动员出发后，起点检录员注意检录第二棒运动员，当第一棒运动员出场时，序道员应及时报号，第二棒运动员在接力区等待，击掌握棒结束，第二棒运动员取图进入赛区，以此接力形式完成竞赛。

（10）如接力赛采用单个等时的出发，前三批出发的运动员按单项出发形式出发。第一棒运动员出发后，竞赛开始，当某队第一棒运动员完成竞赛到接力区时，序道员应急报号给本队第二棒运动员击掌取图进入竞赛区，这时不考虑有的队第一棒运动员没有出发。

（11）检录和出发时如有违反规则和规程的现象，应及时通知总裁判并提出处理意见。

3. 赛后工作

（1）所有参赛运动员出发完，应及时通知终点裁判组。

（2）对照出发顺序表，检查未到人员以及实际出发的总批次和总人数，并上报总裁判。

（3）起点裁判长布置人员清点交还所借器材。

（4）起点裁判长作好全组总结，以书面形式交总裁判。

（5）起点应设置在等待出发的运动员不能看到已经出发的运动员是如何选择行进路线的地方，同时起点也应有足够大的面积容纳参赛人员，不使其拥挤。比赛前可用石灰画出或用绳索等拉出起点出发区。

（6）比赛即将开始时，由检录员按编排好的出发顺序表呼叫运动员来到出发区，并依次进入就位区、准备区和待发区。

（7）比赛时间到，发令员根据编排好的时间和间隔准时发出出发信号，

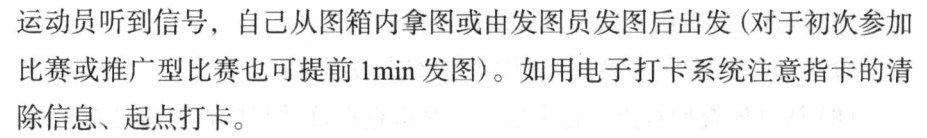

运动员听到信号，自己从图箱内拿图或由发图员发图后出发（对于初次参加比赛或推广型比赛也可提前1min发图）。如用电子打卡系统注意指卡的清除信息、起点打卡。

（8）如果起点与终点在同一场地，正式比赛时，应特别注意控制起点运动员与已返回终点的运动员，将两者严格隔开，防止传递赛场信息，影响比赛公正性。

（9）其他按规则要求执行。

二、定向运动竞赛区域裁判工作

(一) 场地（检查）裁判组的职责

(1) 裁判长负责组织、检查裁判员学习竞赛规则和裁判法。
(2) 提前踏勘场地，向总裁判长递交计划表。
(3) 领取地图（初级竞赛在地图上初步做好路线设计）。
(4) 带领全组裁判员按计划到竞赛场地实地勘测。
(5) 按赛事指定提前日准时、准地登记报到，认真查看组委会、竞赛处的通知。
(6) 赛前按计划检查赛场检查点是否准确，有疑问报予裁判长并记录于图中。
(7) 赛前按计划完成对自己分点图的准确布点。完成后报告裁判长。

(二) 场地（检查）裁判组的工作程序及方法

1. 赛前工作

(1) 裁判长到编排纪录组领取各组别的竞赛路线地图并掌管本次竞赛的全点图。
(2) 裁判长填写本组所需器材交总裁判签阅后到大会器材组领取。
(3) 场地（检查）组所需器材：检查点标志及打卡器、对讲机、放点标的立柱和板凳、水壶、雨衣、太阳帽、文件夹、文具、器材包。
(4) 认真检查各组别的图上竞赛路线。
(5) 认真检查各组别竞赛路线的检查点标志代号。

(6) 认真检查各组别实地点标的符号和代号。

(7) 根据各组别的竞赛路线制作出检查点说明符号。

(8) 认真核查检查点、打卡器，校对检查点符号与检查卡片是否相符，如时间许可每场更换打卡器。

(9) 使用电子打卡计时系统，应对电子计时系统中的打卡器进行检修、调试。

(10) 了解各组别实地点标位置的地形、地貌特征及主要的地理特征。

(11) 场地裁判长带领各组别的路线负责人进行各组别竞赛路线的实地勘查。

(12) 场地裁判长可以根据各路线的检查点分布，用以下的形式布置检查点。

分组以正、反两边向中间布置检查点，并相互检查；各组别的竞赛路线选一个负责人带领全组的场地裁判进行布置，如需要可以一个检查点留下一个检查员；如在勘查过程发现地物、地貌位置与地图不符时应记录下并标在地图上，检查复核后请示总裁判，对该地域的检查点进行取舍或对地图进行修正；勘查结束后应及时制出点标说明符，并上报给总裁判。

(13) 可统一场地裁判的服装以及裁判检查点应处的位置。

(14) 制作检查点运动员到达时间表。

2. 临场工作

(1) 运动员出发前应对各组别竞赛路线的检查点准确布置在实地中。

(2) 运动员出发后场地裁判员应位于检查点比较隐蔽的位置，不能使运动员有发现场地裁判而判断出检查点的位置。

(3) 竞赛中，场地裁判不能给予运动员有关竞赛方向的提示及暗示。

(4) 竞赛中，场地裁判员应时刻注意运动员经过检查点的情况。如运动员有故意破坏检查点以及其他犯规行为，应报告场地裁判长并警告犯规运动员。

(5) 检查裁判长应在运动员达到时记录下到达时间、号码，并保护检查点不受到人为破坏。

(6) 在竞赛中如场地（检查）裁判人员不够，可设几个主要检查点进行运动员记录。

(7) 如在竞赛中场地（检查）裁判发现有运动员受伤和遇到意外，应立即进行抢救和处理，同时报告给检察长，使大会组织者能即刻采取行动。

(8) 场地（检查）裁判应注意运动员持指卡打卡情况，如打卡装置出现故障，应立即报告检察长，同时对后面的运动员说明情况。

(9)检查员的服装应同周围环境颜色相接近。

3. 赛后工作

(1)场地裁判长得到总裁判长竞赛结束的通知后,才能通知场地裁判员收拾检查点标志。

(2)裁判员在收检查点标志后,如发现有迷路、退赛的运动员应收审,并报告场地裁判长具体人数。

(3)如时间许可,场地裁判在各检查点应以中间的检查点分两头进行。这样场地裁判员分别回到竞赛的起、终点,最后集中由场地裁判长作简单的小结。

(4)场地裁判长对各组别的竞赛路线负责,收集场地裁判的器材和装备,交还给大会器材组。

(5)场地裁判长应认真填写赛后的裁判总结,以书面形式交予总裁判。

三、定向运动竞赛终点裁判工作

(一)终点裁判者的职责

(1)裁判长根据本组裁判员的基本情况分配本组裁判员的工作。

(2)裁判长组织终点裁判学习竞赛规则和裁判法。

(3)勘查竞赛终点现场,画出终点布置图,重点是接力布置图。

(4)赛前向检查点裁判长索要并核实标准卡,特别是接力各棒次、各组别的标准卡。

(5)赛前带领裁判员布置现场,进行裁判实习。

(6)受理运动员申诉,报予总裁判长。

(7)收集运动员犯规情况,提出处理意见,报请总裁判裁决。

(8)负责收回运动员的竞赛地图。

(9)维持终点秩序。

(二)终点裁判组的工作程序和方法

1. 赛前工作

(1)裁判长填写终点裁判所需器材的清单,交总裁判签阅。

(2)裁判员到大会器材组领取器材(计时器、扩音机、对讲机、区域划分牌、终点横幅和标志牌、彩带绳和终点跑道标志绳、文具等)。

（3）领取器材后应认真检查、试用。

（4）根据技术组提供终点区域，确定终点的具体位置。

（5）布置好终点工作区域，重点是接力的布置图。

（6）终点示意图（略）。

（7）接力设置图（略）。

2. 临场工作

（1）运动员跑向终点时，预告员要快速、准确、清晰地向终点报告运动员的号码，在接力赛中这一点尤其重要。

（2）计时员在运动员到终点时要告诉运动员迅速打终止器，表示计时停止。

（3）收图员告诉到达终点的运动员地图具体放置位置。

（4）验卡员指挥运动员打成绩取读器，取出运动员的竞赛成绩。

3. 赛后工作

（1）所有运动员到达终点后，裁判长应通知裁判长。

（2）到竞赛关门时间，裁判长将未到终点的运动员通知给裁判长。

（3）收拾终点场地，归还终点器材。

（4）裁判长作好裁判总结，以书面形式交裁判长。

四、定向运动竞赛成绩统计裁判工作

(一) 成绩统计裁判的职责

（1）负责本组裁判员的学习和分配本组裁判员的工作。

（2）根据竞赛需要填写竞赛器材清单，交总裁判签字，并到器材组领取竞赛器材。

（3）根据运动员到达终点后的成绩进行电脑统计，并交编排记录组进行公布。

（4）对成绩中出现的问题及时报总裁判，并解决问题。

（5）对电子打卡系统中的终端打印系统进行维护和检修。

（6）解决成绩中出现的问题和错误。

（7）负责与编排记录组联系，使成绩能及时反馈到运动员。

(二) 成绩统计裁判组的工作程序与方法

1. 赛前工作

（1）裁判长填写器材清单，交总裁判签阅，裁判员到大会器材组领取竞赛器材（打印机、电子打卡计时系统中的终端打印设备）。

（2）裁判员领取器材后检查、试用。

（3）布置好成绩公告栏。

2. 临场工作

（1）运动员到达终点后要提醒其打成绩读卡器。

（2）打完终点读卡器，指挥运动员再打主站打卡器，把成绩输入电脑。

（3）运动员的成绩输入电脑后，操作员要迅速作好成绩统计，并打印出来。

（4）运动员的成绩统计打印完毕，及时公布。

（5）把所有运动员的成绩统计完毕交编排记录组，统计团体总分和个人总成绩。

3. 赛后工作

（1）裁判员收还竞赛器材。

（2）裁判长作本组裁判总结，以书面形式交总裁判。

第二节　定向运动竞赛的裁判规则

一、违例与处罚

(一) 给予警告处罚

（1）代表队成员擅自出入预备区，但未造成后果者。

（2）在出发区提前取图和抢先出发者。

（3）接受他人帮助者。

（4）为他人提供帮助者。

（5）为从对手的技术中获利，故意在比赛中与对手同跑或跟跑者。

（6）不按规定佩戴号码布者。

(二) 成绩无效

(1) 冒名顶替参加竞赛者。

(2) 竞赛中使用交通工具者。

(3) 有证据表明在竞赛前勘察过路线者。

(4) 未通过全部检查点者。

(5) 竞赛结束前（指终点关闭）未返回终点者。

(三) 取消比赛资格

(1) 弄虚作假者。

(2) 有意妨碍他人者。

(3) 蓄意破坏点标、打卡器和其他竞赛设施者。

(4) 通过技术和不正当手段伪造成绩者。

(5) 未佩戴大会颁发的号码布者。

(6) 丢失指卡者。

(四) 其他处理

(1) 运动员途中因伤病不能继续完成竞赛时，以退赛论处，退赛后应尽快向就近裁判员报告。

(2) 出发前运动员因故退赛，领队或教练员应向起点裁判说明情况。

(3) 运动员在竞赛中损害群众利益，视情节给予处罚，影响竞赛由本人负责，造成的后果及经济损失由本队负责。

二、抗议、申诉和仲裁

凡对参赛运动员的成绩、资格及裁判判罚有异议提出申诉者，必须在比赛成绩公告后 1 小时内向组委会提交经领队签字的《申诉报告书》及申诉费，方可受理，如胜诉申诉费原数退还，如申诉无效申诉费交组委会处理。

第三节 定向运动竞赛规程范例

一、全国（高等院校、中学、职业学校）学生定向越野锦标赛竞赛规程

全国学生定向越野锦标赛竞赛规程

一、竞赛时间和地点

竞赛时间：××××年××月××日至××日

竞赛地点：××体育中心定向运动场

二、主办单位

全国学生定向越野协会

三、参赛单位

各高等院校、中学、职业学校等学生定向运动组织单位。

四、参赛资格

(1) 参赛者须为各参赛单位注册在校学生；

(2) 参赛者须身体健康，无不适合运动的疾病；

(3) 每单位可报领队1名，教练员1名，运动员人数不限；

(4) 参赛者须提供有效身份证明。

五、竞赛项目和形式

本次比赛为定向越野比赛，比赛形式为团体赛和个人赛。

六、竞赛路线设计规则和要求

(1) 路线设计须充分考虑参赛者的体能、技能和智力水平；

(2) 路线设计须合理分配距离和难度，保证比赛的公平性；

(3) 路线图上须标明所有检查点和终点，并使用国际定向运动标准符号；

(4) 路线长度和难度须根据参赛者年龄和体能分组。

七、竞赛规则和裁判方法

(1) 比赛开始前，裁判员须对所有参赛者进行安全教育和指导；

(2) 比赛中，参赛者须按照规定路线完成比赛，不得作弊或违反比赛规定；

(3) 裁判员须按照比赛规则和裁判方法进行裁决，确保比赛的公正性和公平性。

八、录取名次和奖励办法

(1) 团体赛取前八名给予奖励，个人赛取前二十名给予奖励；

(2) 奖励办法根据比赛名次和单位总成绩综合评定；

(3) 比赛奖金由主办单位提供，证书由全国学生定向越野协会颁发。

九、比赛器材和服装要求

(1) 参赛者须自备比赛器材(指定位器材)，如指北针、地图等；

(2) 参赛者须穿着符合定向运动要求的服装和鞋子。

十、其他事项

(1) 参赛单位需按照竞赛规程要求组织报名和参赛，报名截止日期为××××年××月××日；

(2) 参赛者须自行购买比赛意外伤害保险；

(3) 比赛期间，参赛者须遵守比赛场地管理规定，爱护场地设施；

(4) 如遇不可抗力因素或比赛变更，主办单位有权对比赛时间、地点、规则等做出调整。

十一、联系方式

全国学生定向越野协会联系人：×××　电话：×××××××。

二、全国定向锦标赛竞赛规程

全国定向锦标赛竞赛规程

一、竞赛时间和地点

竞赛时间：××××年××月××日至××日

竞赛地点：××市××公园

二、主办单位

国家体育总局社会体育指导中心、中国定向运动协会

三、参赛单位

各省市自治区、直辖市体育局社会体育指导中心(处)和行业体协。各参赛单位可组织参赛队(运动员人数不得少于24人)，在竞赛地点组一支代表队参赛。参赛单位亦可同时报名个人项目参赛。

四、竞赛项目

男子10km、女子5km、男子短距离(50m)等10个项目，参赛人数必

须符合规程要求,其中任何一项若参赛人数过少则取消该项比赛。

五、竞赛办法

(一)执行中国定向运动协会审定的定向赛规则与裁判法;

(二)比赛采用国家体育总局最新审定的《定向运动竞赛规程总则》及有关补充规定;

(三)所有参赛队员须使用电子打卡,严禁使用手工打卡;

(四)录取前八名,不足八名减一录取。

六、参赛报名办法及费用

(一)请各参赛单位认真填写《报名表》(报名表从官方网站下载),于××月××日前将报名表和单位介绍信寄到组委会。参赛费用每队每人交纳人民币伍佰元整(¥500)。电子版《报名表》请发至组委会邮箱(××××××××@qq.com),并在邮件主题注明"定向锦标赛报名"。报名后如不参加者,将不退参赛费用。

(二)各参赛队须办理意外伤害保险,其费用已包含在参赛费用中,由各队自行办理并交回组委会。组委会不接受个人报名。

七、奖励办法

(一)各项目录取前八名颁发奖状及奖金(税前):第一名:奖金人民币××××元(税后×××元);第二名:奖金人民币××××元(税后×××元);第三名:奖金人民币××××元(税后××××元);第四名:奖金人民币××××元;第五名:奖金人民币××××元;第六名:奖金人民币××××元;第七名:奖金人民币××××元;第八名:奖金人民币××××元。请按项目设置合理分配名额和相关经费准备参赛,优秀团体成绩队伍请适当奖励团体优秀教练员和个人尖子队员,提倡赛练结合与学研结合相结合的理念,充分体现定向运动的竞技性和群众性相结合的特点。

(二)各项目前三名代表队教练员将获得优秀教练员证书。

八、其他事项

(一)比赛期间组委会为各队提供场地平面图及有关资料;各队领队会前应认真组织队员熟悉场地,以免发生意外。如发生意外情况请及时与组委会联系。

（二）组委会提供电子打卡计时系统设备及比赛所需计时器材等设备，如有损坏请及时与组委会联系。电子打卡系统将对所有参赛队员进行成绩记录及排名，如出现异议由组委会裁决。其他器材由各队自行负责。运动员请穿着适宜运动的服装和鞋子参加比赛。不得穿着牛仔裤、高跟鞋等不适宜运动的服装和鞋子参加比赛。在比赛开始前30min领取计时器材并在比赛结束后交还器材，请认真核对器材是否完好并签收器材和纪念品，如未签名确认将视同签收确认无异常状况；若损坏请立即与工作人员说明情况并按损坏程度赔偿损失费用。裁判长负责全程裁判员及场地组织协调工作。赛后提供相关数据并统计各代表队的成绩等事宜由技术代表负责并做好记录归档备查。为确保本次比赛顺利进行，望各队积极配合组委会的工作安排并严格执行相关规程规定，保证比赛公平公正公开。希望本次比赛圆满成功！祝愿各代表队取得优异成绩！让我们共同为中国的定向运动事业添砖加瓦！

全国定向锦标赛组委会
××××年××月××日

联系人：×××
电话：×××××××××××
邮箱：×××××××××@qq.com。

以上是全国定向锦标赛的竞赛规程，参赛单位和个人需要遵守相关规定和要求，确保比赛的公平公正和顺利进行。

第七章　定向运动竞赛

第一节　定向运动竞赛概述

一、定向运动竞赛的定义

定向运动竞赛是指为了促进定向运动的普及和发展，以检验参赛者的定向技能和体能，展示其竞技水平和精神风貌的一项体育赛事。

二、定向运动竞赛的功能

定向运动竞赛的功能主要有以下几个方面。

(一) 促进交流与合作

定向运动竞赛是各参赛队伍或个人之间进行竞技的平台，同时也是一个交流的平台。通过竞赛，参赛者可以相互学习、交流经验，提高自己的技能和体能。同时，竞赛组织者也可以通过与参赛者交流，了解他们的需求和意见，为今后的赛事组织提供参考。此外，定向运动竞赛还可以促进各参赛队伍之间的合作与交流，增强团队凝聚力。

(二) 推动定向运动的普及和发展

定向运动竞赛是推动定向运动普及和发展的重要手段之一。通过竞赛，可以吸引更多的人参与到定向运动中，了解和认识这项运动，进而推广和普及这项运动。同时，竞赛还可以为定向运动的组织者和参与者提供更多的经验和启示，促进定向运动的不断发展和完善。

(三) 检验和展示参赛者的技能和体能

定向运动竞赛是检验参赛者技能和体能的重要手段之一。通过竞赛，

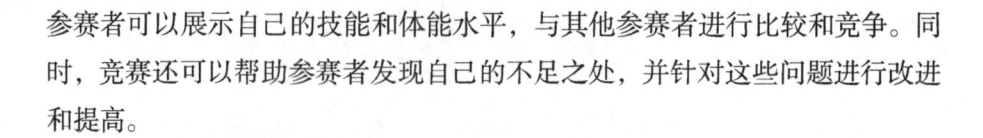

参赛者可以展示自己的技能和体能水平，与其他参赛者进行比较和竞争。同时，竞赛还可以帮助参赛者发现自己的不足之处，并针对这些问题进行改进和提高。

(四) 培养参赛者的团队合作精神和竞争意识

定向运动竞赛是一项集体活动，需要参赛者之间的密切配合和协作。通过竞赛，参赛者可以培养自己的团队合作精神和竞争意识，学会如何在团队中发挥自己的优势，并与队友共同完成任务。同时，竞赛还可以帮助参赛者认识到竞争的重要性，培养他们的竞争意识。

进入21世纪以来，人们的物质文化生活水平有了很大提高，户外运动也越来越成为人们所崇尚的运动。组织定向运动竞赛，对推广和普及定向运动、提高定向运动竞技水平、推动社会经济文化发展有着十分重要的意义。

三、定向运动竞赛对实现体育价值的作用

定向运动竞赛作为体育竞赛中的一种形式，其不仅仅具有竞技比赛的特性，更具有独特的文化内涵和体育价值。定向运动竞赛不仅为参与者提供了展示自我、挑战自我的机会，还为观众带来了一场充满激情和挑战的视觉盛宴。定向运动竞赛对实现体育价值的作用如下。

(一) 增强身体素质

定向运动竞赛是一项需要参与者具备良好体能和快速反应能力的运动项目。在竞赛过程中，参与者需要快速奔跑、判断方向、识图导航等，这些都需要参与者具备较高的身体素质和反应能力。通过参与定向运动竞赛，参与者可以增强自身的身体素质，提高自身的健康水平。同时，定向运动竞赛还能够培养参与者的意志品质和团队协作精神，这些都是现代社会中不可或缺的素质。

(二) 促进身心健康

定向运动竞赛不仅需要参与者具备良好的身体素质，还需要参与者具备较高的心理素质和情感素质。在竞赛过程中，参与者需要面对各种困难和

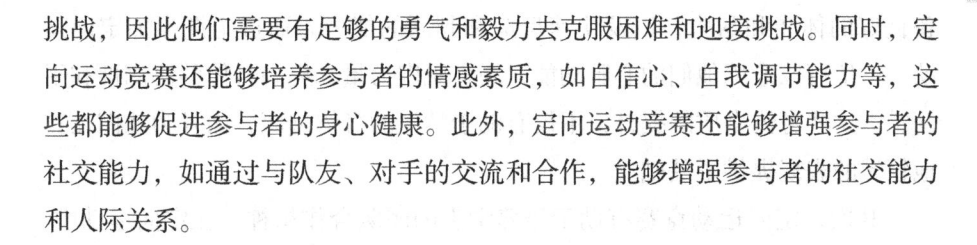

挑战，因此他们需要有足够的勇气和毅力去克服困难和迎接挑战。同时，定向运动竞赛还能够培养参与者的情感素质，如自信心、自我调节能力等，这些都能够促进参与者的身心健康。此外，定向运动竞赛还能够增强参与者的社交能力，如通过与队友、对手的交流和合作，能够增强参与者的社交能力和人际关系。

(三) 弘扬体育精神

定向运动竞赛作为一种体育文化形式，具有独特的体育精神内涵。在竞赛过程中，参与者需要遵守规则、尊重对手、发扬友谊第一的精神。这些精神品质不仅仅是一种体育精神的体现，更是现代社会中一种重要的价值观和文化理念。通过参与定向运动竞赛，能够弘扬体育精神，增强人们的体育文化素养和道德水平，促进社会文明进步。

(四) 推动体育产业发展

定向运动竞赛作为一种体育产业的重要组成部分，对体育产业的发展具有积极的推动作用。首先，定向运动竞赛能够吸引更多的参与者加入体育活动中，增加体育人口的数量。其次，定向运动竞赛还能够带动相关产业的发展，如地图制作、装备制造、广告营销等，这些都能够促进体育产业的发展和壮大。最后，定向运动竞赛作为一种独特的文化形式，能够吸引更多的媒体关注和赞助商的投入，为体育产业的发展提供更多的资源和支持。

总之，定向运动竞赛作为一种独特的体育形式，具有多方面的价值和作用。它不仅能够增强人们的身体素质和身心健康，还能够弘扬体育精神、推动体育产业发展。因此，我们应该积极推广定向运动竞赛，让更多的人参与到这项充满激情和挑战的运动中，感受它所带来的快乐和成长。

四、学校开展定向运动竞赛的意义

学校是我国推动定向运动发展的主要阵地。定向运动竞赛目前已成为学校体育教育的主要内容之一，也是推动定向运动发展的重要措施，成功举办定向运动竞赛对促进学校体育工作有重要作用。

首先，定向运动竞赛有助于提高学生的体能。定向运动需要参与者具备良好的体能和耐力,以及快速反应和判断的能力。通过定期参加定向运动,学生可以锻炼他们的心肺功能,增强肌肉力量,提高身体的协调性和平衡感。这些身体素质的提升,不仅有助于学生的身体健康,而且为他们在其他领域的表现提供了基础。

其次,定向运动竞赛有助于培养学生的团队合作精神。在定向运动中,学生需要与团队成员共同解决问题、规划路线,并相互协作以完成比赛。这种团队活动有助于培养学生的沟通技巧和合作精神,这是现代社会中至关重要的技能。通过与他人合作,学生学会了倾听、理解和尊重他人的观点,这将有助于他们在未来的学习和职业生涯中更好地与他人相处。

再次,定向运动竞赛还有助于培养学生的竞争意识和创新能力。在定向运动中,学生需要面对各种挑战,并尝试找到解决问题的新方法。这种创新思维的培养有助于激发学生的潜能,提高他们解决问题的能力。同时,定向运动的竞争性也为学生提供了一个展示自己能力的平台,有助于培养他们的自信心和自尊心。

最后,定向运动竞赛也有助于提高学生的心理健康水平。定期参加户外活动,如定向运动,可以帮助学生减轻压力,提高他们的情绪调节能力。此外,定向运动还可以帮助学生建立积极的人际关系,增强他们的社交技能,从而有助于减少孤独感和抑郁情绪。

综上所述,学校开展定向运动竞赛具有多方面的意义。它不仅有助于提高学生的体能和身体素质,培养学生的团队合作精神、竞争意识和创新能力,还有助于提高学生的心理健康水平。因此,学校应该积极推动定向运动的开展,为学生提供更多的机会参与这项有益的活动。

五、参加定向运动竞赛的注意事项

对大多数人来讲,参加定向运动竞赛可以回归自然、放松身心,在强身健体的同时学会基本的野外生存和徒步旅行的技能。对另外一部分人——定向运动员来说,经常参加定向运动竞赛则是提高竞赛水平所必需的。定向运动竞赛永远是实践第一的体育运动,定向战技术水平的保持,在各种地形、气候条件下进行比赛的经验积累,都必须反反复复地参加比赛。

参加不同项目、不同组别的比赛,将经历不同的参赛过程。此处介绍的是一种面向社会、公开举行的一日比赛的大致情况与参加方法。而比赛器材使用的是传统的定向越野检查卡片＋密码钳式的点签，如果使用新式的电子点签系统，参赛的方法就会有所不同。

(一) 报名方法

在较为正式的比赛通知上，通常会公布下列内容。
——比赛的名称、项目、分组；
——时间 (年、月、日、时)；
——比赛目的 (是公开赛、选拔赛还是锦标赛)；
——地形特点；
——比赛分组、线路的概略长度、难度或总爬高量；
——报到时间、比赛开始时间；
——比赛编排方法 (是抽签还是其他)；
——报名费与其他费用，收费方法；
——报名登记的起止时间，限额，联系人及方法；
——附报名登记表一份；
——获准报名后，是否还有进一步的通知 (如《赛员须知》之类的包括有比赛地点、交通安排等更详细的比赛资料)。

怎样选择组别能否选择合适的比赛组别直接关系到参赛者是否有获胜的希望，因此必须通过对自己、对竞争者、对地形、对线路等多方面的综合分析，在比赛规定允许的范围内选择有利条件最多的组别。组织工作者在设计比赛分组时，常常依据定向技术与奔跑体能各自在比赛中的比重确定分组，基本原则是：

初学组：无明确侧重，定向与奔跑的难度都不大；

高龄组：需要较高的识图用图、寻找点标的能力，但地形易于奔跑；

青壮年和高级组：在不同路段有不同的侧重，但对定向与奔跑的能力要求都较高。

出发顺序的编排有三种可能：由抽签决定；由报名的先后顺序决定；由工作人员编排或电脑随机编排。由于出发的先后会对心理以及技能的发挥带来一定影响，因此需要对编排方法和自己可能的出发时间有所了解，以便做好充分的思想准备。

在对以上两个问题做了充分考虑之后，您应在规定的限期内把填好的报名表按联系人地址寄出，并按规定方法交付费用。

至于载有比赛的地点等进一步的详细资料《赛员须知》，工作人员一般会在赛事当日或仅提前一两日发到参赛者的手上。参赛者只需要按它的指引，在比赛当日严格遵守即可。

(二) 准备工作

准备工作主要包括下述几个方面。
——熟悉有关比赛的规则、规程、须知或要求。
——根据自己的目标加强技能、体能训练。
——购买比赛用品（如指北针）、准备参加比赛的服装。
——比赛前夕应充分休息，注意饮食的调养。如果有需要，在比赛前一天准备好饮料、干粮和零用钱，等等。

(三) 在出发前

比赛的这一天终于来到了，参赛者应携带齐比赛所需的一切物品，按计划好的时间前往比赛报到的地点。

报到之后，参赛者将得到比赛编号或号码布、检查卡片等物品。在前往出发区之前，您需要做的事情主要有：

(1) 撕（剪）下检查卡副卡，交给工作人员；

(2) 如果比赛另有补充规定或通知，应尽快阅读、记熟，并予以确切的理解；

(3) 将比赛中不用的物品（如行李等）放置于规定的地点；

(4) 按规定方法佩戴号码布或其他标志；

(5) 开始做热身、准备活动。

当距离参赛者的出发时间还剩 10~15min 时，即可以在工作人员或依标志的指引前往出发区。到达出发区之后，一般应停止一切活动，静静地等待检录员的呼叫，以便能够按时出发。

注意：在出发区，最重要的是切勿错过或抢超出发时间，同时不要进错通道、拿错地图。

(四) 在标图区

如果在出发区拿到的图上没有标示比赛线路，这就说明需要参赛者自己到标图区依"线路样图"转绘。

表面看，这种方式有工作人员"偷懒"的成分，其实不然，这样安排对参赛者提高识图用图能力以及提早进入专注的精神状态是有很大帮助的。当然这样做也有风险：假如参赛者绘错线路就麻烦了，因此竞技性的定向比赛一般都不会采用这种方法。

标图区一般设在出发区定位点标（出发区符号"△"的中心点处）前方不远的地点，在参赛者离开"待发"格之后，只要沿着标志（或许有）即可找到它。

转绘比赛线路时抓紧时间是必要的，但更应细心和谨慎，防止绘错检查点的位置。要注意爱护线路样图，转绘完毕后应将公用的尺子、红圆珠笔等留在原处，以便其他参赛者继续使用。

(五) 在比赛中

离开出发线之后，竞赛时间就开始计算了，这是否意味着您现在就必须以最快的速度开始赛跑？

定向最大的魅力就在于：参赛者必须首先通过看图，从中选择出最佳的比赛路线、确定前往目标的战术、技术方能取胜，跑速的快慢始终是其次的。因此，在出发的那一刻，牢记"磨刀不误砍柴工"的古训是必要的。

接下来，在比赛的过程中还有许许多多问题在等待着您。经常出现的问题是：

——何种地形会对参赛者的运动有帮助？
——何种地形会影响参赛者行进？
——参赛者准备采取何种战术、技术前往检查点？

对于这些问题，相信您可以从本书的第3、4、5章中找到答案。

在这里需要再次讨论一下关于快与慢的关系问题。在中国定向运动发展的早期，代表国际定联来华的挪威人白山保（Per Sandberg）非常负责、非常认真地推广定向运动，为使初学者尽快地掌握定向的技能，他把两个检查点之间的赛段形象地比喻成"按交通规则的定向"——分成简单的绿灯、黄灯、红灯三个阶段。他认为，一般来说，在不同阶段应采用不同的定向越野方法：

绿灯放心快行——宜采用概略定向。在这个阶段，由于刚刚判定了行进的方向，精确地确定了站立点（借助于检查点），可以用尽量快的速度前进。如有可能，应多采用借线、记忆等方法沿道路奔跑。

黄灯看清再行——宜采用"标准的"定向。这一阶段内的各种明显地形点将逐渐引导您接近检查点，因此应多利用借点、水平位移等方法行进，并尽可能地保持标准跑速。

红灯小心为妙——宜采用精确定向。即将到达检查点，应减慢速度，防止过早地兜圈子寻找点标或者错过了点标。应多采用拇指辅行、偏向瞄准、借助进攻点、运用"指北针定向法"加步测或目测距离、参考检查点说明等方法行进。

（六）定向比赛中应有的心理状态

定向比赛要求参赛者的心理素质很高。在野外运动，往往会有许多意料之外的大小事情发生，如果没有冷静沉着、专心致志的良好心态，一个小小的障碍都可能会给参赛者的比赛成绩带来严重的影响。

另外一种典型的表现则时常发生在定向运动员的身上：比赛中思前想后，患得患失……这样肯定会让注意力分散，使读图和思考的效率降低，影响战、技术的正常发挥。

这些都是定向状态不佳、心理承受力不强的表现。

看看有经验的选手：他们在比赛中只是始终如一、反反复复地把全部精力放在以下几个看似枯燥，但很关键的事项上：

——拿图的方法；

——图的方向（标定地图）；

——站立点的位置；

——检查点的位置及其所在的方向、距离；

——定向战略（路线的选择）；

——定向战术（概略定向还是精确定向）；

——体力分配与运动速度、节奏。

定向比赛应该具备的"四感"：

——方向感；

——距离感；

——速度感；

——位置感（以上三项的综合）。

(七) 检查点被无关人员拿走或遭破坏怎么办

遇到这类问题，参赛者必须首先确定：是点标真的不见了？还是参赛者找错了位置？如果经核实确认，请您别再耽误任何时间，应立刻放弃寻找该点。通常工作人员在处理此类问题时可能会采用"丢一个，减一个"，即丢一个点标、减少一个检查点的处理方法来判定成绩。比赛结束时，无论是否找到该点（没丢失前，前面的人可能找到了），成绩一律有效。因此，参赛者放弃寻找该点，但成绩不会受任何影响——要知道，出现这类问题（包括工作人员放错点），是很容易得到证实的。参赛者找不到，其他人同样也找不到；如果工作人员获得此消息，他们会很快派人前往出问题的地点去补救；赛后，他们还将在收点时证实。

必须强调说明的是：对于点标丢失的处理，应按当次比赛规则的规定为准。因为不同规格、不同规模、使用不同器材的比赛，其裁判对此问题的处理方法也会有所不同。

(八) 抵达终点前后

在离开最后一个检查点向终点前进的时候，这就意味着参赛者已胜利在望，但还不能松劲，因为在这时竞争对手们还将在意志、体力、技能等方面与参赛者做最后的较量，必须再坚持一下。

过不久，您将看到那醒目的终点横幅并听到观众为参赛者加油的欢呼声……

在越过终线之后，参赛者需要做的第一件事就是迅速将检查卡片交给收卡员，而后以放松的慢跑沿通道离开终点工作区，到指定地点休息。如果参赛者对比赛的组织工作和其他运动员有意见，或需要对自己的失误进行申辩，应该在离开终点工作区前到"申诉处"向工作人员说明。

在终点工作区的外侧，通常设有成绩公布栏，在参赛者将检查卡片交给收卡员之后，只要参赛者的成绩是有效的，工作人员会在不长的时间内将参赛者的成绩公布出来。成绩一公布，参赛者就可以离开比赛会场返回了。如果比赛后还有颁奖仪式，那么无论参赛者是否获奖，参赛者都应该留下来参加。颁奖仪式是一次比赛很有意义且激动人心的时刻，可以肯定，它将给参赛者留下终生难忘的美好印象。

（九）避免违规现象的发生

与其他竞技性的体育项目相比，定向越野的比赛规则显得较有弹性，每一场定向比赛都有可能会根据实际地形等情况专门制定一套比赛规则。但是，我们仍然必须了解以下这些最基本的、通常情况下都是按惯例的比赛规则。

1. 犯规

有下列行为之一者称为犯规，将被取消比赛资格。

（1）有意妨碍他人比赛（包括犯有同一性质的其他任何不良言行）者；

（2）蓄意损坏点标、点签和其他比赛设施者；

（3）通过、穿越和翻越规则明确禁止通行的地面物体或区域者；

（4）比赛中搭乘交通工具行进者；

（5）未通过全部检查点，而又伪造点签凭证者。

2. 违例

有下列行为之一者被视为违例，应给予警告。裁判人员将根据违例的性质和程度，采取从降低成绩直至取消比赛资格的处罚。

（1）在出发区越位取图和提前出发者；

（2）接受别人的帮助，如指路、寻找点标、使用点签者；

（3）为别人提供帮助，如指路、寻找点标、使用点签者；

（4）为从对手的技术中获利，故意在比赛中与对手同路或跟进者；

（5）故意不按比赛规定顺序行进者；

（6）不按规定位置佩戴号码布者；

（7）有其他违反比赛规则行为者。

3. 成绩无效

有下述情况之一者,比赛成绩将被判为无效。

(1) 有证据表明在比赛前勘察过比赛场地者;

(2) 未通过全部检查点,即检查卡片上点签图案不全者;

(3) 点签图案模糊不清,确实无法辨认者;

(4) 在检查卡片上不按规定位置使用点签者;

(5) 在比赛结束(指终点关闭)前不交回检查卡片者;

(6) 超过比赛规定的终点关闭时间(检查点一般也在同一时间撤收)而尚未返回会场者,如确系迷失方向,应向附近任意一条大路或上一个检查点位置靠拢,等候工作人员的处置;

(7) 有意无意地造成公私财物的重大损失和环境破坏者。由此带来的一切后果,责任由肇事人承担。

第二节 定向运动竞赛组织与编排

一、定向运动竞赛的组织

经常举行定向越野的竞赛活动具有广泛的社会意义。这不仅有利于扩大定向运动的参赛者队伍,提高运动水平,健全组织(如俱乐部、协会等),而且还有利于推动地图、指北针、检查设备等比赛器材的生产与革新,提高全民族的智力、体力水平和丰富人民群众的业余文化生活。

组织不同规格、不同形式的比赛需要有不同的组织方法,应根据目标、人力、经费和季节有计划地开展这一活动。

(一) 组织比赛必须具备的基础

我国开展定向运动已近30年。这段历史清楚地告诉我们,不少热心推广定向运动的人士,在他们的头脑中并不缺乏对成功举办一场一般性的体育赛事基本条件的考虑,比如,时间、地点、经费以及如何充分利用、发挥各种社会资源的作用,等等。但很遗憾,一些人对定向运动的特殊性缺乏基本的认识,在组织比赛时往往犯了一般化的错误:忽视了定向运动最基本的东西——那些构成定向运动内核，使它能被称为"定向运动"的专业性、技术性基础。

面积足够(取决于参赛人数)、地形合适的比赛场地，精确详细的定向专用地图，满足定向技术发挥的线路设计——这三项就是组织定向越野比赛必须具备的专业技术基础。

因为场地的选择、地图的质量、线路设计员的水平对一场定向比赛具有决定性的影响。定向越野特性的保持、比赛过程的安全顺利、比赛结果的公平公正均有赖于此。

顺便指出，场地的选择、地图的制作、线路的设计这三项基础并非互不相干，它们具有前项决定后项、顺次依赖的关系。即好的线路设计依赖好的地图质量；好的地图质量依赖好的场地选择。

1. 对比赛场地地形的要求

地形是地物和地貌的总称。地物是指地面上的固定性物体，如居民地、建筑物、道路、河流、树木等。地貌是指地面的高低起伏状态，如山地、丘陵、平地、洼地等。由于地形对定向越野比赛的难易程度和用时长短有较大的影响，因此要根据比赛需要选择地形。

(1) 原则要求

——比赛前，根据比赛的需要决定是否对比赛的地点、地图进行保密。

——比赛区域必须是所有选手都不熟悉或不太熟悉的。至少，应防止赛区当地的选手在比赛中获得明显的好处。为保证这一点，有的国家规定三年内不得在同一地点举行第二次比赛。

——要有与比赛的需要相适应的难度，并保证它能够使运动员充分发挥自己的定向越野技能。

(2) 合乎要求的场地

一般来说，合适的定向越野比赛场地的地形至少应属于下列三种类型之一：①树林地区，场地通视性有限、地形够细碎；②有较多特征物(点)、大路的网络稀疏、高差不大、尚未开垦耕种的属于未经开发的区域；③地面覆盖物可踩踏、植被适度且多样化、地形有变化的新鲜陌生之地。

2. 对比赛地图质量的要求

原则要求：应符合国际定联最新版的制图规范。

3. 对线路设计的质量要求

比赛线路的质量依靠线路设计人去实现。

比赛线路的质量标准，简单地说就是：具有可选择性，使运动员能够根据自己的能力对前进的方向和路线进行选择；具有可分析性，只有这样才能迫使选手依赖判读地图的能力参加比赛，体现出定向越野的特点。

定向越野比赛线路的距离只是个相对准确的数字（精确至0.1km）。其长度从起点起，经各检查点至终点，以直线距离计算。只是在以下情况下才允许偏离直线（线路局部用折线）来计算：人体不能逾越的障碍（大的湖泊、池塘，连绵的高围墙、不通行陡崖等）和比赛路线中已标出的禁止通行区域。

爬高量应沿着最短、最合理的路线选择，以选手须爬升的高度的总量，用 m 为单位计算（精确至5m）。

比赛线路的长度一般要根据运动员的水平和比赛时间确定。在小型比赛中，线路长度的设计应参考下列完成时间：

初学者：30min 以上（2~3km）、50min 以上（4~5km）

竞技性的：40min 以上（4~6km）、60min 以上（6~8km）

（比赛分组方法、出发顺序编排等等详见本书第85~86页）

通常比赛线路越长、检查点数量越多，比赛的难度越大，用的时间就越长；反之，比赛的难度越小，需要的时间就越短。

线路的开端要使运动员一开始就进入情况——思考如何行进，因此，线路开端的地形应以不让运动员观察到赛区的全貌和先出发的其他赛员的动向为原则，但也不必过于复杂，这样可以避免对运动员的体力与技术提出过高的要求。

线路的中段是定向越野比赛的关键性部分，选手的比赛成绩主要是在中段比赛中决定的。

线路中段的设计质量主要取决于地形的因素和检查点位置的选择。一般来说，地形要有变化并有足够的难度，检查点设置在地图上做了正确表示的特征物（点）上或其附近。检查点的位置应使选手既不能在很远的地方就能看到，也无须很费力就能找到。如果符合上述要求，那么这个线路中段的设计质量就是比较好的。

线路的末端地形要相对简单，甚至可以开阔一些、通视好一些，以便满足设置标志、选手们做最后的冲刺、工作人员和观众观察等需要。

(二) 组织比赛

1. 筹备阶段

(1) 提出初步设想

初步设想应包括：比赛的目的；比赛的类型、形式、项目和分组；比赛的时间、地点、规模（运动员限额）、经费来源等。

(2) 成立筹备小组

筹备小组至少应由下列人员组成。

筹备组长（总策划员）：其主要工作是筹备组成员的选择与分工、拟定总体计划、审批其他委员的计划和预算。因此，在小组中他应该比别人具有更多的定向运动比赛的知识与经验。

线路设计人或监督人：他们在工作人员中具有核心的作用，是对比赛结果影响最大的人。应该由熟悉各种定向比赛的规则，掌握了比赛地图和比赛线路设计的标准，并具有相当丰富的定向比赛经验的人员担任。

地图委员：由精通地图设计、测量、制印的人员担任。

裁判委员：由具有丰富的竞赛裁判工作、比赛组织工作经验的人担任。

会务委员：应该是个多面手，不仅擅长对外联系的工作，而且能够有条理地安排一切与比赛活动有关的保障工作。其职责包括从组织报名到根据线路设计人安排的组别编排出发时间、编写赛员须知、安排号码布、扣针、检查卡等大大小小的具体工作事项。

筹备小组一成立，上述各委员应在初步设想的基础上立即着手制订本职工作的计划。

2. 赛前准备

筹备组长指导全面的工作，检查工作质量，督促并协助各委员的工作，以便保证计划的落实。

地图委员组织地图的设计、修测、绘图和印刷（打印）的工作。如有必要，还应参加由其他委员组织的各种训练或会议，负责这些活动中有关地图的各种事项。

线路设计人或监督人协助或代表筹备组长检查地形、地图、线路的质量、设计、勘察比赛路线，设计、印制检查点说明表。如果需要，还应及时组织其他委员开设识图用图训练的课程或组织定向越野练习比赛等。

裁判委员拟制比赛规则、设计用于比赛的检查卡片、成绩统计表、成绩公布栏等，进行比赛编排、抽签的工作，准备号码布、点标、起终点设备。会务委员掌管经费的收支，编制报名登记、活动日程、《赛员须知》等表册；发出比赛通知、邀请、规则等材料；联系并安排交通与食宿。

如果有需要，还应由筹备组长安排新闻报道和奖品、宣传品的设计与制作的人员或小组。

3. 比赛阶段的工作

在比赛当日，工作的主要事项有：会场布置，检查点摆放，起终点布置，赛员签到和管理，成绩统计，保障仪式进行、会务（供给、医护），等等。

针对这些事项，组织工作也应有相应的变动。通常是以筹备小组的各成员为主，按任务划分成如下职能组别。

（1）比赛领导小组

由上述各组负责人组成并吸收一些特别代表参加，如相关领导或专家、比赛赞助单位代表等。在比赛开始前，了解比赛的准备情况；在比赛中掌握比赛的进度；在比赛后受理对比赛的诉讼并作出仲裁，颁发奖品等。

（2）裁判组

裁判组在比赛中的作用至关重要——比赛的开始与结束是否顺利、检查点位置是否正确，比赛的成绩是否准确以及整个比赛能否公正……这一切都取决于裁判组全体人员的共同努力。因此，对裁判组的人选、工作开展情况应予以特别关注。

裁判组主要成员的工作分工如下。

裁判长，即裁判组组长。领导整个比赛过程的裁判工作，代表裁判组参加领导小组的活动。工作重点是：

——比赛前确定检查员执勤的位置并带领检查员按定稿的比赛线路图准确设置检查点。

——受理裁判人员对犯规运动员的指控，并决定处罚办法。

——登记、处理运动员对比赛组织工作的指控、对自己失误的说明、提出的请求，等等。如果涉及重大问题，应与其他领导小组成员协商处理。

——与成绩验证人、检查卡验证人一道，审核运动员的成绩供公布使用。

检录员，负责出发区的领导工作。工作重点是：

——比赛开始前召集发令员和终点报时、记时员，统一计时工具的时间；

——严格按预先排好的出发顺序呼点运动员及时就位；

——检查运动员的号码布佩戴、使用的器材等情况。

发令员，按预先确定的时间间隔发出信号，确保运动员准时出发。

检查员（线路安置人），应该由资历较深的选手或经过专门训练的人员组成，在裁判长的直接领导下参加工作。工作重点是：

——赛前准确设置检查点；

——赛中保证检查点点标及其附属设备不丢失、不损坏，并监视各种犯规行为；

——赛后撤收点标。

报时员与记时员，报时员和记时员应相当有经验。比赛中的主要工作是准确地记录下每一名运动员的到达时间。

收卡员，他主要负责按顺序从到达的运动员手中收取检查卡片，以便交成绩计算员使用。

顺序监督员，由于比赛中可能会有几名运动员同时到达终点，在这种情况下，报、记时员和收卡员的工作就难免会有疏忽，因此设立顺序监督员是很有必要的。他的主要责任就是认清运动员通过终线的先后顺序，以便协助成绩的判定。

传卡员，负责从成绩计算员手中接过经过认真计算的检查卡，交裁判长等人审核。

检查卡验证人，应由"局外"人员（如领导、观察员、赞助单位代表等）担任。他负责检查运动员检查卡上的点签是否正确。

成绩验证人，亦应由"局外"人员担任。负责检查计算员的工作。一般应根据检查卡上记载的运动员出发与到达的时间再计算、核对一次。如果成绩确实无误，经检查长、检查卡验证人同意，交记录公告组正式公布。

上述裁判人员的分工情况，只是一种"标准的"设计。在实际比赛中，应本着既保证工作,又节省人力的原则,根据比赛规模的大小、规格的高低增减人数。在人手较少的情况下,通常采用出发区人员职责由终点人员兼任的办法。

裁判组的工作程序和方法:
①在比赛前:
——派出检查员放置检查点及其他附属设备。
——在集合地点设立报到处。主要工作有:
a. 按比赛编组查验人员的到达情况,如有变化,还应临时进行编排;
b. 讲解比赛注意事项;
c. 发放号码布、检查卡片;
d. 引导即将出发的运动员前往出发区。

通道的数量一般应与比赛所设的组别数量一致。为防备有的运动员可能迟到,可多设一条通道作为机动,即图中的迟到者通道。

线路设计人在比赛中的工作任务:线路设计得再好,假如比赛当日由于时间紧迫、放点人员心情紧张、赛场地形变化等意外情况出现,导致点标不能按时、准确地安置好,仍会给整个比赛带来严重的不利影响。

为了避免这些不确定的因素,裁判组成员应在线路设计人的组织领导下,采取以下工作步骤与方法。

a. 如果有可能,应在比赛当日之前就将检查点放置好。
b. 若只能在比赛当日放点,则应在比赛前一天以上,提前进行"预放点",即按设计,在即将悬挂点标的准确位置处(包括高低的位置),留一个带有设计人签名的标记(布条、纸、卡片等)。
c. 比赛当日,放点人必须在放置好检查点的同时,带回"预放点"的标记,返回起点供线路设计人验证,并安排有经验的非参赛者提前对各线路进行"预跑"。若全部无误,比赛才能开始。
d. 比赛开始后,线路设计人的主要责任是密切注意现地检查点的情况,如有丢失、损坏等情况出现,应及时做出处理。
e. 故此,线路设计人通常应在裁判组中担任一个与其责任相当的职务。

②在比赛中:
出发区工作人员各就各位,履行职责。

检录员，应提前一定时间，按出发编组、顺序呼点运动员做好进入出发区的准备，检查运动员的号码及器材。

就位、取图检查员，注意纠正运动员进错通道或多拿、拿错地图的情况。

发令员，除履行自己的职责外，也应协助纠正运动员的错误。对于严重违反规定的（如多拿图、抢跑等），应严肃警告直至向裁判长提出取消比赛资格的建议。

标图监督员，只负责提醒运动员爱护线路样图，不要绘错线路。如果运动员因粗心大意而绘错线路和检查点位置，责任自负。

检查员，在检查点附近隐蔽观察，认真履行自己的职责。对于运动员的犯规行为，一般采用警告方式，严重的则通过通信设备或在返回会场后向裁判长提出处罚建议。

由于运动员出发后需要经过一段时间才可返回终点，因此，在比赛刚开始，终点工作人员可暂不就位。就位的时机，由裁判长统一掌握。

从第一个运动员返回会场开始，终点区工作人员的工作即开始。

预告员，要从便于观察的位置上，及早通知其他工作人员做好准备。报时、记时员要根据预告员的报告及自己的观察，提前记下运动员到达的顺序、号码，在运动员胸部的垂线通过终线的瞬间，记录时间。时间精确至秒，秒以下的小数采取四舍五入。报、计时工具最好使用带有打印功能的自动计时器。若使用秒表，至少应在比赛出发时同时开动三块，一块由发令员使用，一块由报时员使用，一块备用。

收卡员，要招呼运动员先将检查卡片交来，然后在顺序监督员的协助下，严格按顺序叠放卡片并交成绩计算员计算。

对于这些已计算过的，并有严格顺序的检查卡片，传卡员应小心理齐（可用别针或橡皮筋按10~20张暂时束在一起），迅速传到检查长、检查卡验证人、成绩验证人处，供他们审核。

③在比赛结束后：

——撤收检查点和出发区、终点的设备。

——将比赛编组、出发顺序、运动员成绩统计等材料交记录公告组使用。

——解答运动员提出的除诉讼以外的有关比赛的咨询。

——协助其他各组的撤收工作。

(3) 记录公告组

记录公告组应由一定比例的熟悉定向越野的人员与其他专门人员组成，数量根据工作需要确定。对他们的原则要求是：工作认真仔细、有较强的责任心。

记录公告组在比赛前的主要工作有：准备会标横额；设计成绩公布栏；收集、制作、传播赛会资料；制作成绩记录表册；等等。在比赛中的主要工作则有下列几项。

——布置渲染会场气氛；在比赛会场用广播、广告牌等进行宣传工作，重点宣传开展运动的一般情况、本次比赛的组织情况、参赛选手的情况。

——在广播和公布栏上公布经过裁判长、检查卡验证人、成绩验证人审核过的运动员或代表队的成绩。

——安排与组织比赛所需的节目、仪式。

——在比赛的全过程中，注意收集、整理各种资料，以便满足新闻报道、存档史料等方面的需要。

(4) 保障组

建立高效率工作的保障组在一次比赛中是必不可少的，它的工作的许多环节都会直接影响比赛的进程。因此，要挑选最合适的人员组成保障组。保障组的主要工作任务如下。

——比赛前了解比赛的经费状况、活动地域、行车路线、参加人数和气候、安全等情况，以便制订可行的车辆、住宿、饮食、医护及其他保障计划。

——视情况为比赛设立车辆停放保管点、医疗点、销售点 (供应纪念品、资料、饮食用品等)、更衣洗手间、贵重物品与行李保管站等。

4. 比赛组织工作一览表

注意：在实际比赛中，工作人员的数量可以增减，或者更多——视比赛的规格、使用的器材、参赛人员多少而定。

(三) 犯规与处罚

犯规与处罚的规定，应该根据每次比赛的具体情况专门制定。基本依

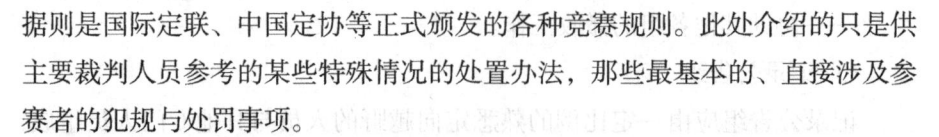

据则是国际定联、中国定协等正式颁发的各种竞赛规则。此处介绍的只是供主要裁判人员参考的某些特殊情况的处置办法，那些最基本的、直接涉及参赛者的犯规与处罚事项。

在定向越野比赛中，某些特殊的情况是可能出现的，例如：

——检查点被无关人员拿走或遭自然破坏；

——检查点的位置与图上的位置不符（放错点）；

——比赛中出现个人或团体的成绩完全相等。

对于这类问题，通常应在比赛前的准备阶段由筹备组长领导各委员仔细地研究、确定处置办法，形成文字，由裁判委员在制定《比赛规则》时列入。如果这些问题是出现在比赛的过程中，则应由裁判长决定处置办法。当某个领导小组成员对裁判长的决定有异议时，应经比赛领导小组组长同意，召集全体成员，以举手表决的方式另行选择处置办法，但必须获得3/4以上的通过率。对于在比赛后提交到领导小组的诉讼，原则上也应按此办法处理。

（四）组织定向越野比赛的注意事项

1. 要明确开展定向运动的根本目的

中国定向运动的兴起源于军队作战、训练的需要；定向运动中的关键器材地图和指北针，曾经是中国骄傲于世人的科技文明；现代中国人都清楚，要想成为世界一流的先进国家，必须同步提高人的综合素质。

加强国防建设、提高应用地图和指北针的能力、增强中国人的综合素质、早日让中国定向运动员为国争光——这就是我们中国定向人努力追求的目标。

2. 必须保持定向运动的基本特性

想清楚您在组织什么比赛，将体力与智力的挑战因素在野外的自然环境中尽可能结合在一起；让参赛者凭借自己识图用图和野外辨别方向的能力，高速、准确、安全地穿越一大片陌生的地域；提高每个参赛者在复杂艰苦的环境中独立思考、判断并快速地作出正确决定的能力。这就是定向运动的基本特性或称之为基本功能。

每项体育运动都有自己的特性。如果您组织的定向活动因为某些客观原因而减弱、淡化了上述基本特性，从推广和发展这项运动的角度看，似乎应算"情有可原"。但是，假如您组织的活动埋没甚至是抽掉了地图的识别与使用的内容，试问，您的"定向运动"与越野赛跑、寻宝游戏、徒步穿越、"HASH"赛跑等其他户外体育或者活动项目还有什么区别？随意滥化包括混淆定向运动的基本特性，最终将导致它失去存在的意义。

有些初次组织定向的人争辩说：我们是娱乐型的定向越野，没必要依照国际的标准和规则组织比赛。对此笔者这样以为：

参赛者掌握定向技术的程度和加入定向的目的千差万别，这一点无论在中国这种定向新区还是在瑞典这样的定向发源地都始终存在，但是，作为组织者必须清楚：您所从事的不是一个仅在中国或在某个地区独一无二的体育项目，它是世界性的；各国的定向参赛者只有水平的差别，没有运用规则的不同；定向运动之所以被称作"定向运动"，是因为它有一个全世界相同的定义、隶属于一个获得国际奥委会承认的世界性单项体育组织 IOF、执行同样的规则——只有这样才可以让全世界所有的爱好者相互交流、在相同的条件下进行比赛。

当然，有些发展中国家或地区在一定的阶段可以在执行规则上宽松一些（其实这也往往是出现对比赛结果有争议的诱因），但这并非意味着允许标准或规则可以有许多个。比如，国际定联现在有个"监督员"的制度：一场比赛，只要它是多边的（有两个以上国家派队参加），其所有的准备工作都必须经过由国际定联认可的监督员检查通过，检查的重点就是地图与线路设计。无论是传统的"瑞典五日赛（典型的竞技性与娱乐性皆备）"，还是新兴的其他热点活动项目，都是如此。

对我们中国来说，在现阶段定向运动发展水平还不高的情况下，仍然强调按国际标准执行的意义还在于：中国定向运动事业未来的发展前途将取决于这个项目自身特质的保持以及中国定向人在国际上的地位。

3. 组织比赛切忌贪大求多

在不少定向的新区，定向人组织活动的用意、出发点都是好的。但往往由于这样那样的因素，妨碍或者是误导了他们当初的立意。有些则是因为外力的干扰，使赛事的发展超出了自己所能控制的范围。

最常见的现象就是不考虑地形的特点、赛区大小、地图的质量，也不理会线路设计的因素，只希望参加比赛的人越多越好。这种贪大求多、利益挂帅的做法只会使一场定向比赛变成一个乱哄哄的集市。

无数经验已经证明，组织定向活动，特别是较大型的活动，定向人必须始终保持清醒；组织定向活动的基本条件绝不能因为比赛目的不同而被忽视；要有与比赛规格和规模相称的物质条件（地形、地图、比赛线路、点签设备等）；要有与比赛规格和规模相应的熟练的放点人手及其他专业人手；组织过程中，必须从始至终坚持严谨、细致的工作作风；必须保证让一切重要事项的指挥权力都能掌握在内行人的手中……

否则，定向活动的规模越大，其负面的影响可能也会越大。办一次比赛伤一批人心，减少一个政府部门或企业的支持，如此下去，试看你所在地区的定向运动还能存在多久？

4. 定向越野不提倡过高的精神或物质奖励

由于定向越野比赛的公平性很容易因为现场比赛情况的难以控制而受影响，对比赛优胜者的精神或物质的奖励不宜设立得太高——除非是在具有高尚体育道德精神的人群中举办活动，或者出现了更新、更完善的技术手段，使定向比赛现场的情况变得完全可以控制。

否则，您在定向越野比赛中实现体育道德精神的期望将会面临严峻的挑战，组织工作特别是裁判工作必将遇到诸多难题，甚至陷于被动。

5. 如何减少大型定向比赛中的作弊现象

我国不少省（区）的教育系统相当重视在学校体育中开展定向运动，有些甚至还把定向比赛成绩作为高考加分的要素——这对该地区的定向发展具有毋庸置疑的加速器作用。再加上由单位经费支持的各行业、各种类型定向代表队以国内外比赛的成绩为资本进行的宣传，我国的定向运动事业有了较大的知名度，并取得了一定的进展。

问题是，"一切矛盾都依一定的条件向它们的反面转化着"——特别重视定向的结果可能会转化为特别计较定向比赛成绩的得失。

其实，中国定向运动在它萌芽的时期就伴生了对比赛成绩的片面追求，由此产生了比赛前勘察场地、比赛中作弊等不应发生的现象。

在笔者看来，要减少此类现象的产生、蔓延，除要对赛事组织人、参赛者进行思想教育，严格竞赛制度的管理之外，从根本上来说，还必须提供符合国际惯例的、能够保持公平竞赛的环境，必须让所有的参赛者对比赛组织者具有信心。其中包括：好的地形、好的地图、好的线路设计、严格而公正的裁判，等等。

推荐一个符合国际惯例的可行办法：只要条件允许，就要在高规格或大规模的赛事前专门提供一个时间、一张类似赛区地形的地图，让所有参赛者自由地选择参加一场模拟的比赛或练习，以便消除参赛者普遍存在的"不熟悉地形就会吃亏"的不平衡心理。

6.关于比赛场地、地图的保密问题

比赛准备阶段对比赛场地所在的确切地点进行保密，严格保管、控制比赛地图，现在仍然是中国定向人必须特别重视的一项工作。如果稍有疏忽，必然会出现比赛结果不公正、比赛成绩有假等问题——这将使定向组织人在各方面的努力结果付诸东流，并对组织人的权威及信誉具有毁灭性的影响。

当然，比赛即将开始，参赛者或其他有关人员所需的比赛确切地点等信息，则应该保证及时地被获取。

在国际定联的竞赛规则中，有国际大赛前必须提前公布"禁赛区"的规定。他们的做法似乎与本人上面的提法有悖。笔者揣测，这大概是定向成绩对中外定向人具有不同的价值所致吧。

其实，提前公布"禁赛区"，既可以防止当地定向人在不知情的情况下误入该地点测图、训练、比赛，又能够让外地的参赛者针对比赛的地形而有所准备，这些方面的好处则是明显的。

秉承对全体参赛者公开透明、公平公正的原则，从长远来看，这种"导"是远胜于"堵"的。

(五) 成功组织定向越野比赛的六大因素

在组织一场成功的定向运动竞赛中，有许多关键因素需要考虑。以下将详细解析几个关键因素，以确保竞赛的顺利进行。

1.基本因素

(1) 经验丰富的工作人员：对于任何大型活动来说，经验丰富的团队成员是至关重要的。他们需要熟悉定向运动的各项规则，并能处理比赛期间可能出现的各种问题。此外，他们还需要具备良好的沟通技巧，以便在必要时与参赛者进行有效的沟通。

（2）地形条件：定向运动竞赛需要适宜的山地或丘陵地形。这需要组织者对当地的地理环境有深入的了解，以确保比赛场地能提供足够的挑战，同时也要保证运动员的安全。

（3）地形图是否符合IOF标准：组织者应使用国际定向运动联合会（IOF）认可的地图进行比赛。这些地图通常具有精确的标记和清晰的路线，能够为运动员提供清晰的指引。

2. 线路设计因素

（1）比赛线路的长度、爬高量。线路的长度和爬高量是线路设计的重要因素。它们应能提供足够的竞技挑战，同时也要考虑到运动员的身体条件和能力。

（2）检查点数量、寻找难度与放置方法。检查点是定向运动竞赛的核心元素之一，它们为运动员提供了确认方向和位置的机会。检查点的数量、寻找的难度以及放置的方法都需要仔细考虑，以确保竞赛的公平性和挑战性。

（3）赛员分组。根据运动员的能力进行分组是至关重要的。这有助于确保比赛的公平性，并减少因能力差异而产生的不必要压力。

（4）比赛时限。为确保运动员有足够的时间完成比赛，并避免因时间压力而导致的错误，组织者应设定合理的比赛时限。

3. 天候因素

（1）季节

定向运动竞赛的成功与否受季节的影响非常大。春秋两季通常是最佳的竞赛季节，因为这两个季节气温适宜、湿度适中、能见度高，而且户外活动丰富。而夏季的高温和冬季的严寒可能会影响运动员的表现，因此在极端天气情况下，可能需要考虑更改竞赛日期或地点。

（2）温度

温度对运动员的体能表现有显著影响。在低温条件下，运动员需要更多的能量来保持体温，这可能会影响他们的速度和耐力。而在高温下，运动员需要防止脱水，因为身体的散热机制会增加汗水的产生。因此，在组织竞赛时，应根据当地的季节和天气预报来选择合适的温度范围。

(3) 天气

天气对定向运动竞赛的影响也很大。雨天会影响地形的可见度，使得比赛难度增加。而大风、冰雹等极端天气可能会对运动员的安全造成威胁，甚至可能使比赛被迫取消。因此，在组织竞赛前，必须了解当地的天气预报，并做好应对措施。

4. 参赛者的因素

(1) 定向技能和体能

定向技能和体能是决定运动员在定向运动竞赛中表现的关键因素。如果参赛者在技能和体能上有良好的表现，那么他们在比赛中就会更有竞争力。在组织竞赛时，应该为参赛者提供足够的训练机会，以确保他们有足够的技能和体能来参加比赛。

(2) 参赛心态

参赛者的心态也会影响他们的表现。在面对挑战时，积极的心态可以帮助运动员更好地应对压力，发挥出他们的最佳水平。因此，在组织竞赛时，应该为参赛者提供支持和鼓励，帮助他们保持积极的心态。

5. 规则（裁判）因素分析

(1) 奖励标准

成功的定向运动竞赛，需要设立合理的奖励机制以激发运动员的竞技热情。奖励标准通常基于参赛者的成绩、表现、团队合作等因素，结合竞赛规模和目标受众进行设定。奖励可以包括奖金、荣誉证书、积分等，具体可以根据实际情况进行调整。

(2) 规则制定

在组织定向运动竞赛前，需要详细制定规则，包括但不限于比赛路线、违规行为、裁判职责等。规则应清晰明确，易于理解。

(3) 裁判培训

裁判是竞赛的重要角色，他们需要准确理解和执行规则，确保比赛公平公正。因此，对裁判进行培训和考核是必不可少的。

(4) 判罚标准

对于违规行为，应有明确的判罚标准。对于严重违规行为，应加重处罚。同时，应考虑到运动员的实际情况，如新手、老手等，设定不同的处罚标准。

(5) 处理尺度

在处理违规行为时，应保持一致性，公平公正。对于轻微违规行为，可适当给予警告或扣除少许时间；对于严重违规行为，则应立即取消比赛资格或成绩。

(6) 申诉程序

应设立清晰的申诉程序，让运动员在受到不公正判罚时可以寻求帮助和上诉。同时，应对申诉进行认真调查，确保其被公正处理。

(7) 公众教育

通过竞赛活动，向运动员和观众传达正确的比赛观念和行为规范，提高公众对定向运动竞赛的认知和理解。

二、定向运动竞赛筹备组织工作的流程

定向运动竞赛组织有两个层次的工作。依主体与对象的不同包括以下两个方面：第一层次的竞赛组织工作是作为最高层次竞赛的组织者对比赛进行策划、组织、调控；第二层次的竞赛组织工作是在一次比赛中负责竞赛的业务部门工作的具体操作与实施。

(一) 组织方案

组织方案由定向运动竞赛筹备领导小组根据实际情况制定，它是筹备竞赛工作的依据。组织方案通常包括以下内容。

(1) 竞赛名称和目的、任务。

(2) 竞赛的规模。主要包括参加单位、参加人数（运动员、裁判员、工作人员）、竞赛组织和竞赛项目等内容。

(3) 竞赛的组织机构。根据竞赛工作需要确定，包括机构构成部门、各工作部门负责人、各工作部门的工作人员名额等内容。

(4) 竞赛的日期和地点。

(5) 竞赛的经费预算。根据实际需要确定，一般包括地图绘制，起点、终点场面布置，以及比赛器材、裁判用具、宣传、奖品、印刷、文具、医药等费用。

(6) 工作步骤。主要说明竞赛的筹备工作分哪几个阶段进行，以及各阶

段的主要工作安排等。

(二) 竞赛规程

竞赛规程是开展竞赛工作的依据，一般定向运动竞赛规程通常包括以下内容。

(1) 竞赛的名称、目的、任务，以及主办单位、承办单位、协办单位、推广单位等。

(2) 比赛时间和地点。

(3) 参加单位和组别。比赛项目要根据竞赛项目的性质、规模、参加组别、运动员水平拟定。目前，我国定向运动还处在推广和普及阶段，在比赛项目设置上一定要具有群众性和广泛性，包括每单位可参加多少人（男、女）、每人可报几项、接力赛的参加办法以及参加者的资格规定等。

(4) 报名办法。包括报名表格填写方法、报名截止日期、报名条件及身体检查规定等。

(5) 计分及奖励办法。说明各项目录取名额、个人和接力以及团体总分的计算与奖励办法。目前，全国锦标赛各项可录取前8名，接力赛取前6名。

(6) 比赛规则。说明采用国际定联审定的某年定向运动竞赛规则和根据实际情况自己制定的补充规则等。

(7) 竞赛费用。

(8) 裁判员组成。

(9) 仲裁委员会的组成。

(10) 规程解释权。

(三) 组织机构

定向运动竞赛的组织与进行是一项复杂而细致的工作，为统一管理、便于工作，必须建立组织机构。机构的构成和规模根据实际需要而定。一般定向运动竞赛在领导小组领导下建立4个组开展工作。

1. 宣传组

负责宣传教育、会场布置、开幕式和闭幕式的组织，以及奖状、奖品的发放等工作。

2. 竞赛组

负责赛事的组织，包括场地选择、地图制作和路线设计等方面的工作。

3. 安全救护组

对在比赛过程中出现的各种问题进行安全救护。

4. 后勤组

负责场地与器材的准备、奖品的购置、赛会饮水供给和医务人员配备等工作。

为了保证比赛按计划有条不紊地进行，各组要在领导小组的统一领导下协调配合，积极完成比赛的各项筹备和组织工作。

三、定向运动竞赛秩序册的编排

（一）审查报名单

按照竞赛规程规定的参加办法，对各单位的报名单进行审查，如发现报名人数和项目超出限额，应立即与有关单位联系，及时解决。

（二）编排运动员姓名、号码对照表

运动员号码由4位数组成，第一位数代表组别，第二、三位数代表队别，第四位数代表运动员在该队的序号。

（三）统计各项目参加比赛人数

先统计参加各项目比赛人数和接力赛队数，为分组和编排工作做好准备，然后填入"各项目参加比赛人数统计表"。

（四）编排方式和出发顺序

同一项目不同组别的运动员一般同时出发，各组各人的出发顺序由计算机随机抽签决定。接力赛一般是统一出发。

四、定向运动竞赛其他工作

(一) 竞赛前期的准备工作

(1) 向有关单位提出赛事申请,获得举办比赛的正式批文。

(2) 成立组织委员会,具体工作落实到各个小组。

(3) 选择定向运动竞赛场地,准备竞赛运动地图,设计定向运动竞赛运动路线。根据确定的竞赛运动项目,选择适宜的竞赛运动场地,准备竞赛地图。确保至少提前两个月完成竞赛地图,提前一个月完成路线设计,并实地勘测验证运动路线设计以及起点、检查点、终点设置的准确性。

(4) 根据竞赛规程和竞赛规则印制检查点打印卡、检查点说明卡、竞赛成绩记录表、竞赛成绩统计表等。

(5) 根据竞赛规程和竞赛规则准备竞赛用具和竞赛器械等。

(6) 竞赛的组织接待、后勤生活保障、交通工具准备等。

(二) 竞赛进行中的工作

(1) 组织竞赛的开幕式,宣传大会宗旨,要求全体参赛工作人员、裁判员、教练员、运动员参加。

(2) 按照竞赛规程和竞赛规则办事。裁判员公正裁判,运动员赛出水平、赛出风格、端正赛风、严格纪律、加强团结。

(3) 每日的竞赛安排:包括竞赛项目、时间,以及交通、后勤保障等工作。

(4) 每日的竞赛组织:包括竞赛场地设置(起、终点安排,检查点设置),竞赛实施,成绩记录、核对、公布等。

(5) 根据竞赛规程和竞赛规则处理竞赛中发生的问题。

(6) 公布竞赛项目成绩、名次及颁奖。

(三) 竞赛后期的总结工作

(1) 竞赛结束后,将全部成绩整理好并编印成册,发放给各参赛单位和有关部门。

(2) 总结本次竞赛情况，必要时以书面形式向上级有关部门汇报竞赛结果及竞赛情况。

第三节 定向运动竞赛场地选择及路线设计

选择适当的场地是定向运动竞赛的重要环节，它关系到比赛能否顺利进行。

一、定向运动竞赛场地选择

定向运动竞赛场地选择与教学场地选择的要求有所不同，竞赛场地的地形要有一定的复杂性，而且在不同的水平阶段有不同的要求。在初级阶段，要选择尽可能空旷的地形，最好是广场，使运动员能最大限度地置于裁判的监督之下。在中级阶段，可选择有相当大的地形变化的校园、公园或高大、明显特征物不多的低山林地，比例尺为1∶5000~1∶15000，等高距为2.0~5.0m。在高级阶段，除非符合"地形类别丰富多样"的条件，应尽量不要在校园、公园内进行，最适合的地形类别是低缓丘陵中的林区，比例尺最好是1∶10000，等高距最好为2.5~5.0m。实际上，适合高级阶段竞赛的地形标准同样适用于初学者。从初学者的角度看，只有在这种地形上才能体现定向运动"智能与体能并重"的特性，因为任何人在任何情况下离开了地图与指北针的指引都会寸步难行。这会使他们明显地感觉到定向运动的与众不同，这也就意味着我们需要对初学者进行有效的基本定向技术的教学，否则，这种地形的难度可能会埋葬他们对定向运动的兴趣。

二、定向运动竞赛的路线设计

（一）路线设计的一般原则

(1) 每一检查点中心应有地物和植被等特征物供寻找。
(2) 每一检查点附近最好有可能成为辅助寻找目标的地形。
(3) 检查点与两个相邻检查点连线的夹角不小于90°。
(4) 在空旷无任何参照物的情况下不允许出现设点。将检查点圆圈设计在平行的等高线上也不适宜,特别是在比例尺较小的情况下,容易对运动员造成误导。

(二) 初级阶段的路线设计

初级阶段的路线设计可参照教学路线设计。

(三) 高级阶段的路线设计

高级阶段的路线设计,要求检查点地物或植被较小,不明显,远离道路;每个路段可供选择的路线长度为 2.5~8.0km,运动方向要富于变化。

教练员必须根据运动员的不同水平来设计不同难度的路线。设计路线时必须进行实地考察,考虑各种可能因人为因素出现的影响运动员竞赛的障碍因素以及植被情况的变化等。不能选择必须经过共同区域到达的位置放置检查点,将检查点设在一个有围墙围着且只有一扇门进出的小区域内更是不合理的。

(四) 好的路线设计的基本特征

(1) 各路段长度、难度和方向要富于变化,总的路线难度应适合参赛者的水平;能综合考验参赛者的智力、技巧和体力,同时保证比赛的趣味性。

(2) 两个检查点间距离长短的变化。长距离点间一般设计为便于参赛者快速奔跑,路线选择较少,易通行,非常考验参赛者体力。

(3) 两个检查点间难度的变化。短距离点间难度大,路线选择多,常常要进行穿越或绕行,要求参赛者充分利用指北针进行比赛,考验参赛者的分析判断能力、快速反应能力以及记忆能力。

(4) 两个检查点间可供选择的路线多少的变化。

(5) 各路段方向的变化。比赛路线虽然通常被设计为环形,但各路段间的方向应富于变化,时左时右。

(五) 竞赛起、终点的确定

起、终点的确定主要取决于赛事规模的大小,要考虑运动员出发前、比赛结束后应安排在什么区域。后续的运动员不应该能看到前面运动员出发的方向，以保证公平性。

目前，为了提高比赛的观赏性，起、终点常常设置为同一地，但如果起、终点区域较空旷，则起、终点不能靠得太近，以保证公平，防止作弊。最后一个点离终点要近一些，一般在200～300m，这样有利于运动员冲刺，也有利于拉引导带，控制终点现场。

第四节　定向运动竞赛裁判工作

定向运动竞赛的裁判工作是定向运动竞赛的一个重要组成部分。在竞赛中，裁判工作起着极其重要的作用。裁判工作的好坏，直接影响着竞赛的进程、运动员的比赛情绪以及运动员技术水平的发挥。裁判员不仅是运动成绩和比赛名次的判定者，而且是竞赛的组织者。根据有关规定，等级定向裁判员的培养和审批工作，由中国定向运动协会负责，体育教师应了解和掌握定向运动竞赛裁判工作的基本理论知识和方法。对裁判员的基本要求是掌握定向运动基本技术、比赛规则和方法，在裁判工作中做到严肃认真、公正准确、谦虚谨慎、团结协作，尽心尽力地完成裁判工作任务。

一、定向运动竞赛前裁判的准备工作

为保证定向运动竞赛的顺利进行，裁判组应在竞赛组领导下，做好下列赛前准备工作。

（一）组织和培训裁判队伍

根据竞赛的规模选聘裁判员；对裁判员进行思想动员与明确分工；学习竞赛规程与定向竞赛规则；研究裁判方法和进行现场裁判实习。

（二）召开各种会议

1. 全体裁判员大会

会议的内容为进行思想动员、布置学习计划、宣布各裁判组人员名单和分工。

2. 裁判小组会议

会议的内容为在主裁判领导下制订本小组的学习和工作计划、讨论比赛和裁判工作中的有关问题。

3. 主裁判会议

会议由总裁判长主持召开，会议的内容为了解各裁判小组准备情况并交流经验，解决存在的问题。

4. 领队、教练员会议

会议由竞赛组召开，总裁判长和有关的裁判长、主裁判参加。会议的内容为介绍竞赛工作的准备情况和补充规定，听取领队和教练员意见，讨论竞赛有关问题。

(三) 做好裁判器材和用具准备

各裁判小组要提出裁判工作所需要的器材和用具清单。对于领到的裁判器材和用具要落实专人负责，以保证比赛时裁判的有效使用。

(四) 布置好起、终点并检查器材

各裁判小组于比赛前必须到现场检查起、终点设置和器材准备情况，如有必要，须提出起、终点重新布置和器材更换意见，交场地器材组解决。

二、定向运动竞赛的裁判规则

(一) 违例与处罚

1. 给予警告的情况

(1) 在出发区提前和抢先出发者。

(2) 不按规定佩戴号码布者。

(3) 试图进入竞赛区域，但未造成后果者。

2. 判罚运动员成绩无效的情况

(1) 未经竞赛裁判委员会批准，冒名顶替参加竞赛者。

(2) 未按竞赛规定顺序完成检查点任务及检查卡打印图案位置不对者。

(3) 未完成检查点任务者，即检查卡打印检查点图案不全者。

(4) 检查卡打印的图案模糊不清，确实无法辨认者。

(5) 竞赛结束前未交检查卡者及丢失检查卡者。

(6) 超过规定时间完成全赛程者。

(二) 犯规与处罚

1. 给予取消竞赛资格的情况

(1) 为他人指点路线者和接受他人指点路线者。

(2) 为他人代打检查卡者和被代打检查卡者。

(3) 领跑者和跟跑者。

(4) 不按规定检查点顺序行进者。

(5) 竞赛时搭乘交通工具者。

(6) 利用规定以外的定向器材者。

(7) 有证据证明赛前勘察过竞赛场地者。

(8) 根据规则不符合参赛组别的参赛者。

2. 其他违规处理

(1) 故意破坏检查点标志、打卡器等竞赛设施者，除取消竞赛资格外，应责令其赔偿，并通报该队给予批评教育。

(2) 运动员在竞赛中损害群众利益，故意损坏农作物、林木花草等自然环境者，取消竞赛资格，并通报该队给予批评教育；造成的后果及经济损失由本人负责。

(3) 运动员在竞赛途中因伤病不能继续竞赛时，以退赛论处。

(4) 竞赛前运动员因故弃权，领队或教练员应向裁判委员会进行事先通报。

(三) 抗议、申诉和仲裁

(1) 各参赛队领队、教练员、运动员等成员可对竞赛中的问题提出抗议或申诉，但必须按照竞赛规程的规定程序向总裁判长或大会组委会提交抗议或申诉报告。若设有仲裁委员会，也可向仲裁委员会提交抗议或申诉报告。

(2) 对竞赛判罚提出异议，或对主办单位、裁判工作人员违规行为进行抗议，或对参赛队及其成员的违规行为进行检举者，必须在本场竞赛的终点关闭 1 小时内向大会组委会或仲裁委员会提交抗议书或申诉书，对竞赛成绩提出异议时，必须在成绩公布后 20min 内向组委会（或仲裁委员会）申诉。

（3）大会仲裁委员会必须对抗议者或申诉者提出的抗议和申诉作出裁决。仲裁委员会根据实际调查和裁判原始记录，按照定向运动裁判规则及竞赛规程进行裁决。有争议的问题则由仲裁委员会全体委员表决裁决，裁决以 2/3 通过率有效。必要时，仲裁委员会还应对裁决作出说明。仲裁委员会的裁决是最终裁决。

三、定向运动竞赛的裁判工作方法

（一）定向运动竞赛起点裁判工作

1. 竞赛前准备工作

竞赛起点裁判长应组织起点裁判员在每次竞赛前 30min 准备好出发场地。出发场地准备包括以下内容。

（1）根据实地起点的地形合理划分候赛区、检录区、观摩区、出发区。

（2）根据同场竞赛组别安排及出发区格式的要求，在预计的起点位置设定好出发区；同时，合理安排起点裁判所用器具以及准备好竞赛用品。

2. 竞赛中起点裁判工作

由起点裁判长统一领导协调全起点裁判组工作，以及与竞赛运动区域裁判长、终点裁判长的联络工作。

（1）检录工作。检录员赛前应在出发场地的公告栏张贴公告，公布本场竞赛的顺序安排。按照竞赛规定时间，由检录员按竞赛顺序安排检录参赛运动员。首批被检录的参赛运动员按顺序进入出发区，后续被检录的参赛运动员在检录区内等候。被检录的参赛运动员进入检录区后，未经裁判员允许不得离开检录区。

（2）检查工作。出发区检查员负责引导参赛运动员按竞赛安排顺序就位，督促出发区运动员执行竞赛出发区规则，正确进入各自竞赛组别通道，按规定向前移动等。第一声竞赛指令发出后，首批参赛运动员进入各自通道的就位格。以后每发出一次竞赛指令，运动员则依次前移至准备区、待发区。检查员负责检查进入出发区参赛运动员的服装、号码布，以及佩戴、携带的竞赛物品等是否符合要求。运动员服装应适合于野外运动,号码布应按竞赛规定佩戴牢固,参赛运动员在竞赛中只允许携带竞赛规定可携带的指北针、检查点说明表、检查卡等竞赛用品。

(3)地图管理工作。地图管理员负责将本场竞赛各组别竞赛地图分发到各组别图箱。竞赛期间,地图管理员负责监督参赛运动员按竞赛规定取图。一般发出出发指令,即计时开始后,待发区运动员方可取图。按竞赛规程规定,也可在参赛运动员进入待发格时取图,也就是说,参赛运动员出发计时前有2min(我国定向运动竞赛规定的出发间隔时间)时间读识地图。地图管理员要防止参赛运动员多拿或错拿竞赛地图。

(4)发令工作。发令员根据竞赛规定时间负责调整和管理发音器,按时发出竞赛出发指令。督促参赛运动员按竞赛规定时间出发,判罚竞赛出发违规行为。

(5)记录工作。记录员负责审核参赛运动员出发顺序、运动员号码及出发时间,记录参赛运动员的号码、实际出发顺序及实际出发时间,记录出发区对参赛运动员违规行为的判罚结果,如对参赛运动员的弃权、迟到、违规等判罚的结果。

(二)竞赛运动区域裁判工作

1. 竞赛前准备工作

竞赛运动区域裁判长应组织竞赛运动区域裁判员在每次竞赛前30min做好竞赛运动区域设置检查点等工作。

由检查点裁判员按竞赛规则负责设置检查点标志及检查点其他竞赛设备等。

由巡视裁判员或负责安全保卫的技术人员按规定设置必经路线指示带和危险区域的隔离带等。

2. 竞赛中竞赛运动区域裁判工作

由竞赛运动区域裁判长统一领导协调竞赛运动区域裁判组工作,以及与起点裁判长、终点裁判长的联络工作。

(1)检查点工作。竞赛中负责维护检查点标志及检查点竞赛用品、设备的完好;竞赛中负责记录抵达该检查点的运动员号码及抵达时间;竞赛中负责该检查点区域内运动员的违规行为的监督检查，发现违规行为应记录违规运动员的号码、违规事项、违规时间、违规地点等，并在竞赛结束前报告竞赛区域裁判长。

(2) 巡视裁判工作。巡视裁判员负责巡查运动途中参赛运动员遵守竞赛规则的情况，发现作弊或违例情况应当场向当事运动员指出，记录当事运动员的号码、作弊或违例事项、时间和区域等，并在竞赛结束前报告竞赛区域裁判长。临近竞赛结束时间可收容迷路参赛运动员，被收容的运动员不得再参加本场竞赛。

(三) 竞赛终点裁判工作

1. 竞赛前准备工作

竞赛终点裁判长应组织终点裁判员在每次竞赛前 30min 准备好终点区域设置等工作。

根据实地终点地形合理划分休息区、观摩区、终点区。

根据终点区格式的要求，在预计的终点位置设定好终点区；同时，合理安排终点裁判所用器具以及准备好竞赛用品。

2. 竞赛中终点裁判工作

由竞赛终点裁判长统一领导协调终点区域裁判组工作，以及与起点裁判长、竞赛运动区域裁判长的联络工作。

(1) 裁判工作。预告员随时与最后公共检查点裁判员联络，了解即将要抵达终点运动员的动态。当参赛运动员沿终点引导通道(参赛运动员必须沿通道抵达终点)行进时，应认清运动员身着号码，并以清楚的语言按先后顺序大声报告运动员身着号码。序道员按照通过终点运动员的顺序，以清楚的语言大声报告运动员抵达终点的顺序与号码。计时员以抵达终点运动员的胸部越过终点线为准，准确、清楚地报告每个抵达终点运动员的时间。

(2) 记录工作。记录员认真准确地记录抵达终点的运动员的顺序、号码、时间等，并负责将记录结果填入各自运动员的检查卡。

(3) 回收工作。收卡员负责回收抵达终点运动员的检查卡、地图等工作，并将检查卡及时交记录员登记竞赛成绩。

3. 验证工作

验证员负责验证运动员完成检查点任务的完整性和准确性，即是否按规定顺序完成全部应完成的检查点打记工作，各检查点打记是否清楚、准确等。

计时员验证运动员的出发时间与抵达终点时间，必要时应将时钟时间换算成运动员实际耗时，时间计为小时、分、秒或分、秒，秒后小数以四舍五入计。

4. 统计工作

统计员以专门的统计表格（一式三份）记录运动员的姓名、单位、项目、成绩、名次等，每个竞赛项目统计完成后交终点裁判长审查签名。若竞赛中出现裁判疑义，终点裁判长还须将成绩统计表交总裁判长复议裁决。而后将一份统计成绩表格在公告栏张榜公布；一份统计成绩表格作为统计大会所有竞赛项目的总成绩的统计资料备用；一份统计成绩的表格以及运动员参赛的原始检查卡、裁判员的裁判原始记录等作为大会竞赛资料存档备用。

第八章　定向越野体能训练分析

第一节　定向越野体能与定向越野体能训练

一、定向越野体能

(一) 体能的概念

体能，即人体适应生活、运动和劳动所需的基本能力。定向越野是一项需要良好的体能和耐力的运动。在比赛中，参赛者需要快速地穿梭在复杂的地形中，寻找并确定地图上的点标，这都需要强大的体能作为基础。

(二) 定向越野运动员体能的构成

定向越野是一项极具挑战性的运动，需要运动员具备良好的体能才能取得优异的成绩。本节将从身体形态、身体机能和运动素质三个方面，探讨定向越野运动员体能的构成。

1. 定向越野运动员的身体形态

身体形态是影响体能的重要因素之一。定向越野运动员的身体形态主要包括身高、体重、骨骼形态、肌肉量和比例等。

(1) 身高和体重。定向越野运动员的身高和体重对于速度和移动能力有重要影响。高个子运动员通常具有更好的视野和更长的手臂，有助于更好地判断地形和标绘方向。而适当的体重则有助于提高运动员的灵敏度和耐力。

(2) 骨骼形态。骨骼形态对于力量和稳定性有重要影响。定向越野运动员需要具备足够的骨密度和强度，以承受运动中的冲击和压力。

(3) 肌肉量和比例。定向越野运动员需要具备一定的肌肉量和适当的肌肉比例，以提供足够的耐力和力量。同时，适当的肌肉比例也有助于提高身体的灵活性和稳定性。

2.定向越野运动员的身体机能

身体机能是指人体的新陈代谢、免疫系统、心血管系统、呼吸系统等方面的工作能力。定向越野运动员的身体机能对于比赛成绩和体能恢复具有重要影响。

(1)新陈代谢。定向越野运动员需要具备较高的新陈代谢率,以提供足够的能量以满足长时间运动的能量需求。

(2)免疫系统。良好的免疫系统能够确保运动员在长时间运动中保持身体健康,减少受伤的风险。

(3)心血管系统。心血管系统是定向越野运动员的重要指标之一,包括心排血量、血管弹性、血压等方面。良好的心血管系统能够为肌肉提供足够的血液和氧气,提高运动表现。

(4)呼吸系统。呼吸系统对于定向越野运动员也很重要,包括肺活量、呼吸频率等方面。良好的呼吸系统能够为运动员提供足够的氧气,并帮助身体排出二氧化碳,促进体能恢复。

3.定向越野运动员的运动素质

运动素质是运动员在运动中表现出的能力,包括速度、力量、耐力、灵敏度、柔韧性和协调性等。定向越野运动员需要具备以下运动素质。

(1)速度。速度是定向越野运动员的关键素质之一,包括反应速度、移动速度和标绘速度等。优秀的速度能够帮助运动员快速判断地形和方向,提高比赛成绩。

(2)力量。力量是定向越野运动员的基础素质之一,对于提高耐力和稳定性具有重要作用。定向越野运动员需要具备一定的上肢和下肢力量,以承受运动中的冲击和压力。

(3)耐力。耐力是定向越野运动员的核心素质之一,是决定比赛成绩的关键因素之一。优秀的耐力能够使运动员在长时间的运动中保持高水平的竞技状态。

(4)柔韧性。良好的柔韧性有助于运动员在比赛中更好地控制身体,避免受伤。

总之,定向越野运动员体能的构成涉及身体形态、身体机能和运动素质等多个方面。通过科学合理的训练和饮食安排,有助于提高运动员的体能水平，从而在比赛中取得更好的成绩。

（三）定向越野运动员体能的特征

定向越野是一项极具挑战性的运动，它不仅需要参与者具备出色的体能，还需要在复杂的地形和环境中进行快速的判断和决策。定向越野运动员的体能特征主要表现在以下几个方面。

1. 多样性

定向越野的体能需求具有多样性。在定向越野中，参与者需要完成各种不同的运动形式，如步行、奔跑、爬升、下坡等。这些运动形式需要不同的肌肉和心肺功能来支持。此外，定向越野的路线上可能包含各种障碍物，如树木、石头、草丛等，需要参与者具备灵活性和协调性来克服。

2. 动态性

定向越野是一项动态运动，要求参与者具备高度的灵活性和稳定性。在奔跑和攀爬过程中，参与者需要保持身体平衡，调整步态和呼吸节奏，以适应不同的地形和环境。此外，在寻找标记点的过程中，参与者还需要快速作出判断和决策，这需要良好的注意力和反应速度。

3. 适应性

定向越野要求参与者具备适应不同环境和地形的能力。在山地、森林、城市等不同环境中进行定向越野，需要参与者具备不同的体能和技能。例如，在山地环境中进行定向越野需要较强的腿部力量和耐力，而在城市环境中则需要较强的方向感和空间感知能力。因此，参与定向越野需要不断挑战自己的体能和技能，以提高适应不同环境的能力。

4. 持久性

定向越野是一项需要长时间进行的活动，因此要求参与者具备持久的体能。在长时间的奔跑和攀爬过程中，参与者需要保持高强度的运动状态，这对心肺功能和肌肉耐力提出了很高的要求。此外，在寻找标记点的过程中也需要保持高度的专注和警觉，这对神经系统也提出了很高的要求。因此，参与定向越野需要具备持久的体能和良好的心理素质。

定向越野的体能特征主要体现在多样性、动态性、适应性和持久性等方面。参与者需要具备多种肌肉和心肺功能，以及高度的灵活性和稳定性，以应对不同环境和地形的要求。同时，参与者还需要具备持久的体能和良好的心理素质，以应对长时间的奔跑和寻找标记点等挑战。通过不断训练和提高自己的体能和技能，参与者可以更好地享受定向越野的乐趣，并提高自己的综合素质。

总的来说，定向越野体能不仅仅是对个体基本能力的综合考验，更是对体力和精神的全面挑战。只有在强大的体能基础上，运动员才能在复杂的地理环境中灵活应对各种挑战，顺利完成比赛。

二、体能训练

(一) 体能训练的概念

体能训练，是一种通过系统的训练方式，增强人体各部位的力量、耐力、柔韧性等基本身体素质的过程。它涵盖从基本的身体锻炼到专业的竞技训练的各个层次，其目的在于提高身体的整体机能，以达到更好的运动表现和健康水平。

(二) 体能训练的内容

体能训练涉及身体形态、身体机能、运动素质、健康等诸因素。身体形态指人体的内外部形状。身体机能是指机体各器官系统的功能，是身体活动能力的基础。运动素质是机体在中枢神经系统的控制下，在运动时所表现出来的各种基本运动能力，通常包括力量、速度、耐力、柔韧度、灵敏度等。此外，健康（指人在身体、心理及社会适应方面的良好状态）的身体是运动员参加训练活动的必要条件。

构成体能的身体形态、机能、素质三个因素都有相对独立的作用，又密切联系、彼此制约、相互影响，其中每一个因素的水平都会影响到体能的整体水平。三个构成因素都是运动素质体能的外在表现，所以运动训练中多以发展各种运动素质作为体能训练的基本内容。

(三) 体能训练的分类

体能训练的基本内容是充分发展与运动员专项运动成绩密切相关的力

量、速度、耐力、柔韧度、灵敏度等运动素质，从而深刻影响和促进运动员身体形态和机能的改善，提高运动员的健康水平，为专项运动成绩和技术水平的不断发展奠定良好的基础。体能训练包括一般体能训练和专项体能训练。

一般体能训练是指为增进运动员的身体健康，提高各器官系统机能，全面发展运动素质，改善身体形态，采用多种非专项的体能练习手段掌握非专项的运动技术、技能和知识，为专项成绩提高打好基础的训练。

专项体能训练是指采用直接提高专项素质的练习以及与专项有紧密联系的专门性体能练习，最大限度地发展对专项成绩有直接关系的专项运动素质，以保证掌握专项技术和战术并在比赛中顺利有效地运用，从而创造优异成绩的训练。

一般体能训练和专项体能训练的主要联系在于：一般体能训练是专项体能训练的基础，一般体能训练为专项运动素质的提高创造必要的条件；专项体能训练则是提高专项运动成绩的特殊需要，并直接为创造优异的专项运动成绩服务。随着专项水平的不断提高，一般体能训练所提供的基础及专项体能训练的要求也要随之改变，以适应专项运动成绩提高后的要求。一般体能训练和专项体能训练的总目标是一致的，在训练实践中往往难以分开。

三、定向越野体能训练

（一）定向越野的体能训练内容

依据定向越野项目的特点及竞技需要分析认为，定向越野体能训练的主要内容是：以专项耐力为核心，以糖酵解供能或有氧氧化供能混合代谢供能为主要的代谢能力，运动器官尤其是运动员下肢肌肉、韧带、软组织、关节，以及意志品质的训练等方面。

运动训练方法的选择是依据项目特征、训练的基本规律与原则以及运动员的特点而进行选择。定向越野运动员在比赛过程中是在地形复杂的山地中进行越野跑。要求运动员不断克服地表阻力，如斜坡、障碍物等。可见，间歇性地在自然环境中的奔跑能力是定向越野运动员体能训练的关键所在。

(二)定向越野体能训练的原则

定向越野是一项需要良好体能和技能的运动,因此,进行有效的体能训练是非常重要的。以下是一些关于定向越野体能训练的原则。

1. 计划性原则

在开始任何形式的体能训练之前,制订一个明确的训练计划或目标是非常重要的。这个计划应该包括具体的训练目标、训练强度、频率和持续时间,以及恢复和休息的时间。制订一个合理的计划可以帮助你更好地了解自己的体能状况,并确保你在训练过程中保持正确的方向。

2. 系统性原则

系统性原则是指通过持续的、有规律的训练来提高体能水平。在训练过程中,你应该保持一定的强度和频率,以确保身体能够适应训练负荷,并逐渐提高体能水平。此外,定期评估和调整训练计划也是非常重要的,以确保你的身体能够适应不断变化的训练要求。

3. 适时恢复原则

适时恢复原则是指在训练过程中要注意适当的休息和恢复。长时间的剧烈运动会导致身体疲劳和损伤,如果不及时恢复,可能会对体能产生负面影响。因此,在训练过程中,要注意合理的休息和恢复时间,以保持身体的健康和良好的体能状态。

下面是对这三个原则的具体阐述和举例。

(1)计划性原则。制订一个适合你的训练计划。你可以根据自身的体能状况和目标来制订一个适合自己的训练计划。例如,如果你想提高短距离冲刺能力,那么你可以在训练中增加短距离冲刺的训练次数和强度。

(2)系统性原则。每周进行至少三次跑步训练,每次训练时间在30min左右。同时,可以进行一些力量训练和核心训练,以提高身体的整体素质。此外,定期进行身体评估和调整训练计划也是非常重要的。

(3)适时恢复原则。在每次训练之间安排适当的休息时间,以帮助身体恢复。例如,在每次跑步训练之间可以安排一些轻松的拉伸和放松活动,或者进行一些简单的有氧运动来帮助身体恢复。

总之,定向越野体能训练的原则是计划性、系统性和适时恢复。这些原则可以帮助你更好地了解自己的身体状况，提高体能水平，并保持身体健康。在遵循这些原则时，请注意结合自己的实际情况和目标进行适当的调整和安排。

(三) 定向越野体能训练的方法

定向越野作为一项新兴的体育运动，不仅需要良好的心理素质，还需要良好的体能素质。因此，体能训练是定向越野训练的重要组成部分。本节将介绍三种常用的定向越野体能训练方法：间歇训练法、法特莱克训练法和循环训练法。

1. 间歇训练法

间歇训练法是一种通过控制训练强度和休息时间，以提高运动员的有氧代谢和无氧代谢能力的方法。

间歇训练法对动作结构和负荷强度、间歇时间提出严格的要求，以使机体处于不完全恢复状态下，反复进行练习的训练方法。其优点在于：有针对性地提高有机体各机能系统的能力；培养特殊的耐力和速度耐力；形式多样；比持续训练法完成的训练量大；可保证训练总负荷达一定值。其不足表现在：虽然可以提高心脏代谢能力，但不稳定；长期使用对运动员有机体产生一定的有害作用，首先是对心脏、神经系统；容易产生心理紧张。

在定向越野中，间歇训练法可以通过以下步骤进行。

(1) 热身。在进行正式的训练前，进行适当的热身运动，如慢跑、拉伸等，以增加身体的柔韧性和灵活性。

(2) 训练。进行短时间的高强度训练，如快速跑、冲刺跑等，以提高运动员的爆发力和耐力。

(3) 休息。在训练结束后，给予运动员足够的休息时间，以恢复体力。一般来说，休息时间应该根据运动员的个体差异和训练强度进行调整。

(4) 重复。在休息结束后，进行下一轮训练，重复上述步骤，直到完成预定训练量。

间歇训练法需要注意以下几点。

(1) 训练强度和休息时间需要合理搭配，避免过度疲劳。

(2) 每次训练的持续时间不宜过长，以免影响后续的训练。

（3）训练过程中需要密切关注运动员的身体状况，如有不适，应及时停止训练。

2. 法特莱克训练法

法特莱克（fartlek）训练起源于 20 世纪 30 年代，由瑞典教练古斯塔·霍迈尔创立，在瑞典语中 fart 是指速度，lek 代表游戏，加起来的意思就是速度游戏，创造它的初衷是为了摆脱枯燥的日常训练，提供一种特殊的间歇训练形式。但实际上，法特莱克训练与间歇训练区别很大，间歇训练规定了跑步的距离，特定的完成和休息时间，而法特莱克训练通常只是给运动员一个特定的距离指标，比如，完成一个 10km 跑，只要运动员能满足该指标，怎么跑、如何选择路线和安排体力、完成的时间，都由运动员的感觉来定。

从本质上讲，法特莱克训练的特点是利用自然环境以及游玩心态使运动员放松。比较典型的是提高速度，直到到达某棵树、交叉路口或者田地的另一边时降低速度；当你感到已经放松身体与心态的时候，再提高跑步速度。这种跑步的好处是：在军事训练或耐力比赛中，当有追赶竞争对手的机会时，能够为身体能量做储备。从本质上讲，就好像让自己的身体从第五挡降到第四挡、第三挡，并且在加速时提供身体上的能量储备。当你跑步或者步行时，以 10min 时间作为一段运动间隔，在最后 2min 里奋力将速度加快，这种冲刺的效果会推动你身体的新陈代谢功能。

法特莱克训练的特点符合定向越野的比赛形式。其优点：在自然环境中训练运动员基础耐力并同时适应比赛形式，利于专项耐力、力量耐力及速度分配技巧。同时对运动员在自然环境中体力分配、肌肉放松以及协调灵敏能力有提高。其不足是：教练员或教师对训练量和强度的控制有一定难度。

法特莱克训练法是一种自由跑动、结合音乐节奏的综合性训练方法。在定向越野中，法特莱克训练法可以通过以下步骤进行。

（1）热身。进行适当的热身运动，如慢跑、拉伸等。

（2）跑步。在音乐节奏的引导下，自由跑动，通过增加跑动的距离和时间来提高运动员的耐力和速度。

（3）调整。在跑步过程中，根据运动员的身体状况和疲劳程度，适时调整跑步速度和节奏。

（4）重复。重复上述步骤，直到完成预定训练量。

法特莱克训练法需要注意以下几点。

(1) 音乐节奏的选择应该适合运动员的体能状况和音乐喜好。

(2) 训练过程中应该注意安全，避免摔倒或受伤。

(3) 每次训练的时间不宜过长，以免影响后续的训练。

3. 循环训练法

循环训练法是指根据训练的具体任务，将若干练习手段设置为相应的若干个练习站（点），运动员按照既定顺序和路线，依次完成每站（点）练习任务的训练方法。运用循环训练法可有效激发训练情绪，累积负荷"痕迹"，交替刺激不同体位。可有效地提高不同层次和水平的运动员的训练情绪和积极性；根据具体情况因人制宜地加以调整，做到区别对待；防止局部负担过重，延缓疲劳的产生，并有利于全面身体训练。还可以有效地提高运动员糖酵解系统及其与有氧代谢系统混合供能条件下速度耐力及力量耐力的提高。

循环训练法是一种通过多个练习站进行不同训练内容的综合性训练方法。在定向越野中，循环训练法可以通过以下步骤进行。

(1) 热身。进行适当的热身运动，如慢跑、拉伸等。

(2) 进入练习站。每个练习站可以进行不同的体能训练，如深蹲、俯卧撑、仰卧起坐等，以提高运动员的力量、耐力和柔韧性。

(3) 完成所有练习站。按照预定的顺序完成所有练习站，每个练习站之间应该合理搭配休息时间，以保持运动员的身体状态。

(4) 重复。重复上述步骤，直到完成预定训练量。

循环训练法需要注意以下几点。

(1) 每个练习站之间的休息时间应该根据实际情况进行调整，避免过度疲劳。

(2) 在每个练习站中应该注意安全，避免摔倒或受伤。

(3) 在不同的练习站中可以结合其他体能训练方法，以提高训练效果。

总之，定向越野是一项需要良好体能素质的运动项目。通过采用间歇训练法、法特莱克训练法和循环训练法等体能训练方法，可以提高运动员的有氧代谢能力、无氧代谢能力和综合体能素质，为提高定向越野技能打下坚实的基础。

(四)定向越野体能训练的价值

定向越野是一项充满挑战的户外运动,需要运动员具备卓越的运动素质、强大的体能以及复杂技术的掌握能力。通过定向越野体能训练,运动员可以充分发展各项运动素质,适应大负荷运动训练的需要,并掌握复杂、先进的技术。

1. 充分发展运动员的运动素质

定向越野体能训练的首要价值在于它能充分发展运动员的运动素质。定向越野的挑战在于运动员需要快速识别地图,并在复杂环境中寻找路径。这就需要运动员具备敏锐的视觉、优秀的空间感知、手眼协调能力,以及快速的移动能力。通过长期的定向越野体能训练,运动员的这些素质可以得到充分发展。此外,体能训练还有助于增强运动员的耐力、灵敏度、平衡感等素质,为应对定向越野的各种挑战打下坚实的基础。

2. 保证运动员适应大负荷运动训练的需要

定向越野运动训练通常伴随着较大的负荷,包括大量的跑步、爬山、识图等动作,对运动员的体能和意志力都是极大的考验。通过定向越野体能训练,运动员可以更好地适应这种大负荷运动训练的需要。这是因为,体能训练可以提高运动员的有氧和无氧耐力,增强肌肉力量和弹性,提高关节稳定性,使运动员在长时间、高强度的训练和比赛中保持最佳状态。

3. 有利于运动员掌握复杂、先进的技术

定向越野不仅要求运动员具备良好的体能和运动素质,还需要掌握复杂的定向技能和技术。通过定向越野体能训练,运动员可以更好地掌握这些技术。这是因为,体能训练可以提高运动员的感知能力和动作准确性,使他们在识别地图、选择路径、使用导航设备等方面更加熟练、准确。此外,体能训练还有助于提高运动员的反应速度和决策能力,使他们能够更好地应对复杂的比赛环境。

综上所述,定向越野体能训练对于运动员的发展具有重要意义。通过定向越野体能训练,运动员可以充分发展运动素质、适应大负荷运动训练的需要,并掌握复杂、先进的技术。这些优势将有助于他们在比赛中取得更好的成绩,并享受更加愉悦的运动体验。

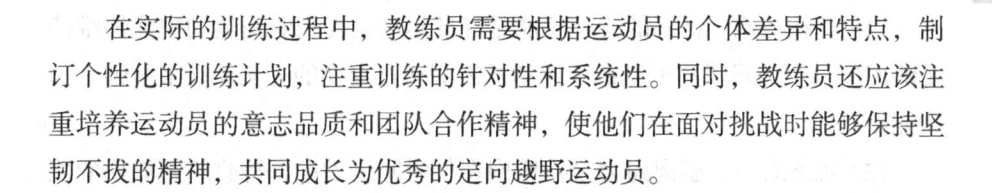

在实际的训练过程中，教练员需要根据运动员的个体差异和特点，制订个性化的训练计划，注重训练的针对性和系统性。同时，教练员还应该注重培养运动员的意志品质和团队合作精神，使他们在面对挑战时能够保持坚韧不拔的精神，共同成长为优秀的定向越野运动员。

第二节　定向越野体能训练项目

一、耐力素质

（一）耐力素质的概念

耐力素质是人体长时间进行身体活动的能力，是衡量一个人体能水平的重要指标。在定向越野中，耐力素质是指运动员在复杂地形条件下，长时间、持续、高效地完成地图判读、路线选择和导航的能力。

（二）定向越野中耐力素质的重要性

定向越野是一项极具挑战性的运动，它要求运动员在复杂的地形条件下，快速、准确地识别地图，选择正确的路线，并保持持久的体能。耐力素质在定向越野中具有至关重要的作用：

（1）保持持续运动能力。定向越野通常需要运动员在崎岖的山地、森林或城市中进行长时间的步行或奔跑，这就需要运动员具备足够的耐力素质，以保证在复杂地形条件下能够持续运动。

（2）提高运动效率。良好的耐力素质能够帮助运动员在复杂的地理环境中更高效地完成导航任务，减少无效的行走时间，提高运动效率。

（3）应对体力挑战。定向越野往往需要在特殊的地形和气候条件下进行，这会对运动员的体能提出极高的要求。良好的耐力素质能够帮助运动员应对这种挑战，保证运动的安全和有效性。

（三）定向越野运动员应具备的耐力素质

定向越野运动员应具备的耐力素质主要包括：

(1) 心肺功能。良好的心肺功能是保证运动员在长时间运动中能够维持足够的氧气和能量供应的基础。运动员需要通过定期的有氧运动来增强心肺功能。

(2) 肌肉耐力。肌肉耐力是指肌肉在长时间运动中保持收缩和放松的能力。在定向越野中，运动员需要长时间保持行走或奔跑，因此，良好的肌肉耐力至关重要。

(3) 抗疲劳能力。优秀的抗疲劳能力是运动员能够在高强度的运动中保持稳定的心理状态，从而持续完成导航任务的关键。这需要运动员通过科学的训练方法和心理调适来提升。

(4) 灵活性和协调性。灵活性和协调性有助于运动员在复杂地形条件下更有效地进行导航和判断。良好的柔韧性能够帮助运动员在运动中避免受伤，而良好的协调性则能够提高运动效率。

耐力素质是定向越野中不可或缺的一项素质，它对于保持持续的运动能力、提高运动效率、应对体力挑战以及提升心理素质都具有重要的意义。因此，定向越野运动员应该重视耐力素质的训练，通过科学的训练方法和合理的饮食休息来提升自己的耐力素质。

二、速度素质

定向越野是一种结合了运动与地图导航的户外活动，它需要参与者具备良好的体能和速度素质。

(一) 速度素质的概念

速度素质是指人体快速运动的能力，包括反应速度、动作速度和位移速度。在定向越野中，速度素质主要指的是在短时间内作出正确决策、快速完成动作以及迅速到达目的地的能力。

(二) 定向越野中速度素质的重要性

定向越野不仅需要参与者具备精准的导航技能，还需要他们具备快速移动的能力。在复杂的地形和环境中，时间就是胜利的关键，速度素质是取得胜利的重要因素。此外，快速反应和动作速度可以帮助参与者更好地应对突发情况，提高比赛成绩。

(三) 定向越野运动员应具备的速度素质

(1) 反应速度。反应速度是指人体对内外刺激快速进行应答的能力。在定向越野中，反应速度可以体现在对复杂地形的快速判断、对同伴指示的快速理解和做相应动作等方面。为了提高反应速度，可以进行有针对性的反应训练，如反应游戏、跳绳等。

(2) 动作速度。动作速度是指在单位时间内完成动作的能力。在定向越野中，动作速度体现在快速搜索和确定目标点、快速翻越障碍物等方面。为了提高动作速度，可以进行一些针对特定动作的训练，如跑步、爬楼梯等。

(3) 位移速度。位移速度是指人体在单位时间内移动的距离。在定向越野中，位移速度体现在快速穿越复杂地形、快速到达目的地等方面。为了提高位移速度，可以进行一些有针对性的体能训练，如长跑、短跑、游泳等。

三、力量素质

(一) 力量素质的概念

力量素质是指人体或身体某部位对抗外部阻力，并有效完成特定动作的能力。它是一种基本的体能素质，对于任何运动项目都至关重要，对定向越野运动也不例外，力量素质是这项运动的基础之一。

(二) 定向越野运动中力量素质的重要性

(1) 提高运动表现。力量素质有助于提高定向越野运动员的奔跑速度、攀爬能力和跨越障碍的能力。强大的肌肉力量能使运动员在比赛中更迅速、更准确地完成导航和地形识别任务。

(2) 减少受伤风险。良好的力量素质可以增强肌肉的稳定性、弹性和耐力，降低在复杂地形和激烈竞争中受伤的风险。

(3) 提升自信心。力量训练能增强运动员的自信心，使他们更有信心面对各种复杂地形和障碍，从而提高比赛成绩。

(三)定向越野运动员应具备的力量素质

(1)最大力量。最大力量是运动员在短时间内发挥出最大力量的能力。在定向越野运动中,最大力量有助于提高奔跑速度和攀爬能力。为了提高最大力量,运动员可以通过举重、俯卧撑、深蹲等训练来增强肌肉力量。

(2)快速力量。快速力量是指肌肉快速收缩产生力量的能力。在定向越野运动中,快速力量有助于提高运动员的反应速度和肢体协调能力。为了提高快速力量,运动员可以通过短跑、跳跃训练等来增强肌肉的爆发力和灵活性。

(3)力量耐力。力量耐力是指运动员在长时间运动中保持肌肉力量的能力。在定向越野运动中,力量耐力有助于运动员长时间奔跑和攀爬,提高运动表现和耐力水平。为了提高力量耐力,运动员可以通过长时间的有氧训练来增强肌肉耐力和心肺功能。

在进行力量训练时,应结合定向越野的特点,设计符合运动需求的训练计划。例如,可以通过模拟比赛中的障碍物进行负重训练,以提高运动员的肌肉力量和耐力。此外,可以多做一些平衡性和协调性的训练,以提高运动员在复杂地形中的行动能力。

同时,定期进行评估和反馈也是非常重要的,这样可以根据运动员的进步和需要调整训练计划。通过这种方式,运动员可以逐渐提升他们的力量素质,为定向越野比赛做好充分准备。

总之,力量素质是定向越野运动中不可或缺的素质之一。通过了解力量素质的概念和定向越野运动中力量素质的重要性,以及应具备的力量素质,运动员可以制订出符合自己需求的训练计划,以提升自己的体能水平,为比赛做好充分准备。

四、柔韧素质

(一)柔韧素质的概念

柔韧素质是指人体关节活动幅度以及关节韧带、肌肉、肌腱、关节囊等软组织的伸展性。它是运动训练中非常重要的一部分,是衡量运动员体能状态和运动水平的一个重要指标。在定向越野运动中，柔韧素质的重要性不容忽视。

(二) 定向越野运动中柔韧素质的重要性

(1) 灵活性提升。优秀的柔韧素质能帮助运动员更好地应对比赛中地形的不确定性，能够快速地改变方向和路线，提高比赛成绩。

(2) 降低受伤风险。柔韧素质能够减少肌肉和关节的损伤风险，使运动员在比赛中更安全地进行各种动作。

(3) 提高运动表现。柔韧素质能够帮助运动员更好地控制身体，提高动作的协调性和稳定性，从而提高运动表现。

(三) 定向越野运动员应具备的柔韧素质

(1) 肩部柔韧性。能够自由地旋转肩膀，以便更好地观察地图和指北针。

(2) 腰部柔韧性。能够大幅度地旋转腰部，以便在复杂的山地环境中灵活移动。

(3) 腿部柔韧性。能够充分地伸展腿部肌肉，以便快速奔跑和跨越障碍。

(4) 手腕柔韧性。能够灵活地翻转手腕，以便更好地握持地图和指北针。

为了提高这些柔韧素质，运动员需要进行定期的拉伸训练，包括主动拉伸和被动拉伸。主动拉伸是通过主动用力拉长肌肉或关节达到拉伸的目的，被动拉伸则是通过同伴的助力拉伸达到肌肉或关节拉伸的目的。此外，运动员还需要进行一些针对性的力量训练，以提高关节的稳定性，从而进一步提高柔韧素质。

总之，定向越野运动员的体能训练中，柔韧素质是非常重要的一部分。通过加强肩部、腰部、腿部、手腕等部位的柔韧性训练，可以提高运动员的灵活性、降低受伤风险、提高运动表现。为了达到这个目标，运动员需要制订合理的训练计划，定期进行拉伸和力量训练。同时，教练员也应该根据运动员的个体差异，制订个性化的训练方案，确保每个运动员都能够得到充分的训练和提高。

五、灵敏素质

(一) 柔韧灵敏的概念

柔韧性和灵敏性是体能训练中的两个重要组成部分。柔韧性主要指的是身体关节和肌肉的伸展能力，而灵敏性则是指在复杂环境中迅速、准确、协调地移动身体的能力。在定向越野运动中，这两种素质对于运动员的表现至关重要。

(二) 定向越野运动中灵敏素质的重要性

定向越野是一项极具挑战性的运动，运动员需要在复杂的地理环境中快速识别地图，并准确找到预设的点标。在这个过程中，运动员需要具备良好的空间感知能力、方向判断能力、快速反应能力和身体协调能力。而这些能力的基础都离不开灵敏素质。

首先，灵敏素质有助于运动员在短时间内迅速适应环境，提高反应速度和移动速度。其次，良好的柔韧性有助于运动员在运动中减少关节和肌肉的损伤，提高运动效率。最后，灵敏素质还能帮助运动员在复杂环境中保持平衡，避免摔倒或失去方向。

(三) 定向越野运动员应具备的灵敏素质

(1) 快速反应能力。定向越野运动员需要具备快速反应的能力，能够在短时间内对环境作出判断和决策。

(2) 空间感知能力。运动员需要具备敏锐的空间感知能力，能够准确地识别地图上的方向、距离和位置。

(3) 身体协调能力。运动员需要具备良好的身体协调能力，能够在运动中协调身体各部位的运动，保持平衡和稳定性。

(4) 平衡能力。定向越野运动员需要具备优秀的平衡能力，能够在复杂地形中保持稳定，避免摔倒或失去方向。

(5) 速度和耐力。运动员需要具备快速移动和长时间运动的能力，能够在长时间的运动中保持高水平的灵敏素质。

定向越野运动员应该注重训练自己的灵敏素质，包括快速反应能力、空间感知能力、身体协调能力、平衡能力、速度和耐力等。这些素质的训练可以通过多种方式进行，如力量训练、有氧运动、技巧练习、模拟训练等。此外，运动员还应该注重提高自己的柔韧性，以减少关节和肌肉的损伤，提高运动效率。通过这些训练，运动员可以在定向越野运动中发挥出更高的水平，取得更好的成绩。

六、协调能力

（一）协调能力的概念

协调能力是人体各部分在运动过程中的协同作用，主要涉及不同身体部位和器官之间信息的有效传递和转化。简单来说，它是对我们的运动控制能力的描述，确保我们可以在身体进行一系列活动时保持和谐和同步。在定向越野中，协调能力涉及如何快速准确地读取地图，与地形环境进行互动，以及如何迅速准确地找到正确的方向。

（二）定向越野运动中协调能力的重要性

定向越野是一项极具挑战性的运动，它需要运动员具备强大的协调能力。在定向越野中，运动员需要迅速而准确地判断方向，这需要良好的视觉感知和空间认知能力。此外，运动员还需要快速地与地形环境进行互动，这就需要良好的身体控制和反应能力。因此，协调能力在定向越野中扮演着至关重要的角色。

（三）定向越野运动员应具备的协调能力

（1）空间感知能力。定向越野需要运动员具备出色的空间感知能力，以便快速、准确地识别方向和位置。这种能力可以通过地图阅读和实际地形观察来训练。

（2）速度和灵活性。在定向越野中，运动员需要快速作出决策并执行它们。这需要运动员具有快速反应和灵活的身体控制能力。

（3）身体控制能力。定向越野需要运动员具备良好的身体控制能力，以便在各种地形条件下保持稳定和平衡。这包括手眼协调、平衡感和灵敏度等。

（4）注意力集中。定向越野是一项需要高度集中注意力的运动。运动员需要能够长时间保持注意力集中，以便在复杂的地形和环境中寻找正确的路径。

为了提高这些协调能力，运动员可以通过以下方法进行训练。

（1）视觉训练。通过阅读地图和实际地形观察来提高空间感知能力。可以使用模拟地图和模型进行训练，以提高对地形的理解。

（2）速度和灵活性训练。通过参加速度训练营或参加具有挑战性的定向越野比赛来提高反应速度和灵活性。

（3）身体控制训练。通过瑜伽、体操或舞蹈等运动来提高身体控制能力。这些运动可以帮助提高平衡感和灵敏度。

（4）注意力集中训练。通过冥想、阅读或参加专注力训练营来提高注意力集中能力。这可以帮助运动员在复杂的环境中保持专注并作出正确的决策。

总之，协调能力在定向越野中起着至关重要的作用。通过适当的训练和练习，运动员可以提高他们的空间感知能力、速度和灵活性、身体控制能力和注意力集中能力。这将帮助他们更好地适应定向越野的挑战，并在比赛中取得更好的成绩。

第三节　定向越野专项体能训练方法

一、定向越野专项体能训练概述

定向越野是各种定向运动比赛中组织方法比较简便、开展最为广泛的一种，参加者借助于地形图和指北针，按顺序到访地图上所显示的各个点的点标，以最短的时间跑完赛程的运动。定向越野是一项集智力和体力为一体的运动项目，不仅要求选手具有一定的耐力，而且要求选手表现出一定的智力。在高水平运动竞赛中，定向越野在智力识图上区别不大，主要是体现在体能方面。

而专项体能训练是指根据专项运动的特点及对体能的特殊要求，采取与专项运动有紧密联系的训练手段和方法，最大限度地发展对专项成绩有直接关系的专项运动素质从而确保掌握的专项技术能在比赛中顺利、有效地被运用，从而创造优异成绩和整体竞技能力的训练。

通过研究定向越野专项体能训练的方法，可为定向越野训练的进一步开展提供参考。

定向越野不仅是智力和技巧方面的竞争，同时也是体力和心理方面的竞争。定向运动中的越野跑实际上是一种长距离的间歇式变速奔跑，在途中常常需要短时停下来看图和辨别方向，这样在野外环境中的奔跑可以使身体肌肉的紧张与放松、运动与思维不断交替进行。

二、定向越野专项体能训练的重要性

定向越野是一种极具挑战性的户外运动，需要运动员具备多种能力，包括体能、判断力、技巧和智力等。在这些能力中，体能是非常重要的一项。良好的体能不仅能帮助运动员更好地完成比赛，而且能提升比赛成绩。定向越野专项体能训练的重要性如下。

(一) 提高身体耐力

定向越野比赛通常持续数小时甚至数天，运动员需要具备长时间奔跑的能力。专项体能训练能帮助运动员提高心肺功能，增强耐力，以应对长时间的比赛。通过有氧运动、耐力训练等手段，运动员可以增强身体的耐力，以便在比赛中更长时间地保持活力。

(二) 增强肌肉力量

定向越野不仅需要耐力，还需要运动员具备一定的肌肉力量。在奔跑、攀爬、跨越障碍物时，肌肉力量是至关重要的。通过力量训练，运动员可以提高肌肉力量，使其在比赛中能够更好地应对各种挑战。

(三) 提高身体柔韧性

身体柔韧性对于定向越野运动员来说也是非常重要的。良好的柔韧性有助于运动员更好地控制身体，以便在比赛中更好地应对各种地形和障碍物。通过拉伸训练和瑜伽等柔韧性训练，运动员可以提高身体的柔韧性。

（四）提高反应速度

定向越野不仅需要耐力、肌肉力量和柔韧性，还需要运动员具备快速反应的能力。在比赛中，运动员需要快速判断方向、识别地图并作出正确的决策。通过速度训练和反应训练，可以提高运动员的反应速度，使其在比赛中更快地作出决策并应对挑战。

（五）心理适应性

体能训练不仅包括身体方面的训练，还包括心理适应性的训练。定向越野比赛往往充满挑战和不确定性，运动员需要具备应对压力和挫折的能力。通过心理训练和认知训练，可以帮助运动员提高自信心、抗压能力以及决策能力。这些能力将有助于运动员更好地应对比赛中的各种挑战。

综上所述，定向越野专项体能训练的重要性体现在提高身体耐力、增强肌肉力量、提高身体柔韧性、提高反应速度以及培养心理适应性等方面。这些能力的提升将有助于运动员更好地完成比赛并提升比赛成绩。因此，运动员和教练应该重视定向越野专项体能训练，制订合理的训练计划并坚持不懈地进行训练。

三、定向越野专项体能训练的核心——高度独立性

定向越野是一项极具挑战性的运动，它要求运动员在复杂的地图和环境中寻找标记点，并按照正确的顺序到达。这项运动不仅需要运动员具备出色的体能和导航技能，还需要高度的独立性和自我管理能力。

（一）队员独立完成

在定向越野专项体能训练中，队员的独立完成能力是至关重要的。这意味着运动员需要具备独立完成训练任务的能力，包括自主选择训练内容、制订训练计划、实施训练计划以及评估训练效果。这种独立性不仅有助于提高运动员的训练效果，还有助于培养他们的自主性和责任感。

为了提高队员的独立完成能力，教练员可以采取以下措施。

(1) 给予运动员足够的自主权，让他们根据自己的兴趣和需求选择训练内容和方法。

(2) 鼓励运动员制订个性化的训练计划，并给予他们必要的指导和建议。

(3) 定期评估运动员的训练效果，并提供反馈和建议，帮助他们不断改进和提高。

(二) 队员自我监督和约束

自我监督和约束是定向越野专项体能训练中的另一个重要方面。运动员需要能够自我评估自己的体能状态、训练效果和心理状态，并采取相应的调整措施。这种自我监督和约束能力有助于提高运动员的训练效果和稳定性，同时也有助于培养他们的自律性和自信心。

为了帮助运动员建立自我监督和约束能力，教练员可以采取以下措施。

(1) 教授运动员自我评估的方法和技巧，包括身体状态、心理状态、训练效果等方面的评估。

(2) 鼓励运动员记录自己的训练过程和感受，以便他们能够更好地了解自己的进步和不足之处。

(3) 定期与运动员进行沟通，了解他们的训练情况和心理状态，并提供必要的支持和建议。

(三) 教练员辅助监督

训练初期，教练员在安排完训练任务后有必要在场边监督，但一段时间之后，要逐渐培养运动员的自我监督和独立能力，教练员可适当地回避或侧面监督队员的训练。这样经过一段时间的强化，队员在接到训练任务后，便能独立按量完成训练任务。

教练员的辅助监督在定向越野专项体能训练中也是不可或缺的。教练员需要为运动员提供专业的指导和建议，帮助他们解决训练中遇到的问题，并监督他们的训练过程和效果。这种辅助监督有助于提高运动员的训练质量和稳定性，同时也有助于培养他们的专业素养和信任感。

教练员在辅助监督过程中可以采取以下措施。

（1）定期与运动员进行沟通，了解他们的训练计划和进展情况，并提供专业的建议和指导。

（2）定期对运动员的训练效果进行评估，并提供反馈和建议，帮助他们不断改进和提高。

（3）监督运动员的训练过程，确保他们按照正确的训练方法和计划进行训练。

（4）在训练中遇到问题时，及时提供解决方案和建议，帮助运动员克服困难。

总之，高度独立性是定向越野专项体能训练的核心之一。为了提高运动员的训练效果和稳定性，教练员需要给予运动员足够的自主权和专业的指导，同时也要监督他们的训练过程和效果。通过队员独立完成、自我监督和约束以及教练员辅助监督这三个方面的努力，可以帮助运动员更好地发展他们的体能和技能，并在定向越野这项运动中取得更好的成绩。

四、定向越野专项体能训练方法的应用

在定向越野这项运动中，体能是非常重要的，需要具备一定的耐力、力量和反应速度。相比于田径长跑运动员的训练方法，定向越野运动员需要针对自身的运动特点制定一套符合自己的专项体能训练方法。

（一）连续跑能力的训练

在定向越野中，运动员需要不断地进行长距离的奔跑，这就需要具备很强的连续跑的能力。除加强下肢力量的训练外，还要注意提高肌肉的持久性和抗疲劳能力。可以通过以下训练方法来提高连续跑的能力。

（1）间歇性训练。通过短时间的高强度跑动来提高肌肉的耐力和抗疲劳能力。可以采用30min～1h的训练时间，每次训练之间进行短暂的休息，如2～3min。

（2）快速奔跑。在奔跑过程中要尽可能提高速度、缩短时间，以增加肌肉的耐力和爆发力。可以在平地上进行直线奔跑，或者模拟越野跑中的上下坡路段。

(二) 不规律变速跑的训练

在定向越野中,地形和路线是不断变化的,这就要求运动员能够适应各种不同的路况和速度要求。因此,不规律变速跑是非常重要的训练方法之一。可以通过以下训练方法来提高不规律变速跑的能力。

(1) 上下坡跑。通过模拟越野跑中的上下坡路段,可以提高肌肉对不同地形变化的适应能力。可以安排一些上下坡不同的训练路线,让运动员适应不同坡度的路面。

(2) 变速跑接力。通过多组不同速度和距离的接力比赛,可以让运动员适应不同的运动节奏和速度要求。同时,这也能锻炼肌肉的协调性和反应速度。

(三) 定向间歇性组合练习能力的训练

定向越野不仅需要耐力和速度,还需要具备一定的判断力和反应速度。因此,定向间歇性组合练习是非常重要的训练方法之一。可以通过以下训练方法来提高定向间歇性组合练习的能力。

(1) 定向越野模拟练习。通过模拟实际比赛中的地形和路线,可以让运动员更好地适应比赛环境,提高判断力和反应速度。可以在室内或室外设置一些模拟路线,让运动员进行模拟比赛。

(2) 组合练习。将不同的训练方法结合起来进行训练,可以提高肌肉的协调性和反应速度。例如,可以进行变速跑+间歇性训练+判断力训练的组合练习,让运动员在短时间内完成多种训练任务。

总之,定向越野专项体能训练方法需要针对自身的运动特点制订一套符合自己的训练计划和方法。通过连续跑、不规律变速跑和定向间歇性组合练习等训练方法,可以提高肌肉的耐力和爆发力、适应不同地形变化的能力以及判断力和反应速度等专项技能水平。同时,要注意合理安排训练时间和强度,避免过度疲劳和受伤。

第四节　定向越野专项体能训练手段的制定

一、定向越野有氧耐力的训练手段

在定向越野中，有氧耐力是至关重要的，因为它涉及运动员在长时间内保持准确和效率的能力。有氧耐力不仅影响比赛成绩，还影响运动员的健康和长期表现。以下是一些有效的训练手段，可以帮助提高定向越野运动员的有氧耐力。

(一) 持续跑与法特莱克跑结合

持续跑是一种长时间的匀速跑步训练，旨在提高运动员的有氧耐力。法特莱克跑则是一种结合了多种训练要素的混合训练，包括间歇性跑步、快跑、慢跑和休息。将这两种训练方式结合在一起，可以有效地提高运动员的有氧耐力，同时保持他们的兴趣和动力。

训练计划：每周进行一次持续跑与法特莱克跑结合的训练。开始时，运动员可以选择一个适当的速度进行持续跑，然后在法特莱克跑中逐渐增加强度和休息时间。重要的是要注意恢复和调整，以确保运动员不会过度疲劳。

训练时，先慢跑热身，然后快跑和慢跑交替进行，距离控制在200~800m，要求在识图时不要停或走，以提高在跑动中图、地对照的能力。跑的总距离在10~12km，时间控制在60~120min。这样训练可以在提高运动员身体能力的同时，提高识图能力及运动员的兴奋性，使机体承受较大的负荷，从而使运动员在放松的心理状态下完成训练任务。

(二) 定时定距跑

定时定距跑是一种针对特定距离的计时训练，旨在提高运动员的耐力。在这种训练中，运动员需要以特定的速度完成一定距离的跑步，以增强他们的有氧耐力。通过这种方法，运动员可以在不同的速度下训练，并逐渐适应更高的强度。

训练计划：每周进行一到两次定时定距跑训练。开始时，运动员可以选择一个适中的距离和速度进行训练，然后逐渐增加距离和速度。重要的是要保持适当的休息和恢复时间,以确保运动员不会过度疲劳。

例如,在田径场或者公园做定时跑完规定距离的练习,要求在规定时间内(如20min、30min)进行长跑练习。

(三) 变速跑

变速跑是一种结合了不同速度和距离的训练方式,旨在提高运动员在不同速度下的有氧耐力。这种训练方式可以帮助运动员在不同的环境中保持警觉和反应能力。

训练计划:每周进行一到两次变速跑训练。开始时,运动员可以选择一个适当的速度和距离进行训练,然后在随后的训练中逐渐增加速度和距离的变化。重要的是要保持适当的休息和恢复时间,以确保运动员能够适应不同的速度和距离变化。

例如,在田径场进行变速跑训练,以400m、600m、8000m、1000m等段落进行。一般以心率控制,快跑段心率控制在140次/min左右,慢跑段心率恢复到120次/min左右,间歇时心率恢复到100次/min以下时,开始下一组练习。

(四) 重复跑

重复跑是提高有氧耐力的基础训练方法。这种方法通常以较高的强度重复进行一段距离的跑步。这种训练不仅可以增强肌肉耐力,还能提升心血管系统的承受能力。在进行重复跑时,跑距的长度应该适中,以确保训练强度保持在最佳状态。此外,注意逐渐增加跑距长度,以便运动员适应更大的运动负荷。

(五) 越野跑

定向越野的特性决定了其训练方法需要考虑到不同的地貌环境。越野跑不仅可以提高运动员的体能分配能力,还能增强他们的地形适应能力。在进行越野跑时,应尽量选择不同的地形和路线,以便运动员在不同的环境中锻炼。此外,根据不同地貌合理分配自身体能也非常重要,其可以确保运动员能够适应各种复杂地形。

(六) 五分钟以上循环跑

循环跑是一种有效的有氧耐力训练方法，它通过多种方式的组合训练，使运动员在短时间内完成多种形式的跑步练习。这种方法可以帮助运动员在短时间内提高多种有氧耐力指标，同时还能增强他们的身体协调性和灵活性。在进行循环跑时，应选择8~10种不同的跑步方式组成一套循环练习，以确保训练的多样性和全面性。此外，注意控制每次跑步的时间和强度，以确保训练效果最大化。

上述定向越野的有氧耐力训练手段可以有效提高运动员的有氧耐力和速度，增强他们的体能分配能力和地形适应能力。在训练过程中，应根据不同地貌合理分配自身体能，并选择多种跑步方式组成循环练习，以确保训练的多样性和全面性。同时，应逐渐增加跑距长度和循环练习中的跑步方式数量，以便运动员适应更大的运动负荷。在制订训练计划时，要考虑运动员的个人特点和目标，以及他们的身体状况和恢复能力。此外，定期监测运动员的训练效果和疲劳程度也是非常重要的。

二、定向越野无氧耐力的训练手段

定向运动员的无氧耐力训练与中长跑运动员的无氧耐力训练基本相同，但是又由于项目的特点不同，以及参赛场地的不同而有区别。定向运动训练主要采用间歇训练法，包括上山跑和长间歇下山跑。训练时，练习段落先短后长，致使体内血乳酸浓度增加，要控制好两次之间的无氧间歇能力，使身体适应这种持续的乳酸刺激，从而提高定向运动员机体耐乳酸和清除乳酸的能力，身体机能尽快恢复，以适应结合专项速度耐力的需要。

在定向越野中，无氧耐力起着至关重要的作用。为了提高运动员的无氧耐力，教练通常会采用一些特定的训练手段，包括间歇跑、反复加速跑和顺风或下坡跑。这些训练方法不仅有助于提高运动员的体能，还能增强他们的速度和耐力，使他们能够在复杂的地理环境中更有效地进行定向越野。

(一) 间歇跑

间歇跑是一种高强度跑步训练，它通过让运动员在短时间内达到最大心率的输出，而后让身体逐渐恢复，达到提高无氧耐力的效果。在训练过程中，运动员需要先在短时间内全力以赴地奔跑，然后进行短暂的休息。间歇跑有助于提高肌肉的抗乳酸能力，这是无氧耐力的关键指标之一。

以间歇跑方法发展全程最高的平均速度的能力训练，教练可以设计星形点的定向折返跑训练，以结合定向专项技术训练提高运动员的专项体能。采用间歇跑方法发展全程最高平均速度能力的训练要突出跑的强度，目的是有效提高运动员较长时间快速跑的能力。

在训练过程中，运动员需要先快速跑一段距离，然后慢跑或走一段时间进行休息。休息时间应该根据运动员的身体状况和恢复能力来决定，通常在几分钟到几十分钟。

在进行间歇训练时，要注意以下几点。

(1) 确保训练前进行充分的热身活动；

(2) 控制好休息时间和训练强度，避免过度疲劳；

(3) 训练后进行适当的拉伸和放松活动，帮助肌肉恢复。

(二) 反复加速跑

反复加速跑是一种有效的训练方法，它通过先让运动员在短时间内快速加速，然后逐渐减速，来提高运动员的有氧耐力和无氧耐力。这种训练方法可以帮助运动员在定向越野中更好地应对快速变化的路线和地形。在训练过程中，运动员需要快速加速，先在短时间内保持一定的速度，然后逐渐减速并放松。

具体训练方法如下。

(1) 设定几个不同的强度，如 50%、60% 和 70% 的最大心率，每次训练中都尝试不同的强度。

(2) 在每个强度下进行反复跑，每次跑 5~10 个来回，逐渐增加强度和重复次数，每周增加一次强度。

(3) 在每次训练前要做好充分的热身和拉伸，防止运动损伤。

(三) 变速跑

变速跑是一种更全面的无氧耐力训练方法，它可以帮助运动员在定向越野中更好地应对各种地形和障碍。变速跑包括快跑和慢跑两种速度的交替，可以有效地提高运动员的心肺功能和肌肉耐力。

在制订变速跑的训练计划时，需要考虑运动员的身体状况和训练水平。一般来说，训练计划应该包括不同速度的跑步距离和时间，以及适当的休息时间。

例如，采用加速跑—最大速度跑—惯性放松跑—加速跑—逐渐慢跑的方法练习，如100m快跑+80m慢跑+100m快跑+80m慢跑等。

在进行变速跑时，需要注意以下几点。

(1) 避免单一速度持续太长时间，以免对肌肉造成过大的负担；

(2) 在快跑和慢跑之间进行适当的休息和调整；

(3) 训练后进行适当的拉伸和放松活动，帮助肌肉恢复。

(四) 顺风或下坡跑

在定向越野中，顺风或下坡跑是提高速度和耐力的有效手段。顺风条件下，运动员可以利用风的助力加快速度，提高有氧耐力和无氧耐力；而在下坡跑时，运动员可以利用重力作用减少体力的消耗，同时也可以利用无氧耐力来应对下坡路上的地形变化。这些训练方法有助于提高运动员的跑步效率，让他们在定向越野中更轻松地应对各种挑战。

(1) 选择合适的顺风或下坡跑路线，确保安全和舒适。

(2) 逐渐增加跑的距离和速度，每周或每两周增加一次强度。

(3) 在每次训练后要做好充分的拉伸和恢复，防止肌肉疲劳和损伤。

总的来说，定向越野无氧耐力训练是一种全面而系统的训练模式。通过运用以上提到的各种训练方法，运动员可以提高自己的体能和速度，更好地应对复杂的地理环境。这些训练方法不仅有助于提高运动员在定向越野比赛中的表现，还能增强他们的自信心和应对挑战的能力。在训练过程中，教练还需要注意对运动员的身体状况进行监测和评估，以确保他们能够安全地进行训练并取得最佳效果。

三、定向越野速度训练主要手段

定向运动员速度耐力的具体训练方法可以采用比赛计时训练法、持续训练法以及间歇训练法和重复训练法。训练量和训练强度可以根据训练的大周期以及运动员水平具体安排。例如，进行大运动量的训练，训练强度为中—低水平（比赛强度的60%~80%），持续持间距离为短—中，运动量要大、间歇时间要短。高强度训练时，强度要大，相当于比赛的80%~90%，持续时间短、间歇时间延长，但仍不可完全恢复。

定向越野速度训练的手段如下。

（一）全速跑

全速跑是定向越野训练中最基础也最重要的训练手段之一。全速跑是指在最短的时间内完成一定距离的跑步。在定向越野比赛中，运动员需要快速地到达目的地，因此掌握正确的跑步技巧和速度控制是非常重要的。

全速跑的训练方法包括：

（1）设定固定的起跑点和终点线，距离可以根据运动员的实际情况进行调整。

（2）按照规定的起跑方式，快速起跑，保持身体前倾，尽可能地利用腿部力量加速冲刺。

（3）在跑步过程中，要注意呼吸和步伐的协调，保持呼吸顺畅，步伐有力。

（4）训练初期可以逐渐增加跑步的距离和强度，逐渐提高运动员的速度和耐力。

（二）变速跑

变速跑是指在跑步过程中，根据比赛的要求，通过改变速度和节奏来适应不同的地形和环境。在定向越野比赛中，变速跑是非常重要的训练手段之一。

变速跑的训练方法包括：

（1）设定不同的地形和环境，如平地、上坡、下坡、草地、沙地等。

（2）在不同的地形和环境中，根据比赛的要求，逐渐改变速度和节奏，如加速、减速、变换步伐等。

（3）在变速跑的过程中，要注意呼吸和步伐的协调，保持呼吸顺畅，根据不同的地形和环境调整步伐和呼吸。

（4）通过变速跑的训练，可以提高运动员的应变能力和适应能力，以使其更好地适应不同的比赛环境。

(三) 百米定向

百米定向是定向越野中一项重要的技能训练手段，主要训练运动员的快速定位能力和定向技能。百米定向的训练方法包括：

（1）设定一个固定的起跑点和一个固定的终点线，让运动员在短时间内完成百米距离的定向技能训练。

（2）在训练过程中，要求运动员快速找到地图上的目标点，并按照正确的路线到达终点。

（3）训练初期可以逐渐增加训练的距离和难度，提高运动员的速度和准确性。

（4）在训练过程中，要注意观察周围环境，注意安全和避免犯规。

总之，定向越野速度训练需要结合多种手段和方法进行综合训练，以提高运动员的身体素质、耐力和速度水平。通过正确的训练方法和合理的饮食安排，可以更好地提高运动员的表现水平。

四、定向越野力量训练主要手段

提高运动员的力量耐力主要采用循环训练法，进行大强度间隙循环训练或者低强度间隙循环训练。在训练过程中，应充分利用自然条件来进行运动员的力量训练。

在定向越野中，力量训练是非常关键的一部分。定向越野需要运动员具有出色的耐力、速度和力量，而这些都可以通过有效的力量训练来提升。

定向越野的力量训练应尽可能在自然环境中进行，这样可以更好地模拟比赛场景，提高运动员的适应能力。选择自然环境中的山地、森林、湖泊等地形进行力量训练，能够有效地提高运动员的体能和耐力。

循环训练法是一种非常有效的力量训练方法，它通过多个小强度训练的组合，让运动员在短时间内进行多次重复训练，从而全面提升肌肉力量。这种训练方法的好处在于能够避免单一训练导致肌肉疲劳，而且可以根据不同部位的需要安排不同的训练动作，实现全面提升肌肉力量的目标。

定向越野需要运动员具备高强度下的爆发力和耐力。大强度间隙训练法就是通过高强度的训练来提高运动员的爆发力和耐力。这种方法的特点是在高强度训练之间设置短暂的休息时间，这样可以让运动员在短时间内恢复体力，从而更好地应对比赛中的高强度环境。

低强度间隙训练法是一种更为温和的力量训练方法。这种方法主要是通过让运动员在低强度的状态下进行反复练习，从而达到增强肌肉力量的目的。这种方法适合初学者或需要提高基础力量的运动员。通过低强度练习，可以让运动员逐渐适应高强度的训练，为日后的比赛打下坚实的基础。

总之，定向越野的力量训练是非常关键的。通过利用自然条件，采用循环训练法和不同的间隙训练法，可以有效提升运动员的力量和体能。在实施过程中，教练员需要根据运动员的具体情况，选择适合的训练方法，并在每个阶段进行评估和调整，确保运动员能够得到全面的提升。同时，要注意合理安排饮食和休息，为运动员提供充足的能量和恢复时间。通过科学的力量训练，运动员可以更好地应对定向越野比赛中的各种挑战。

主要训练手段如下。

利用地形条件（上下坡）进行抗阻练习来发展腿部和踝关节的力量；

在沙地或草地上进行跑练习以增强腿部肌肉和韧带；

采用超等长力量训练法，如跨步跳上坡、快速跳深等；

采用连续台阶跑、高抬腿练习或者跨越、翻越障碍等训练手段。

五、定向越野柔韧训练主要手段

柔韧训练在定向越野训练中有着举足轻重的地位，因为它关系到运动员的身体素质、技术水平以及战术运用等综合能力的发挥。定向越野运动员应该进行适当的柔韧训练来改善他们的肌肉灵活性，使关节的活动范围增大，并增强身体的柔韧性。

（一）准备活动阶段

1. 全身伸展

伸展运动对于身体关节的韧带、肌肉以及关节囊有一定的作用，可提高肌肉的温度、促进血液循环、放松身体的肌肉群，有助于肌肉拉伤的恢复，避免再次出现肌肉拉伤。全身伸展不仅可以帮助身体从静止状态过渡到运动状态，还可以增加肌肉温度，使肌肉更具有弹性，可以预防肌肉拉伤。

2. 压腿

压腿是柔韧训练的基础，包括前压腿、旁压腿和后压腿。通过压腿，可以使腿部韧带得到拉伸，预防韧带扭伤。压腿时要由轻到重，逐渐增加力度，并尽量保持一段时间，例如，正压腿要求把注意力集中在被压腿的膝盖上。

（二）基本训练阶段

1. 静力性拉伸

静力性拉伸是在缓慢的动作中完成拉伸，它比动态拉伸更具有针对性，效果更明显。例如，在练习侧向跨步时，要求运动员把注意力集中在被拉侧的臀部肌肉上，并保持动作的规范性。静力性拉伸可以有针对性地提高运动员的柔韧性、预防运动损伤。

2. 动力性拉伸

动力性拉伸是在快速的节奏下完成拉伸，它是在静力性拉伸的基础上发展起来的。动力性拉伸可以提高肌肉的兴奋性，使肌肉快速进入运动状态，同时还可以使肌肉的温度进一步升高，增加肌肉的弹性。动力性拉伸在提高运动员柔韧性的同时还可以预防运动损伤的发生。

（三）训练后的放松练习

训练后的放松练习也是提高柔韧性的重要手段之一。通过慢走、慢跑等放松练习可以使肌肉的温度逐渐恢复正常水平，增加肌肉的弹性，预防肌肉拉伤等运动损伤的发生。此外，还可以通过按摩来放松肌肉，促进血液循环，增加肌肉的营养吸收。

（四）重视技术动作的规范性和科学性

在定向越野中，技术动作的规范性和科学性对于运动员的运动表现和竞技水平至关重要。因此，在柔韧训练中也应该重视技术动作的规范性和科学性。例如，在练习跨步动作时应该注意脚尖的方向和身体重心的控制；在练习踢腿动作时应该注意膝盖的方向和身体重心的变化等。通过正确的技术动作来有效地提高运动员的柔韧性、稳定性和协调性等身体素质。

六、定向越野灵敏训练的主要手段

灵敏素质是定向越野运动员的一项重要素质，定向越野要求运动员能够在复杂的环境中准确地判断方向，及时作出判断和选择路线，并能够在运动中迅速采取相应的措施。因此，灵敏素质在定向越野中具有重要的作用。

（一）定向越野灵敏训练的主要手段

1. 反应速度训练

反应速度是灵敏素质的基础，在定向越野中要求运动员能够迅速对环境、路线、障碍等作出正确的判断和选择。可以通过原地启动、急停、绕杆跑等练习来提高运动员的反应速度。同时也可以采用多种形式的变换训练来刺激运动员的反应能力。

2. 身体控制能力训练

在定向越野中，要求运动员能够准确地控制自己的身体位置和方向，特别是在复杂的路线和障碍中能够及时调整自己的位置和方向，以最快的速度到达终点。可以通过多种形式的综合训练来提高运动员的身体控制能力，如：各种形式的曲线跑、折返跑、跨越障碍等。

3. 动作协调性训练

动作协调性是提高灵敏素质的关键因素之一，在定向越野中要求运动员能够准确、协调地完成各种动作，如：快速跑动、绕过障碍等。可以通过多变的移动、倒地等动作的训练来提高运动员的动作协调性。同时，教练员还应该指导运动员在日常训练中不断调整自己的身体姿势和重心，以增强身体协调性和稳定性。

（二）综合训练手段

除上述单项训练手段外，教练员还应该注重采用综合训练手段来提高运动员的灵敏素质。以下是一些综合训练手段。

（1）障碍训练。通过设置各种形式的障碍来提高运动员的灵敏素质和身体控制能力，如：设置不同高度的障碍、不同距离的障碍等。

（2）组合训练。将不同的训练动作组合在一起进行训练，以提高运动员的身体控制能力和动作协调性，如：快速跑动中完成跳起和翻滚动作、曲线跑中完成交叉步等。

（3）多项运动综合训练。通过多运动项目的结合训练来提高运动员的灵敏素质和综合素质，如：跑步和游泳的综合训练、投掷和体操的综合训练等。

总之，灵敏素质是定向越野运动员的重要素质之一，通过各种综合性的训练手段和多变性的刺激方法可以提高运动员的灵敏素质和身体协调性。教练员应根据不同年龄阶段的运动员特点进行有针对性的训练，以促进运动员在定向越野中的全面发展。

第五节　定向运动周期训练构建方法

周期训练理论是苏联的运动训练专家马特维也夫提出的，它是一种有计划的多变化训练，以最终的目的为指导原则，用长期且多变化的方式，在不同的阶段达成不同阶段的目标，并且用各阶段目标累积的效果，来达到最终目标。

该理论对竞技运动发展产生深远的影响，对当前的运动训练仍发挥着积极的作用。发展定向运动的竞技能力，周期训练仍是一种积极有效的方法，根据周期训练特征结合定向运动的技术形成特点、竞技体能特点、竞赛时间特点作出分析，得出定向运动训练周期的构建方法，可以促进定向运动训练科学化地发展。

一、从定向运动体能特点构建训练周期

定向运动具备体能主导类耐力性项目的特点，郑晓鸿教授的研究表明：耐力性运动的竞技状态受技能状态、体能状态和心理状态的综合影响，任何一种状态的变化都将影响整体的竞技变化。对于中长跑、越野跑之类的耐力

性项目来说，技术较为简单，所以体能状态是决定运动竞技状态的关键因素。

定向运动体能训练周期可以借鉴田径类耐力性项目进行安排，以发展定向运动的体能。与中长跑项目相似的原因如下：定向运动的肢体技术与中长跑的技术大体相同，都属于跑类；运动时间可以进行类比；供能方式可以类比，定向运动的供能方式是以糖的有氧氧化、无氧氧化、ATP混合供能，供能的比例是项目不同则比例不同，与中长跑相似。

据研究表明世界上优秀的耐力性项目运动员的训练周期划分为单周期和双周期两种，在比赛中以周期训练方式取得了成功。所以定向运动也符合耐力性项目的特点，可以从中长跑的训练方式进行借鉴，发展定向运动员的体能。

二、从定向运动的智能特点构建周期

(一) 定向运动技能的智力因素

竞技能力是运动员在先天因素的基础上及后天因素作用下通过专门的训练而累积的参赛夺标的主观条件，由此可知，定向运动的竞技能力可以指定向运动员在定向运动训练过程中所形成的、在定向运动比赛时表现的夺标能力。运动员在比赛中通过借助地图、指北针以及个人的定向知识进行识图和分析地形地貌，按比赛的要求尽快查找属于自己的检查点，比赛需要对运动员所处位置和检查点位置准确地定位，才能顺利地完成比赛，对运动员所处位置与检查点位置进行准确的判断是体现定向运动竞技能力的因素之一。因此，可以把定向运动划分为技能主导类表现准确性项目，根据其准确性特征则要求运动员具备以下能力。

准确识图与记忆能力，运动员在训练中对定向地图的图例、检查点图例、方位图例进行识记，对各种地形、图例能够进行实物、图形识别，以便在比赛中能够准确灵活运用。

路线判断和选择能力，通过运动员对地图的理解并借助训练中得到的实际经验对前进路线地形特点进行判断，准确地选择自己的前进方向。

方向辨别与指北针的使用能力，运动员必须灵活运用指北针对地图方向和前进方向进行灵活判断，即定向。

空间想象能力，能够将各种二维平面的图例想象成三维的立体实物形状，将实物的三维立体形状想象成二维的平面图例。

由此可知，其技能特征与运动智力有着许多相同之处，运动员的智力主要反映在观察力的细微性和准确性、想象力的丰富性和联想性、记忆力的清晰性和持久性上。定向运动就是通过培养运动员这种特别的运动方式，达到锻炼人的目的的。

(二) 定向智能的生理特点

智能活动从生理的角度来说是一种对第二信号系统活动的培养和运用，要掌握这种方法必须有相当的知识体系来支持，要掌握知识必须依靠一定的生理活动来完成。运动员掌握知识的过程就是一种对定向运动的认识过程，它表现为一种神经反射活动，即感受器（地图、地形信息）—传入神经—神经中枢（大脑分析地图、地形）—传出神经—效应器（地图、地形）。

(三) 定向智能技能形成特点

根据定向智能的反射特点，运动员根据地图信息在比赛的场地上找到相对应的地形、地物，并且能够让地形、地物在地图上以符号的形式进行再现。作为一种运动技术，有特定的使用目标和行为方式，训练任务主要是形成一条固定的反射路线。

智力技能的形成按反射的原理可分为以下四个时期。

技术形成期。运动员通过认识地图上的种种符号，了解符号表达的意思。在一定的条件下运动员进行实地的认识地图和地形。

技术发展期。运动员初步认识地图和地形后，在一些实地的训练中发展识图和地形分析能力。

灵活运用期。通过一定训练，运动员对不同的地形、不同的地图形成自己的不同认识方法，并能够全面地了解地图上各种比赛信息，为自己的比赛服务。

技术消退期。运动员放弃识图的训练，相应地，地图知识和地形知识则会慢慢遗忘，导致智能消退。

(四) 智能特点构建训练周期

根据反射的原理,定向智能掌握的四个时期不是具体的分割而是一种连续发展的认识过程。条件反射是一种神经冲动,要引起冲动必须有一定的刺激信息量。对于定向运动来说,每次比赛的场地都不相同,总是在新的信息刺激下比赛,在比赛中对新信息的处理能力是靠平常智能训练长期积累的,但是,当条件反射形成后,而不加以新的刺激,那么机体则不能产生兴奋,也就不能增加地形地图信息量,比如:总是在训练过的熟悉的地形和地图上进行训练,那么训练的结果只是产生抑制,运动员有了一定的智能后又不运用,反射功能也就会消退,失去原有的智力水平,从智力训练方面来说,训练周期是一个长期的过程,如果以年度为一个训练期的话,那么整个年度都要进行智能训练。以此类推,并且要达到一定的强度才能形成技能。

三、从定向运动竞赛的特点构建周期

(一) 定向比赛时间特点

比赛时间、日程是一种人为的因素,但是作为体育比赛来说,每年度的世界性比赛、国家级比赛、省市级比赛都成为一种固定的赛事延续下来,为训练的目的提出了一个奋斗的目标,即怎样合理安排时间训练和比赛。定向比赛的时间大都是在每年的7、8月和11、12月。以2015年的大型国家级赛事为例:7、8月为全国定向锦标赛和全国学生定向锦标赛事,11、12月为全国定向冠军赛和全国学生定向精英赛,中间还穿插一部分定向城市系列赛,比赛日程时间大约为一周。

(二) 竞赛时间特点构建

研究表明,国内外近十多年来,真正高水平运动员的名字只出现在世界锦标赛、洲际比赛或奥运会的金牌榜上,这说明许多国家高水平运动员只是把频繁的比赛纳入训练的范畴,以赛代练,在全年仅突出一至两次重大比赛。比赛期与非比赛期交替存在,本身就说明训练是有周期性的。

第九章　定向越野中体能训练的控制

第一节　定向越野运动前的热身活动

　　定向越野运动准备活动的内容，一般有快走、慢跑以及原地连续性徒手体操等全身性活动形式。在开始运动前，首先应进行身体全面的、一般性的准备活动，如身体自上而下的各关节活动，包括环绕、拉韧带等。这些活动能使四肢关节活动度加强，肌肉的黏滞性能降低，有助于一般性运动能力的提高。

　　热身活动的主要目的就在于让身体的各运动器官、内脏器官做好准备，使机体逐步地进入活动状态，并在此基础上通过各种预备练习，进一步提高中枢神经系统的兴奋性，使身体发热，达到适宜的运动水平，同时也可以有效地预防运动创伤的发生，从而达到较好的效果。

　　要进行一些专项准备活动，如起动步法及前后左右各方向的步法跑动练习，还有就是专项的加速跑等。准备活动的量与时间要控制好，不能不动，也不能太猛，应以身体觉得发热、微微出汗为最佳。通常时间一般安排20~40min为宜。准备活动做完后，离比赛开始或锻炼的间歇时间不能过长，否则会失去准备活动的意义。

　　另外，运动后的整理活动也是十分重要的一个环节，运动后就直接休息了，其实这是极不科学的。运动后进行适当的整理活动，可以加速运动过程中代谢产物的清除，加速体力恢复，使身体有一个逐步的过程恢复到正常状态。整理活动的主要内容一般可以进行慢跑或步行，也可以进行一些全身的伸展练习和柔软体操，还可以做一些自我抖动肌肉的放松动作。

　　总之，运动前的准备活动和运动后的整理活动都是参加定向运动十分关键的环节，应该引起大家的注意。

一、放松肌肉练习

用 5~10min 时间来活动你的关节和肌肉，尤其是你感到冷的时候或在车里太久了。动作要慢，控制好动作节奏，身体各个部位要在不同的方向活动多次，直到身体每个关节都舒展开来。

（1）活动踝关节。先按顺时针方向扭动踝关节，然后逆时针方向，接着再换另一只脚。无论你是站着还是坐着都可以练习。

（2）髋部运动。可利用支撑物单腿站立，另一条腿稍抬起，膝关节向内移动，带动髋部先向内旋转，然后向外，尽量加大幅度。做完之后，再换另一条腿做。

（3）背部运动。双脚分开站立，与肩同宽，先向右缓慢扭动上体，然后向左。髋部始终对着身体的前面，脚跟不能离地。两个方向重复旋转。

（4）提踵练习。双脚分开站立，与肩同宽，轮流抬起两脚脚跟，脚尖不能离地，缓慢提高动作速度，直至达到慢跑的速度，保持这个速度 30s。

二、走和慢跑

在此过程中，你要通过走或慢跑来提高心率，增加肌肉供血量，升高体温。如果可能的话，你可以在去赛场的途中做这些准备活动。注意要循序渐进，逐步提高走、跑的速度，在这个阶段里，不可以用比赛的速度来跑。

三、静力性伸展运动

这是比赛前所要进行的最后一部分活动，这应该是养成惯性的运动，不要到最后比赛时才做，时间太短就不能充分做好伸展运动。

伸展运动的目的是伸展肌肉，并消除肌肉紧张。身体必须在充分伸展后，才可以参加比赛，否则会很容易受伤。充分地伸展肌肉可以使你在比赛中减少受伤的风险。在拉伸肌肉的过程中，动作要缓慢，不要过于用力，一般持续 30min。不要时间太长，防止产生疼痛，避免剧烈运动，否则会导致肌肉或关节损伤。

（1）动作要领。在运动前拉伸肌肉可以消除紧张，运动后起到放松的作用。无论你是否运动，都可以尝试着每天做拉伸练习。

（2）小腿拉伸。倾斜靠在支撑物上，前脚离支撑物45cm，后脚向后60cm，后背绷直，向前移动臀部直到感觉小腿有不适感。静止片刻，慢慢回到开始位置。两条腿分别重复练习。

（3）大腿拉伸。两手臂支撑身体重量，左腿向前移动直到膝盖位于脚踝的正上方，后腿膝盖着地。前腿大腿先向前移动并静止片刻，然后慢慢回到开始位置，重复练习。做完之后，再换另一条腿练习。

（4）腿部韧带拉伸。坐在地上，伸出右腿，左腿自然放在右腿旁。右脚踝着地，用两手抓住靠近脚踝部位，以髋部为轴，上体前倾。腿要伸直，直到你感觉到大腿背面被拉长。静止片刻，缓慢回复到开始的位置，之后重复这个动作。完成后，换一条腿练习。腿始终要保持绷直状态。

（5）大腿屈肌群拉伸。单膝跪地，慢慢向前移动髋部，直到感觉大腿背面肌肉被充分拉伸，始终保持前腿膝盖在脚的上方，静止片刻，按这个动作，两腿分别重复练习。

（6）股四头肌拉伸。单腿站立，另一条腿弯曲，并用手抓住脚踝，身体不要前倾，脚贴近臀部。保持膝盖正直，不要歪向一边。做完之后，换另一条腿重复练习。

第二节　定向越野体能训练的恢复措施

恢复是定向越野体能训练中不可分割的一部分，运动后的恢复与训练中的负荷有同等重要的作用。没有负荷就没有疲劳，没有疲劳就没有训练，没有恢复也就没有提高。

一、训练课上的恢复

这种恢复手段，在现代运动训练中，已引起重视，它是传统的训练后的恢复手段，能及时消除高强度负荷给肌肉系统带来的逆转变化，迅速恢复肌肉系统内正常的pH和其他生化值的正常范围。

从理论上分析：肌肉的各种生理机能并不是在肌肉高强度训练后立刻恢复的，在课上做一些整理活动也是非常必要的。整理活动通常以做一些肌肉放松、抖动、伸展和拉长为主的练习，时间一般以 10～15min 为宜。

(一) 肌肉放松运动

在定向越野训练过程中，肌肉疲劳是不可避免的。肌肉放松运动可以有效地帮助运动员在训练课后恢复肌肉紧张、提高肌肉的灵活性，从而减轻疲劳感。肌肉放松运动主要包括拉伸练习、全身肌肉拉伸、臀部拉伸等。这些运动可以缓解肌肉紧张，增强血液循环，帮助身体更好地恢复。

(二) 伸展练习

伸展练习在定向越野体能训练恢复中也非常重要。伸展可以帮助运动员提高身体的柔韧性，减少肌肉疲劳和疼痛，同时还可以提高身体的灵活性和协调性。伸展练习包括各种形式的伸展运动，如瑜伽、普拉提等。这些运动可以帮助运动员在训练后更好地恢复身体，提高身体的柔韧性，减少肌肉疲劳和疼痛。

实验证明：做整理活动比不做整理活动血乳酸的消除较快，乳酸消除的半时反应仅为 11min，即 11min 乳酸就可消除一半。而不做整理活动，完全休息时乳酸消除的半时反应需要 25min。所以，课上的整理活动是消除血乳酸的重要且有效的手段之一。

二、课后的全面恢复

根据定向越野体能训练和比赛的特点，运动员的恢复应是全面的、系统的。定向越野体能训练是大负荷、高强度的运动项目，因此，训练后对肌肉系统的恢复有着重要的意义。

(一) 恢复手段

1. 温水浴

温水浴有助于加速血液循环，提高新陈代谢，从而有助于消除疲劳，恢复体力。在进行温水浴时，应选择水温适中的浴池，避免水温过高或过低。时间不宜过长，一般以 10～15min 为宜，以免影响后续训练。

2. 推拿按摩

推拿按摩能够促进肌肉放松，加速乳酸代谢，从而缓解肌肉酸痛，促进身体恢复。在进行推拿按摩时，可由专业教练或康复师进行操作，确保按摩技巧和力度得当。

（二）心血管系统的恢复

1. 负氧离子

负氧离子被誉为"空气维生素"，具有改善心血管系统、降低血压、放松肌肉等作用。在户外进行定向越野时，可利用天然负氧离子环境进行恢复。同时，也可以通过使用空气净化器、氧吧等设备创造有利于恢复的环境。

2. 气功放松

气功放松有助于调整呼吸、放松肌肉，进而达到恢复体力的目的。在进行气功放松时，可参考定向越野相关气功教程，逐步进行深呼吸、肌肉放松等动作。同时，可在训练后适当延长气功放松的时间，以更好地促进心血管系统的恢复。

3. 中药

中药具有调理身体、促进血液循环、消除疲劳等作用。在定向越野训练后，可适当使用中药进行调理，如人参、黄芪、枸杞等。但需注意，中药使用需在专业医师指导下进行，以免出现不良反应。

（三）心理恢复

在定向越野训练中，运动员不仅需要面对身体上的挑战，还需要面对心理上的压力。在训练结束后，进行适当的心理恢复是非常必要的。以下是一些心理恢复的方法。

（1）放松训练。通过深呼吸、冥想等放松训练，可以帮助运动员缓解紧张情绪，减轻心理压力。

（2）积极沟通。与队友或教练进行积极的沟通，分享训练中的经验和感受，有助于缓解焦虑情绪，增强自信心。

（3）培养兴趣爱好。在训练之余，培养一些兴趣爱好，如阅读、听音乐等，有助于放松心情，减轻心理压力。

(四) 科学膳食

科学膳食是体能恢复的重要环节。在定向越野训练结束后，运动员需要及时补充能量和营养素，以促进身体的恢复。以下是一些科学膳食的建议。

(1) 高蛋白食物。在训练结束后，及时补充高蛋白食物，如鸡胸肉、鱼、鸡蛋等，有助于恢复肌肉纤维。

(2) 碳水化合物。摄入适量的碳水化合物可以提供持久的能量，帮助运动员在接下来的活动中保持精力充沛。可以选择一些低 GI（升糖指数）的食物，如糙米、全麦面包等。

(3) 富含维生素和矿物质的蔬果。蔬果富含多种维生素和矿物质，有助于提高免疫力和促进身体恢复。建议在训练后适当多吃一些。

(4) 饮水量充足。在运动后，及时补充水分，有助于消除疲劳和预防脱水。建议饮用纯净水或电解质水。

定向越野体能训练的恢复措施包括课上与课后的全面恢复，在实施上述恢复措施时，应结合个人身体状况和运动水平，合理安排时间和强度，以取得最佳的恢复效果。

第三节 运动素质的转移

一、运动素质转移的定义

在定向越野这项运动中，体能训练的控制是至关重要的。运动素质的转移是指一种运动素质的提高对另一种运动素质的影响。在定向越野中，良好的运动素质转移可以提升运动员的整体表现，而不良的转移则可能导致运动员在比赛中的失败。

二、运动素质转移的分类

(1) 良好转移与不良转移。一方面，一种素质的提升可能对另一种素质产生积极的影响，这就是良好的素质转移。例如，良好的心肺功能可能使运动员在长时间的比赛中保持充沛的体力。另一方面，一种素质的提升如果对另一种素质产生负面影响，那就是不良的素质转移。比如，过度依赖速度而忽视耐力，可能会导致在长距离比赛中速度下降。

（2）直接转移与间接转移。直接转移是指一种素质的提高直接影响到另一种素质，例如，力量训练可能直接提高运动员的肌肉力量，从而提高他们的移动速度；而间接转移则是指一种素质的提高通过其他因素间接影响到另一种素质，例如，良好的心肺功能可能使运动员在训练和比赛中保持更高的专注力。

（3）单一转移与相互转移。单一转移是指一种素质的提高只影响到一种特定的素质，如力量训练只提高肌肉力量；而相互转移则是指多种素质之间的影响，例如，力量训练可以提高肌肉力量和耐力，使运动员在比赛中更具优势。

定向越野中的体能训练需要针对运动员的具体情况制订训练计划，以确保运动素质的有效转移。这需要教练员和运动员对各项运动素质有深入的理解，以及对其在比赛中的影响有清晰的认识。同时，良好的营养和恢复也是保证运动素质转移的重要因素。

三、运动素质之间相互转移和干扰的原因

定向越野是一项需要良好体能和运动素质的运动，而体能训练对于提高运动表现和竞赛成绩至关重要。然而，在定向越野的训练中，有时会出现体能训练、运动素质之间相互转移和干扰的情况，导致训练效果不佳。本节将探讨这些原因以及如何解决这些问题。

(一) 各种运动素质联系搭配不合理

在定向越野中，良好的体能和运动素质是至关重要的，包括力量、速度、耐力、灵敏性和协调性等。然而，如果在训练中不能合理地联系和搭配这些素质，就会导致体能训练的效果不佳。例如，过多的力量训练可能导致速度和灵敏性下降，而过少的耐力训练则可能导致在长距离比赛中无法坚持到最后。因此，在训练中需要注重各种素质的联系和搭配，以达到最佳的训练效果。

(二) 不能根据专项与对象特点，有针对性地发展运动素质

定向越野是一项需要快速判断方向、识别地图和寻找目标点的运动，因此需要具备相应的视觉、空间感知和方向感等运动素质。如果在训练中不能根据专项特点有针对性地发展这些运动素质，就会导致训练效果不佳。例如，过多的力量训练可能对视觉和空间感知的改善作用有限，而忽视协调性和灵敏性的训练则可能导致在判断方向时出现失误。因此，需要根据专项特点和发展对象的特点，有针对性地发展运动素质，以提高训练效果。

(三) 不能依据训练水平的不合理安排

训练水平的不同对体能和运动素质的要求也不同。在初级阶段，重点应该放在基础体能和运动素质的训练上；而在高级阶段，则需要注重提高专项技能和战术水平。如果在训练中不能根据训练水平合理安排训练内容和方法，就会导致体能和运动素质的训练效果不佳。因此，需要根据训练水平的安排，制订合理的训练计划，以提高训练效果。

(四) 未能合理分析素质练习的动作结构

体能和运动素质的训练需要注重动作结构的分析。不同的动作结构会对体能和运动素质产生不同的影响。例如，跑步动作的结构会影响步幅、步频和呼吸节奏等。如果在训练中未能合理分析动作结构，就会导致训练效果不佳。因此，在体能和运动素质的训练中需要注重动作结构的分析，以促进训练效果的改善。

综上所述，定向越野中体能训练运动素质之间相互转移和干扰的原因包括各种运动素质联系搭配不合理、不能根据专项与对象特点有针对性地发展运动素质、不能依据训练水平的不合理安排以及未能合理分析素质练习的动作结构等。为了解决这些问题，我们需要注重各种素质的联系和搭配，根据专项特点和发展对象的特点有针对性地发展运动素质，根据训练水平制订合理的训练计划，并注重动作结构的分析。通过这些措施，我们可以提高定向越野的训练效果，促进运动员的体能和运动素质的提高。

四、加速运动素质转移的主要方法

在定向越野中,运动员的体能训练是非常关键的。为了提高运动素质,加速运动素质的转移,我们需要采取一些科学的方法。本节将围绕定向越野中体能训练中加速运动素质转移的方法展开讨论,包括科学选择训练手段;合理安排各种素质的练习顺序;结合专项特点和个人需要,有针对性地发展必要的素质;抓紧各项运动素质的敏感期等方面。

(一) 科学选择训练手段

在体能训练中,我们需要根据运动员的个人特点和身体状况,选择适合的训练手段。训练手段应该具有多样性,包括有氧耐力训练、肌肉力量训练、肌肉耐力训练、柔韧性训练和协调性训练等。此外,训练手段还需要注重针对性和有效性,根据专项特点和个人需要,制订有针对性的训练计划。

(二) 合理安排各种素质的练习顺序

在体能训练中,我们需要注重各种素质的练习顺序。一般而言,应先进行有氧耐力和肌肉力量的训练,再进行肌肉耐力和柔韧性的训练,最后进行协调性的训练。这种练习顺序有助于运动员更好地掌握运动技能和提高运动成绩。

(三) 结合专项特点和个人需要,有针对性地发展必要的素质

定向越野是一项综合性很强的运动项目,需要运动员具备多种素质。因此,在体能训练中,我们需要结合专项特点和个人需要,有针对性地发展必要的素质。例如,我们需要加强运动员的步幅、步频、肌肉耐力、肌肉力量和协调能力等方面的训练,以适应定向越野比赛的要求。

(四) 抓紧各项运动素质的敏感期,为加速各项素质的转移打下良好的基础

运动素质的敏感期是指在这个时期发展某一特定素质的效果最好。在体能训练中,我们需要抓紧各项运动素质的敏感期进行训练,以加速各项素质的转移。例如,在儿童和青少年时期是发展柔韧性和协调性的敏感期,在

这个时期进行有针对性的训练可以取得事半功倍的效果。此外，我们还需要注意身体素质的均衡发展，避免过度依赖某一项素质而忽略了其他素质的训练。

第四节　定向越野体能训练中的心理调节

一、定向越野对心理的要求

(一) 情绪稳定

情绪稳定是人们进入最佳心理状态的重要因素。它能使参与者进入沉着、冷静、勇于拼搏的状态，良好的心理状态使参与者对参与定向越野充满信心，精力充沛，斗志旺盛，肌肉力量和应变能力强；相反，焦虑情绪则使参与者产生烦躁、紧张、犹豫不决等不良的心理状态，降低人们对参与定向运动的期望。

(二) 注意力集中

在参与比赛的过程中，运动者要不停地观看地图，选择路线并控制行进方向与选择路线的一一对应，而且还会受到其他参与者或观众的影响，因而集中注意力对于定向运动参与者是非常重要的。

(三) 坚强的毅力

完成定向越野的比赛需要一定的体能，有时需要头顶烈日，有时需要顶风冒雨。在这种情况下，没有坚强的毅力是很难完成定向比赛的。

美国学者格鲁伯曾经说过：对初、中级运动员来说，80%是生物力学因素，20%是心理因素；对于高级运动员来说则相反，80%是心理因素，20%是生物力学因素。因而如果要成为一名高水平的运动员，除具备情绪稳定、注意力集中和坚强的毅力外，还应具备强烈的参与训练和比赛的热情以及合理比赛的目标。

二、定向越野体能训练中部分常见心理障碍

（一）训练前应激焦虑

应激与焦虑是运动群体中普遍存在的情绪反应，心理学领域和运动训练学都对此做了大量研究。它是心理和生理反应的综合。

应激焦虑是指个体在面对某种具有挑战性的任务或情境时产生的一种紧张、恐惧的情绪状态。定向越野体能训练中的应激焦虑，是指在准备进行定向越野比赛前，运动员由于对比赛结果的担忧、对自身能力的怀疑以及对未知环境的恐惧而产生的焦虑情绪。这种焦虑情绪会影响运动员的比赛表现和竞技状态。

训练前焦虑是因为训练压力而引起的一种心理障碍，一旦产生训练前焦虑情绪，容易引起紧张、不安、恐惧等复合情绪障碍，还伴有全身不适和消化系统功能失调症状，导致训练时的灵活性以及思维敏捷性都受到限制，影响正常的训练计划，不能达到预期的训练效果。

（二）心理疲劳

定向越野是对心理和身体的双重挑战，它要求定向越野选手在训练和比赛中要全身心地投入、注意力高度集中，从而使神经始终处于高度紧张状态，一场比赛下来，选手都身心疲惫；长期高强度的体能训练、繁重的读图任务、各种定向技能的训练……很容易引起选手的心理疲劳。同其他项目比，定向越野更强调空间记忆、视觉搜索、方向判断等脑力活动，所以更容易引起脑力疲劳或心理疲劳，其中心理疲劳所占的比重比其他项目也要大得多。

三、定向越野体能训练中部分常见心理障碍的产生原因

（一）训练前应激焦虑的成因

定向越野是一项极具挑战性的运动，它要求运动员在复杂的地图和环境中寻找标记点并完成相应的任务。在训练过程中，运动员可能会面临各种挑战和困难，从而导致应激焦虑的产生。本节将从外因和内因两个方面来探

讨定向越野体能训练中训练前应激焦虑的原因。

1. 外因

（1）环境因素。定向越野通常在森林、山地、荒野等复杂环境中进行，这些环境中的不确定性和未知因素可能会引发运动员的应激焦虑。运动员可能会担心迷路、找不到标记点或完成任务的时间不够，这些担忧会导致他们感到紧张和不安。

（2）竞争压力。在定向越野比赛中，运动员通常会面临其他参赛者的竞争压力。他们需要与其他选手竞争以获得更好的成绩，这种竞争压力可能会导致运动员产生应激焦虑。

（3）生理和心理负荷。长时间的高强度训练可能会对运动员的生理和心理造成一定负担，这种负荷可能会导致运动员产生应激焦虑。此外，过度的训练还可能导致身体疲劳和精神压力，从而影响运动员的表现。

2. 内因

（1）个体差异。不同运动员的身体素质、心理素质和应对压力的能力存在差异。一些运动员可能更容易受到外界因素的影响，从而导致应激焦虑的产生。

（2）自信心不足。一些运动员可能在训练初期缺乏自信，担心自己的表现不佳或无法完成任务。这种自信心不足可能会导致他们感到不安和焦虑。

（3）目标设定过高。如果运动员设定的目标过高，超过了他们的实际能力范围，可能会导致他们感到压力和焦虑。过高的目标可能会使他们过于关注结果，而忽视了过程中的挑战和成长。

综上所述，定向越野体能训练中训练前的应激焦虑主要是由外因和内因两个方面引起的。环境因素、竞争压力、生理和心理负荷等外因可能会对运动员产生负面影响，而个体差异、自信心不足、目标设定过高等内因也可能会影响运动员的表现。为了减少应激焦虑对运动员的影响，教练员和运动员应该采取相应的措施，如合理安排训练计划、加强心理辅导、提高自信心等。同时，运动员也应该学会调整自己的心态，积极面对挑战和困难，不断提高自己的心理素质和应对压力的能力。

（二）心理疲劳的成因

定向越野是一项需要高度心理和身体投入的运动，同时也是一项需要

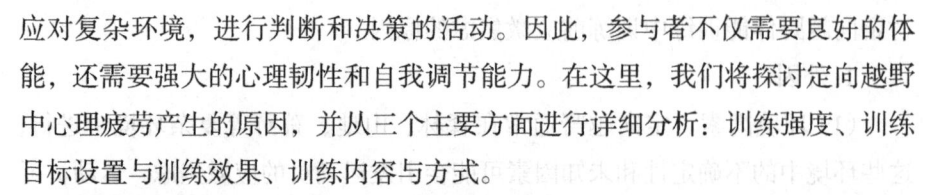

应对复杂环境,进行判断和决策的活动。因此,参与者不仅需要良好的体能,还需要强大的心理韧性和自我调节能力。在这里,我们将探讨定向越野中心理疲劳产生的原因,并从三个主要方面进行详细分析:训练强度、训练目标设置与训练效果、训练内容与方式。

1. 训练强度

训练强度是影响心理疲劳的重要因素之一。在定向越野中,训练强度通常通过训练的难度、持续时间和负荷量来衡量。高强度的训练会带来身体和心理的压力,使参与者感到疲劳和紧张。过度的训练会导致身体疲劳、肌肉酸痛和心理压力增大,从而引发心理疲劳。因此,适当的训练强度是保持心理健康的关键。

2. 训练目标设置与训练效果

训练目标设置不当可能导致心理疲劳的产生。如果训练目标过于简单或过于困难,参与者可能会感到缺乏挑战或过度挑战,从而产生心理疲劳。此外,如果训练效果不明显或进展缓慢,参与者可能会感到沮丧和失落,进一步加剧心理疲劳。因此,合理的目标设置和有效的反馈机制是保持心理健康的重要因素。

3. 训练内容与方式

训练内容与方式的选择也会影响心理疲劳的产生。定向越野的训练内容通常包括地图阅读、方向判断、路线选择等技能训练,以及团队协作、决策制定等心理能力的训练。在训练过程中,如果缺乏多样化的训练内容和方法,参与者可能会感到单调和乏味,从而产生心理疲劳。此外,过于依赖机械记忆和模仿的训练方式也容易导致参与者缺乏独立思考和创新的能力,进一步加剧心理疲劳。

四、定向越野体能训练中部分常见心理障碍的预防及克服措施

(一)焦虑的调节

在定向越野运动中,运动员不仅需要具备优秀的体能和技能,还需要应对疲劳和心理焦虑等挑战。这些挑战可能会导致运动员在比赛中表现不佳,因此,了解并掌握一些有效的调节方法至关重要。

训练前应激焦虑的调节方法如下。

（1）充足的休息与睡眠。运动员在训练前需要保证充足的休息和睡眠，以恢复体力和精神状态。缺乏足够的休息会导致身体疲劳、注意力不集中，进而增加应激焦虑的产生。

（2）积极的心理暗示。在训练前，运动员可以通过积极的心理暗示来调整心态，例如，自我鼓励、想象成功的场景等。这些暗示可以帮助运动员树立信心，提高应对挑战的能力。

（3）呼吸调节。呼吸是调节情绪的重要方式之一。在训练前，运动员可以通过深呼吸、缓慢呼吸等方法来放松身心，减少紧张感。

（4）肌肉放松。通过肌肉放松，可以减轻身体紧张和焦虑感。运动员可以通过冥想、瑜伽等放松技巧来达到这一目的。

（5）团队支持。良好的团队氛围可以减轻个体运动员的焦虑感。团队成员之间的鼓励、支持和交流可以帮助运动员更好地应对训练前的压力。

（6）制定合理的目标。运动员应根据自身能力和实际情况制定合理的训练目标，避免过度追求不切实际的目标而产生不必要的压力。

在定向越野体能训练中，训练前应激焦虑的调节对于提高运动员的表现和稳定性至关重要。通过充足的休息与睡眠、积极的心理暗示、呼吸调节、肌肉放松、团队支持和制定合理的目标等方法，可以帮助运动员更好地应对这一挑战。实践案例表明，这些方法在实践中具有可行性和有效性。希望本节的内容能够帮助更多的定向越野运动员在训练前更好地调节应激焦虑，提高竞技水平。

在实际应用中，运动员可以根据自己的情况和需求选择合适的方法。同时，教练和心理专家也可以提供支持和指导，帮助运动员更好地应对疲劳心理焦虑。此外，建立良好的团队氛围和保持积极的心态也非常重要，可以激发运动员的斗志和动力，让他们更加自信地面对比赛。

总之，了解并掌握上述调节方法对于提高定向越野运动的水平具有重要意义。通过合理的应用这些方法，运动员可以在比赛中更好地应对疲劳心理焦虑，提高自信心和表现水平，取得更好的成绩。

（二）心理疲劳的预防

定向越野运动是一项极具挑战性和刺激性的运动，但同时也可能带来一定的疲劳和心理压力。在参与这项运动时，如何预防疲劳心理，保持最佳状态，是每个参与者都需要关注的问题。本节将从三个方面探讨定向越野运动中疲劳心理的预防：训练目标的合理化、训练方式的多样化以及训练过程的循序渐进。

1. 训练目标的合理化

合理的训练目标对于预防疲劳心理至关重要。首先，目标应该明确、具体，避免过于追求难度和速度，导致身体和心理的过度疲劳。其次，目标应该根据个人能力进行设定，避免过高或过低的目标导致心理压力和挫败感。最后，目标的设定应该具有阶段性，根据训练进度进行调整，逐步提高难度和强度，使身体和心理逐渐适应。

2. 训练方式的多样化

单一的训练方式容易使身体和心理产生疲劳感，因此，多样化的训练方式是预防疲劳心理的重要手段。在定向越野运动中，可以采用多种训练方式，如山地跑、越野跑、爬山、游泳等，这些多样化的训练方式可以促进身体各部位肌肉的协调发展，提高身体的耐力和灵活性。同时，多样化的训练方式也可以增加运动的乐趣和新鲜感，减少心理疲劳的产生。

3. 训练过程的循序渐进

在定向越野运动中，训练过程的循序渐进也是预防疲劳心理的关键。一开始，应该从简单的路线开始训练，逐渐增加难度和距离。在训练过程中，要注意身体的反应和疲劳程度，适时调整训练强度和时间。如果感到身体疲劳或心理压力过大，应该及时停止训练，进行适当的休息和调整。通过循序渐进的训练过程，可以逐渐提高身体的适应能力和心理素质，减少疲劳心理的产生。

除以上三个方面的预防措施外，还可以采取以下策略来进一步降低疲劳心理的影响。

（1）保持良好的生活习惯。保持充足的睡眠、合理的饮食和适量的运动，可以提高身体的免疫力和恢复能力，减少疲劳的发生。

（2）适当的放松和调整。在训练过程中，适时进行放松和调整，如深呼吸、冥想、按摩等，可以帮助缓解身体和心理的压力，提高训练效果。

（3）保持积极的心态。保持乐观、积极的心态，避免过度焦虑和紧张，可以提高身体的应对能力和心理的抵抗力，减少疲劳心理的产生。

总之，定向越野运动中疲劳心理的预防需要从多个方面入手，包括合理的训练目标、多样化的训练方式以及循序渐进的训练过程。同时，保持良好的生活习惯、适当的放松和调整以及保持积极的心态也是降低疲劳心理的重要策略。通过这些措施的综合运用，可以有效地提高定向越野运动的训练效果和心理素质，享受运动的乐趣和挑战。

(三) 心理疲劳的恢复

在定向越野运动中，运动员往往会经历高强度的体能消耗和心理压力，疲劳心理是在所难免的。消除疲劳心理是提升运动员表现和提升体能的重要一环。

1. 迁移与替代训练

对于已经产生心理疲劳的队员，要及时减少训练量，降低训练强度，甚至立即中断训练进行恢复修整。中断训练不是意味着在这个时期什么都不做，只是简单地被动休息。而是应该主动地用其他方式，特别是自己最喜欢的、最感兴趣的方式进行相关心理能力的训练，即替代训练。

2. 心理恢复放松训练

心理放松是通过语言暗示诱导集中注意力、调节呼吸，使肌肉充分放松，从而调节中枢神经系统兴奋性的一种方法。在实际的训练和比赛中心理放松训练具有明显的消除心理疲劳的效果。

放松训练主要有五大类型：静默、生物反馈辅助下的放松、自生训练、自我催眠、渐进性肌肉放松。其中渐进性肌肉放松训练是最常用的一种放松训练类型。

（1）静默

静默是一种简单但有效的放松方法。在进行静默训练时，运动员需要闭上眼睛，集中注意力在呼吸上，并逐渐降低心率和血压。这可以帮助运动员放松身体和心灵，减少焦虑和紧张。以下是一些步骤。

①找到一个安静的地方,避免干扰。

②闭上眼睛,慢慢深呼吸,将注意力集中在呼吸上。

③逐渐放慢呼吸,将注意力转移到身体的感觉上。

④保持身体舒适放松,不要试图控制任何想法或情绪。

⑤持续几分钟后,慢慢睁开眼睛,继续进行其他活动。

(2) 生物反馈辅助下的放松

生物反馈辅助下的放松是一种更复杂但效果更好的放松方法。这种方法需要使用生物反馈设备,如心率监测器、皮肤电阻器或温度传感器等,来实时监测运动员的身体状态。在放松的过程中,运动员通过学习和调整自己的身体反应,从而达到更好的放松效果。以下是一些步骤。

①准备好生物反馈设备,并连接到运动器材上。

②开始进行放松训练,如深呼吸和想象放松场景等。

③观察身体反应,如心率、血压和皮肤电阻等的变化。

④根据反馈信息调整呼吸和身体姿势,以达到更好的放松效果。

⑤逐渐增加放松的深度和持续时间,直到达到最佳状态。

无论选择哪种放松方法,都要注意保持舒适和放松,不要让肌肉紧绷或情绪紧张。此外,还应该确保运动量和强度适合自己,以避免过度疲劳和身体损伤。在进行放松训练之前,运动员也可以考虑进行适当的热身运动,以提高身体的灵活性和耐力。

(3) 自生训练

自生训练是一种通过自我暗示来达到放松身心的训练方法。在定向越野运动中,当运动员感到疲劳时,可以通过自我暗示来调整自己的呼吸和思维,使身体和心理得到放松。具体方法如下。

①找一个安静的地方,关掉电视和手机,让身体舒适放松。

②闭上眼睛,深呼吸,将注意力集中在呼吸上,感受气息在鼻腔和胸腔中的流动。

③逐渐放松身体各部位,尤其是紧张的肌肉,保持呼吸均匀顺畅。

④开始对自己进行积极的心理暗示,如"我已经很累了,但是我会坚持下去""我会战胜困难,取得胜利"等。

⑤持续进行自生训练,直到身体和心理得到充分的放松和恢复。

(4) 自我催眠

自我催眠是一种通过一定的技术（如渐进性肌肉松弛、深呼吸、自我暗示等）使自己进入催眠状态，并利用这种状态来放松身心的方法。在定向越野运动中，自我催眠可以帮助运动员缓解疲劳，增强自信心，提高应对困难的能力。具体方法如下。

①选择一个安静的环境，将电视和手机关掉，尽量让身体达到最舒适放松的状态。

②让自己身体放松，深呼吸，想象自己处于一个轻松愉悦的环境中。

③逐渐进入催眠状态，集中注意力在呼吸上，感受气息在鼻腔和胸腔中的流动。

④开始对自己进行积极的心理暗示，如"我能够应对任何困难""我会取得胜利"等。

⑤在催眠状态下保持身体和心理的放松，直到恢复精力。

在进行自我催眠时，建议使用一些专业的催眠音频或视频来引导自己进入催眠状态，并确保自己在催眠状态下保持意识清醒，避免出现不良反应。

(5) 渐进性肌肉放松训练

渐进性肌肉放松训练是一种通过逐渐减少肌肉紧张来帮助放松身体的技巧。这种方法可以帮助运动员在疲劳状态下迅速恢复体能，提高运动表现。以下是进行渐进性肌肉放松训练的步骤。

①准备工作。找一个安静的地方，让身体舒适放松，慢慢闭上眼睛。

②开始紧张肌肉。从脚趾开始，逐渐向上紧张每个肌肉群，然后放松。这个过程应重复多次。

③逐渐放松。从腿部肌肉开始，逐渐向上至躯干、颈部和脸部，都按照上述紧张－放松模式进行。

④实际应用。在每次定向越野训练之后，进行几分钟的渐进性肌肉放松训练，可以帮助运动员加速恢复体能，提高运动表现。

在定向越野运动中，运动员可能会遇到各种挑战和压力，通过上述的心理放松训练，可以有效地缓解疲劳心理，增强自信心，提高运动表现，提高应对困难的能力，从而更好地完成定向越野运动。同时，这些方法也可以在日常训练中反复练习，形成习惯，有助于运动员在关键时刻发挥出最佳水平。

第十章 定向运动技能、心理与战术训练

第一节 定向运动的技能训练

一、地图的使用

(一) 读图

读图是将二维的平面地图通过心理过程在大脑中视觉化，形成立体的三维实际地形，并与实地进行对照的认知过程。一个优秀的定向人必须首先是一个优秀的读图者。因此，对定向爱好者来说，迅速、准确的读图技能是最基本的定向技能。为了学习上的方便，我们将读图技能分为动作技能和认知技能两个方面。

读图的动作技能包括折叠地图、拇指辅行、标定地图和确定前进方位，它们是正确读图的基础。所有定向人都必须熟练掌握这些技能，并且最好能达到自动化的水平。但是读图动作技能的练习与读图的认知技能的练习常常是同步进行的，只是不同的阶段侧重点不同而已。通常先以动作技能练习为主，然后动作技能和认知技能练习并重，当动作技能达到熟练水平甚至自动化水平时，则以认知技能的练习为主。

按读图时的运动状态可将读图分为静止站立读图和运动中读图。读图练习应从静止站立开始逐步过渡到运动中读图。而在运动中读图首先要使读图的动作技能达到熟练水平，为了避免因地形和地图符号对动作技能的影响，最初的练习应该安排在线状特征较多并且比较简单的地形中进行。

(二) 标定地图

标定地图就是使地图跟实地保持一致，它是定向运动的基本技能之一。标定地图的方法有多种。

1. 概略标定

若已知实地方位和站立点的图上位置，只要将地图正置，使地图上方（磁北方向）与实地北方向保持一致，地图即标定。

2. 指北针标定

使指北针的北方向与地图北方向保持一致，地图即标定。若以磁北针方向与地图北方标定地图时，要求图、地对应更精确，可对照周围地形，正置地图，使图、地的地貌、地物相对应即可。

指北针标定地图第一步：用指北针的长尺边相切于磁北方向线，并使指北针的前进方向箭头指向地图北方。指北针标定地图第二步：转动身体或转动地图，使指北针磁针的北端（红色的一端）与地图的磁北方向线一致。

3. 明显地貌、地物点标定

地貌、地物的点标定实际上就是借助特征较为特殊的地貌作为参考，形成的一种特殊参照点标定地图。在一些特征较为显著的地貌或者地物环境中有很好的应用潜力。山谷、山头等就是常用的地貌参照点，常用的地物参照点有高塔、亭子、桥梁等。

在明确实地站点的地图位置后，才能使用地貌、地物的参照点标定地图，否则无法达到良好的方向指示效果。因为在地图中，相似地貌和地物有很多，只有精准找到目标地物和地点在地图上的经纬度，确定唯一的位置点，才能够实现方向指示目的。首先，需要查找地图的准确点，完成之后，选择有明显特征的地点或地物，确定为参照点；接着对地图进行水平转动处理，把地图上与参照点相似的地点或者地物连成线，确保站点位置和地图位置保持一致，就可以成功在地图上标定位置。

4. 地貌、地物的线标定

地貌、地物的线标定指代的是选定线状地貌或地点的突出特征，以此作为参照物，制作的一种特殊地图。山脊、分水线等都属于线状特征较为明显的地貌参照物，可以在实际选定的过程中，根据实际情况灵活选择。

线状地貌、地物的参照物标定地图的作用想要得到发挥，就必须满足一定的条件，需要在地图上找到参照地貌的准确位置。具体操作过程中，需要确保地图和实地地貌或地形的具体方向相符，满足走向平行或者重合的条件。除此之外，如果涉及一些特殊符号，也需要保证地图和两者实地地貌、地物高度契合。

5.利用明显面状地物标定

借助明显面状地物标定制作地图的时候，需要确保实地地貌的外形轮廓和地图上一一对应，实现地图和实体地貌和地形的高度重合，就可以达到标定目的。

（三）图地对照，确定站立点和目标点

图地对照主要指代的是，对比地图和实地的地物与地貌，使两者保持一致，找到站立点在地图上的位置后，进行标定即可。目标点的确定需要满足三个条件，分别是目标在地图上的位置，地图对照和确定站立点，三者保持高度一致，通过相互对照，确保地物和地貌在地图和实地完全重合。首先，借助地形，可以快速查找到站立点、目标点的位置；接着根据站立点在地图上标注位置，这样就可以大大提高地图使用的精确度和效率、节约时间。明确地图上的站立点后，需要进一步明确目标点，也能根据目标点来确定站立位置。在实际应用中，应该把重点放在确定站立点上，进而为其他条件的确定提供依据。可以根据实际情况，灵活选择和使用。基础训练操作中，需要严格按照以下流程来执行。

1.先明确站立点，后进行图、地对照

在获取站立点信息的基础上，进行训练。通常情况下，站立点的信息会由教练员提供。第一，在具体展开定向运动模拟训练的过程中，需要教练员提供站立点的信息，这样学员就可以直接在地图上标定站立点。第二，定向运动中，运动员获取站立点信息后，再进行图、地对照。

在第一次进行野外地图和实地对照操作的过程中，需要充分利用站立点的信息，判断附近是否存在一些较为特殊的地形，完成实地和地图的初步对照，在初步对照的时候，精准获取特征较为显著的控制点，比如，山顶、山谷等，这些地形特点较为突出，更容易发现，可以充当良好的参照物。选定控制点后，需要根据实体和地图位置关系，获取实地对应的位置信息，可以节约较多的时间。完成后，还需要对一些细节进行处理，展开细节对照，把实地和地图上的一些细节符号、控制点等进行一一对照，着重放在地貌对照上，会根据等高线、弯曲程度、间距等信息，作出进一步判断分析，需要

反复多次验证、逐一对照来提高精确度。

在对照地形的过程中，需要考虑地图绘制过程中的一些实施原则。一般情况下，如果细节不突出或者重要程度不大的地物，在地图绘制的过程中可能会被省略，在实际对照的过程中，可能无法在地图上标定出来。所以，针对这种情况，不需要过度地花费时间查找。在定向越野训练活动的时候，使用的地图是国家基本地形图，实地和地图上的地貌不会有较大的差异，但是因为很早就已经绘制，使得地物会有较大的波动变化。因此，在地图对照的时候，需要重点落实地貌对照，这样可以大大提高精确度和效率，精准找到方位。

2. 先图地对照，再确定站立点

应该先进行地图对照，再明确站立点。如果不清楚站立点信息的情形下，可以借助地图对照来获取有用信息，把地形作为一个重要的参照，接着进行训练，就可以缩小范围，获得良好的训练效果。对于教练员而言，想要达到良好的训练目标，会隐藏站立点信息，要求运动员根据地图对照的方式，来获取站立点位置，这就能够在短时间内把握大致的方向，避免迷失方向的困境。在实地运动过程中，如果找不到方向，也可以采用这种方法，可以节约时间，快速找到运动方向。

确定站立点的时候，可以优先考虑特征较为突出的地形，再使用综合分析方法，把有助于位置确定的因素考虑在内，就可以获得站立点位置信息。在具体操作的时候，需要首先进行控制对照，把不同的控制点结合起来，根据实体位置信息，借助地图控制对照的方向，来确定控制点在地图上的位置，缩小地图和实体方位信息的差距。如果已经获取了站立点的信息，就可以精准在地图上定位，在控制对照的时候，需要根据位置关系，考虑不同因素可能造成的影响，落实细节的一一对照，先确定站立点附近控制点的地图位置信息，再根据距离等信息，落实细节对照，在地图上标定站立点位置。需要明确的是，在地图应用的过程中，如果地段有一些特征显著的地物，可以按照此种方法确定站立点位置，效果较为显著，也可以节约时间。

二、按方位角行进

(一) 方位角概述

在定向运动中，需要对两点之间的位置间距进行判断。在测算两点水平方向的距离数值的时候，如果方位关系模糊，就缺少相对位置获取的条件。因此，方位关系的明确是找到两点相对位置的重要前提，这也是对方位角概念的陈述。方位角指代的是从起始方位北侧开始，顺时针转到目标方向所在直线位置后，形成的一个夹角。在定向地图绘制的过程中，起始方向较为统一，是磁北对应的方向，这也使得基本上选择使用磁方位角来表示方位角。方位角运用需要满足什么条件，应用过程中，按照什么步骤来执行，这些都是需要明确的问题。我们在大量的训练中，对这些问题给出了一些解释，希望能够为学习者提供参考。

(二) 按方位角行进的应用场合

在实际定向运动过程中，地形起伏不大，可能会有大面积的森林覆盖，特征并不显著。在这样的情况下，很难精准地找到目标位置。在这样的情形下，方位角的应用就显得格外重要，会影响到检查点的搜寻进度和效率。如果对方位角使用不熟悉，可能会发生盲目寻找的问题，造成大量时间被浪费，因此，熟练地掌握和应用方位角有着重要意义，有助于提高找点效率。

在行进途中，通常会遇到多条道路的问题，在这样的情形下，怎样选择正确的道路就很关键，如果无法借助地貌特征来确定方位信息，就可以借助方位角来搜寻目标点。

(三) 按方位角行进的技术要领

在应用方位角的过程中，需要掌握一些技术要领，只有这样，才能够大大提高方位角的使用效率，精准地找到检查点。通过大量的训练结果得知，在定向运动过程中，存在以下技术要领，主要体现在以下几个方面。

1. 方位角要估准

估准方位角很关键，想要达成此目的，可以使用两种方法：第一种，借助指北针来辅助寻找，与量取法结合起来，具体操作步骤：首先，拿出标定地图；其次，把指北针的一端与站立位置水平方向重合，箭头指向前进方向；再次，轻轻旋转分度盘，确保箭头和磁针北端所指方向保持一致；最后，观察指针中心线对应的度数，就可以确定两点之间的磁方位角度大小，再根据站立点的信息，找到目标点的位置。第二种，目估法，就是目测大致的方位，这种方法的使用需要建立在丰富操作经验之上，需要经历大量的训练才可以实现。第二种方法操作更为简单，训练中使用频率较高。

2. 攻击点要选准

攻击点的精准确定很关键。在获得磁方位角信息后，就需要立刻采取措施，对方向进行不断记忆，才能缩短目标点的搜寻时间，达到事半功倍的效果。在路线记忆的过程中，除使用指北针工具外，还可以选择远处特征突出的攻击点来参照。也就是说，攻击点选择是否合理，也会影响到目标点的搜索效率，需要谨慎选择。通常情况下，会倾向于选择特征突出的攻击点，能够直接看到，或者背景开阔等，可以起到更好的参照作用。

如果站立点和目标点的距离较远，借助单一攻击点无法达到目标点的时候，就需要根据距离长短情况，选择多个攻击点，并且实施分段运动的方式。在每段运动的时候，要记忆相对应的攻击点，避免因为记忆出错，导致方位选择不正确，从而偏离了目标点。

3. 点距离要判准

在判断点位距离的时候，要确保判断结果的精确度，才能够更精准地找到目标点。在具体操作过程中，可以按照地图上给定的距离比例尺来估算两点之间的大致距离，在估算的时候，可能会受到实地复杂地形的影响，产生一些误差。所以，实地距离并不是与地图估算的距离完全相等，而是会比地图距离值更大，地图估算的是两点之间的直线距离，但是实际道路可能曲折，比直线距离更长。对于运动员而言，可以根据行进速度和时间进行辅助估算。

4. 路线要走准

精准把握路线很重要，想要缩短时间，就必须找准路线，否则会因为反复寻找路线消耗大量的时间。怎样走准路线很关键，也需要掌握一些技巧和方法。

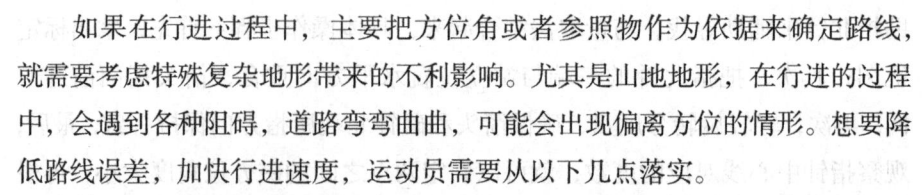

如果在行进过程中，主要把方位角或者参照物作为依据来确定路线，就需要考虑特殊复杂地形带来的不利影响。尤其是山地地形，在行进的过程中，会遇到各种阻碍，道路弯弯曲曲，可能会出现偏离方位的情形。想要降低路线误差，加快行进速度，运动员需要从以下几点落实。

（1）确定好路线。如果在行进的过程中，遇到面积较大的树林地形，地面情况不复杂，可以适当地加快行进速度，选择直线穿越方法来缩短时间。如果想要穿过较大面积的灌木林，无法直接穿越的情况下，可以根据实际地形，绕路前进，避免浪费大量的时间。在行进过程中，路面复杂等级在中等级别，可以考虑运动员自身的条件以及能力，选择行进方式。如果找寻不到合适的路线，感觉自身能力较强的情况下，可以选择硬穿方式；如果越野能力不足，体力达不到要求，就可以选择绕路前进。如果障碍较大，比如，陡崖、水库等，选择绕路前进，优先选择便于通行的路线，途中最好是有一些特征突出的地物来参照。

（2）降低平移误差造成的影响。如果在行进过程中遇到障碍物，选择绕行方案，绕过障碍物后，需要及时调整方位和路线，降低平移误差，缩小和目标点的方位偏差。举例说明，如果先往右绕行100m，绕过障碍物后，还需要向左平移100m的距离，绕行方案的实施，需要记录绕行距离，方便及时做出调整。在训练和比赛中常见的蛇形前进法就属于这种类型。

5. 目标要找准

找准目标很关键，不管是在训练活动中还是正式比赛中，都要求运动员找准目标。一些运动员在训练的过程中，可以精准找到路线，但是越靠近目标点，就越容易出错，经常出现目标点找错的情形。究其原因，首先，运动员自身没有较强的距离感，找点时间较早，加大了误差，导致定位寻找出现失误。如果发生此种情形，运动员需要平静下来，安抚好情绪，不要没有目标地到处搜寻，不要受到负面情绪的影响，而要保持镇定，发现问题，分析问题原因，制定解决方案。根据已经行进的距离，来搜索攻击点，进而确定站立点位置。完成后，重新确定点标方位。其次，为了保障比赛的公正性，会使用到一点多标。相同的范围内存在多个不同的点标，就会出现点标寻找错误的问题。这也对运动员提出了更高的要求，需要具备较强的辨别能力，做好细节工作，反复确认点标代号无误后再打卡。

以上技术要领的掌握对运动员而言很重要，并且需要在大量的训练中得到应用，提高准确率，做到熟能生巧，增强方位角运用能力，即便在复杂的地形中，也能精准地找到目标点。

(四) 训练方法

获取方位角技术要领理论知识后，就需要在实际训练中得到应用，遵循由简到难、反复体会的原则，可以取得良好的应用效果，在实际应用中，涉及两大关键环节：第一，对方位角信息的获取，进一步确定站立点和目标点之间的距离，明确方位关系，选择特征突出的参照地物；第二，根据方位角信息快速寻找到检查点，尽可能地缩短搜寻时间。因此，运动员在训练的时候，可以先进行分解训练，到达理想的效果后，再进行综合训练。做到循序渐进。

1. 基础环节 (分解) 训练

分解训练的主要目的就是让运动员掌握方位角确定方法、距离估算方法，精准找到攻击点，等等。

方法一：布置图上作业，通过地图设计比赛路线，从起点开始，通过不同的参照地物，最终到达检查点。运动员路线设计要在规定的时间内完成。首次设定的时间可以适中，根据训练效果再做出调整，增强运动员的判断反应能力。教练员可以选择其中一种进行讲解，告知技术要领，把正确结果告知运动员，让其自己判断、修正。

方法二：实地训练。根据确定的方位角信息，先估算出两点距离，再选择路线，由教练员统一点评和讲解。

2. 单点可观察训练

单点可观察训练的主要目标是提高运动员方位角获取的精确度。

方法一：

(1) 选择公园等简单林地，圈定 200~300m 的距离范围，设置点标，要求运动员在地图上找到相应的位置，做上标记。

(2) 在出发前，教练员会让运动员单独轮流出发，这样教练员就可以看到不同运动员选择的路线。运动员找到方位角、估算出两点距离，选择好攻击点后，就可以上交地图出发。如果找到了检查点，就返回；如果找不到，也要返回出发点，再次寻找。在这个过程中，教练员会观察评价每个人的表现。

方法二：

(1) 选择环境复杂难度大的地方，设置检查点，并展开训练。

(2) 绕过障碍物后，选定某个起点，每个人单独出发，根据方位角来寻找检查点，教练员观察绕后表现，是否会自动调整方位，保持原方位前进。

3.多点综合性训练

通过多点综合训练，增强运动员按方位找点的综合实力。

具体方法：

(1) 确定训练范围后，设置不同的检查点，每个检查点会提供地图，标注该点和下一检查点的位置。

(2) 从相同的起点出发，先观察出发点到第一检查点的位置地图，接着上交地图，按照自己确定的方位角，估算距离，再按照方位角寻找检查点。到达第一个检查点后，获得地图，再确定方位角、距离和路线，寻找第二个检查点，直到找到所有的检查点。

(3) 训练有一定的难度，操作难度大，时间上没有要求，重点是让运动员反复体验，增强感知，逐渐增强能力。

依据方位角来寻找检查点有一定的技术难度，需要通过大量的训练，把理论和实训结合起来，做到熟能生巧、举一反三，增强定向运动员方位角找点的能力。

三、越野跑技术

掌握越野跑的技术也是决定定向越野成绩优劣的重要因素之一。要想在比赛中既能保持高速度、长距离奔跑，又能避免一切可能发生的危险并取得好成绩，还需要掌握一定的越野跑技能。

(一) 越野跑的特点

定向越野中的越野跑实际上是一种长距离的间歇跑。由于在途中常常需要停下来看图和辨别方向，在崎岖的道路上不可能始终保持均匀的跑速，越野跑总是体现出走、跑、停相交替的间歇跑的特点。在野外环境中的这种

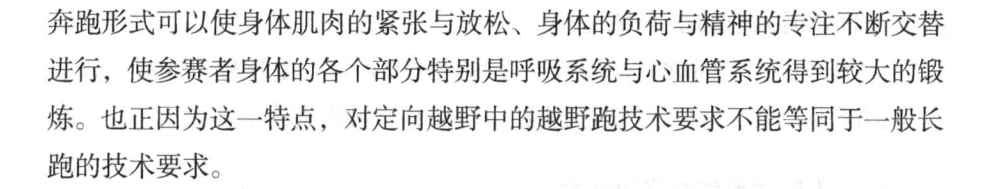

奔跑形式可以使身体肌肉的紧张与放松、身体的负荷与精神的专注不断交替进行，使参赛者身体的各个部分特别是呼吸系统与心血管系统得到较大的锻炼。也正因为这一特点，对定向越野中的越野跑技术要求不能等同于一般长跑的技术要求。

(二) 越野跑的基本要求

1. 基本跑步姿势

上体保持正直或微向前倾，使身体各部分（包括头、颈、躯干、臂、臀、腿、足等）的动作协调配合。善于利用跑步中产生的支撑反作用力和惯性，这一点在山地和丘陵地带尤其重要；运动员应时刻注意调整上体的姿势，使身体保持平稳，从而提高奔跑的速度。

2. 呼吸

最好利用鼻子与半张开的嘴共同呼吸。在野外，风大、尘土多，要学会用舌尖顶住上颚呼吸。呼吸要保持自然、平稳、有节奏。当出现生理"极点"现象时，应及时调整呼吸的频率与深度。

3. 体力分配

可以按选择路段、比赛阶段、自身体能状况的不同确定体力分配。通过运动阶段（运动肌肉紧张）和休息阶段（运动肌肉放松）适时交替的方法，达到既快又节省体力的目的。

4. 行进速度

一般来讲，越野跑的速度不宜过快。过快或在途中加速太猛不仅会影响体力的正常发挥，还会严重影响判断力。当地形有利（如参照物多，道路平坦）时，可适当加速。

5. 行进节奏

行进的节奏要平稳、适宜。节奏过快会降低对周围环境的感知能力，过慢则会影响运动成绩。有节奏的动作可以减少体能的消耗。

6. 距离感

在越野跑中保持一定的距离感是必要的。它不仅可以帮助运动员提高找点的速度，还有利于体力的计划与分配。可以通过测量自己的步长或参考有关数据进行距离感的训练。

7. 间歇时采取的正确方式

一般来说，在间歇时采用放松性的慢跑比走好，走比停下来好，没有特殊情况不要坐。当然，当遇到迷路、迷向时就另当别论了。

(三) 不同地形越野跑的技术

在越野跑时，由于跑的地点和环境在不断地变化，因此跑的技术也要随之变化。下面介绍几种在常见地形上的越野跑技术。

(1) 在沿道路跑时，采用与中、长距离跑基本相同的技术，并尽量注意在路面平坦的地方可采用加速奔跑。

(2) 在过草地时，运动员用全脚掌着地，看清地面，以免陷入坑洼或碰在石头上。

(3) 在上坡时，上体应前倾，大腿应高抬，并用前脚掌着地，小步跑上去。当遇到较陡的斜坡时，可改用走步的方法或用"之"字形跑(走)法，必要时还可用单手或双手辅助攀登。

(4) 在下坡时，上体应稍后倾，并以全脚掌或脚跟着地的方法行进。当遇到较陡的下坡或地面很滑的斜坡时，可改用侧脚掌着地，甚至采用蹲状并用手在体后牵拉草、树、撑地等方法行进，到达下坡的末端时，可顺坡势疾跑至平地。

(5) 从稍高的地方 (1.5m 以下) 往下跳时，可用跨步跳的方法：踏在高处的腿 (支撑腿) 必须弯曲并用力蹬地，另一条腿则向前下方伸出，跳下；两脚着地，并屈膝来缓和冲击的力量。在落地时，两脚应稍微前后分开，以便继续前跑。从很高的地方往下跳时，应设法降低下跳的高差，根据情况采用屈膝深蹲或坐地双手撑跳下或侧身单手撑跳下的方法。在落地时，要两腿用力，屈膝深蹲。

(6) 在穿树林奔跑时，要注意避免被树枝、树叶、藤蔓等刮伤，特别要防止眼睛被树枝戳伤。此时一般都随时用手护住脸部。

(7) 在过障碍物遇到小的沟渠、土坑、矮的灌木丛或倒伏树木时，要增加奔跑速度，大步跨跳而过；落地的同时上体稍向前倾，以保护腰部，便于继续前跑。在通过较宽的沟渠时，可加速跑，采用大跨步跳和跳远的方法越过。在落地时，要防止后倒。遇到大的倒伏树木或其他矮障碍物，可以用踏过它们的方法越过。遇到较高的障碍物，如矮围栏、土墙等，可用正面助跑蹬跳和单手或双手支撑的方法翻越。

（8）在通过独木桥等狭窄悬空的障碍物时，应采取使脚掌外转呈"八"字形的方法。如果这类障碍物很长，就不应跑，而应平稳地走过。

第二节　定向运动的心理训练

定向越野是一项充满挑战和刺激的运动，它不仅需要参与者具备优秀的体能和技能，还需要他们具备良好的心理素质。定向运动员的心理训练是指根据定向运动的特点和运动员心理活动的规律，有目的、有计划地培养运动员在训练和比赛中所需要的心理素质，以及调节心理状态，提高适应比赛的能力，以确保最佳竞技水平的获得和发挥。

一、心理训练的作用

心理训练是定向运动训练的重要组成部分。定向运动是一项体能与智能并重的运动，运动员必须在快速奔跑中思考问题、判断问题和解决问题，所以对定向运动员的心理训练显得特别重要。其主要表现在以下几个方面。

（一）促进运动员心理过程的完善

心理过程是人们心理活动的过程，包括感知、记忆、思维、情感等。在定向越野中，运动员需要快速而准确地感知地形、方向和标志物，同时保持清晰的思维和冷静的判断。心理训练可以帮助运动员提高这些心理过程的效率，使其在比赛中更好地应对各种挑战。

（二）促进运动员个性心理特征的形成与发展

个性心理特征是个体在长期生活实践中形成的独特心理特点。在定向越野中，运动员需要具备勇敢、果断、坚韧不拔等个性心理特征。心理训练可以帮助运动员发展这些特征，提高他们的心理素质和自信心，使其在比赛中表现出色。

(三)促进参加训练和比赛的适宜心理状态的形成

适宜的心理状态对于运动员在比赛中的表现至关重要。心理训练可以帮助运动员形成稳定的情绪，增强他们的意志力和抗压能力，使他们能够在比赛中保持冷静、专注和自信。通过心理训练，运动员可以更好地适应训练和比赛的压力，提高应对挑战的能力。

(四)促进运动员加速消除疲劳

疲劳是运动员在训练和比赛中不可避免的现象。心理训练可以帮助运动员调整身心状态，加速疲劳的消除。通过心理训练，运动员可以学会放松身心、调整呼吸，保持积极的心态，从而更好地应对疲劳，提高恢复能力。

二、定向越野心理训练的内容与方法

(一)定向越野心理训练的作用

定向越野是一种结合了智力与体力的户外运动，它不仅要求参与者具备优秀的体能和技能，还需要良好的心理素质。心理训练在定向越野中起着至关重要的作用，它可以帮助参与者培养优秀的个性特征、培育良好的动机，以及培养认真的态度。

1.培养优秀的个性特征

定向越野是一种极具挑战性的活动，它要求参与者具备独立思考、解决问题的能力，以及良好的团队合作能力。通过定向越野的心理训练，参与者可以培养出以下优秀的个性特征。

(1)独立性。在定向越野中，参与者需要独立思考地图上的标记和方向，这有助于培养他们的独立性和自主性。

(2)解决问题的能力。在面对复杂的地理环境和障碍时，参与者需要学会分析问题、制定策略并解决问题。这有助于提高他们的思维能力和应变能力。

(3)团队合作能力。定向越野通常需要一个团队来完成，参与者需要学会与他人合作、沟通，共同解决问题。这有助于培养他们的团队合作能力和社交能力。

2. 培育良好的动机

定向越野的心理训练还可以帮助参与者培育出积极的动机。通过参与定向越野，参与者可以体验到挑战自我、超越自我的快乐，从而激发他们的内在动力。此外，定向越野还可以培养参与者的竞争意识，使他们更加专注于目标，并愿意为之付出努力。

3. 培养认真的态度

定向越野的心理训练还可以帮助参与者培养出认真的态度。在参与定向越野的过程中，参与者需要仔细阅读地图、标记位置，并注意安全事项。这些要求有助于培养他们的专注力和责任心。此外，参与者在面对复杂的地理环境和障碍时，需要认真思考、制定策略并执行，这有助于培养他们的认真态度和执行力。

综上所述，定向越野心理训练非常重要。它可以帮助参与者培养优秀的个性特征、培育良好的动机，以及培养认真的态度。这些品质和态度不仅对参与定向越野有益，而且对参与者的日常生活和工作也有着积极的影响。因此，我们应该重视定向越野心理训练，并鼓励更多的人参与其中。

(二) 心理训练的内容

定向运动员心理训练的内容，在不同的训练阶段，针对不同的训练对象，应有所区别。总的来说应包括运动员成就动机与必胜信心（理想、信念）；稳定而不断增长的情绪；勇敢顽强战胜困难的意志；出色的专项认知能力（注意、记忆、想象、思维、运动感知觉等）；良好的人际关系与社会适应能力；优良的个性品质等方面的培养和训练。

(三) 心理训练的方法

1. 注意力训练

在定向越野运动中，除对参与者身体素质、技能和技巧有较高的要求外，心理素质也是一个非常重要的因素。特别是在定向越野比赛中，心理状态和注意力水平对比赛结果的影响往往超过我们的想象。因此，在定向越野中，进行适当的心理训练是非常必要的。其中，注意力训练是心理训练中非常重要的一部分。

(1) 注意力训练的重要性

注意力是人们关注并集中精力于某一事物的能力。在定向越野中，良好的注意力可以帮助运动员更好地感知和理解环境，提高决策速度和准确性。同时，它还能帮助运动员在紧张的比赛中保持冷静，避免受到外界干扰，从而使其更好地发挥自己的技能。

(2) 注意力训练的方法

①目标设定。在定向越野前，为运动员设定明确的目标和任务，让他们清楚地知道自己的目的和任务。这样可以帮助运动员保持专注，避免分散注意力。

②渐进式集中法。这种方法是通过逐渐延长专注时间来提高注意力的训练方法。例如，一开始可以尝试专注于呼吸1min，然后逐渐延长到5分钟或更长时间。

③冥想训练。冥想可以帮助运动员放松身心，减轻焦虑和紧张情绪。通过冥想训练，运动员可以更好地控制自己的情绪，保持冷静和专注。

④视觉追踪。通过视觉追踪训练，运动员可以增强对环境的感知能力，提高对地图和地标的识别速度和准确性。这种方法可以通过观察移动的物体或图像来实现。

⑤模拟训练。模拟训练可以帮助运动员适应比赛环境，提高自信心和应对突发情况的应对能力。通过模拟训练，运动员可以更好地了解自己的弱点，并在比赛中加以改进。

(3) 注意事项

①不要过度训练。注意力的训练需要适度，过度训练可能导致注意力下降。因此，要合理安排训练时间和强度。

②避免过度焦虑。在训练过程中，要避免过度焦虑和紧张情绪的产生。可以通过深呼吸、冥想等方式来放松身心。

③与队友保持良好的沟通。在定向越野中，保持良好的沟通可以有效地缓解压力和焦虑情绪。与队友分享信息和建议可以帮助运动员更好地控制自己的情绪和注意力。

综上所述，在定向越野中，注意力训练是非常重要的一部分。通过目

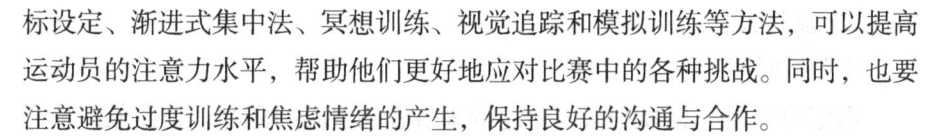

标设定、渐进式集中法、冥想训练、视觉追踪和模拟训练等方法，可以提高运动员的注意力水平，帮助他们更好地应对比赛中的各种挑战。同时，也要注意避免过度训练和焦虑情绪的产生，保持良好的沟通与合作。

2. 表象训练

表象训练是一种心理训练方法，通过在脑海中重复成功的场景，来增强自信，提高表现水平。在定向越野中，表象训练可以帮助运动员更好地应对比赛中的挑战。训练方法如下。

表象训练的方法有以下几种。

利用多媒体设备，通过观看比赛实况等方法，然后结合自己实际练习时所产生的体验，建立起技能概念。

详细地想象自己在完成定向技能时最成功的经验和最不成功的经验，仔细地检查技术过程中的每一个环节。

教练员根据运动员的情况，采取有针对性的语言刺激，不断强化运动员头脑中的技术概念，促使他们在训练中做到"边练、边想、想象结合"。

3. 意志力训练

在定向越野这项运动中，意志力训练是一项非常重要的环节。定向越野不仅是对体能的挑战，更是对意志和决心的考验。为了提升参与者的意志力，教练通常会采用一些特定的训练方法。

(1) 鼓励法

①语言鼓励

语言鼓励是提升参与者意志力的一种有效方式。在定向越野中，教练可以通过赞美、肯定和鼓励的话语，激发参与者的自信心和斗志。例如，"你做得很好，继续保持！""加油，你一定能完成！"等话语，能够让参与者感受到被支持、被信任，从而增强他们的意志力。

②行动示范

教练的行动示范也是一种鼓励方式。通过亲身示范正确的动作和技巧，让参与者看到成功的可能性，从而激发他们的积极性。同时，教练还可以通过自己的行动，向参与者传递坚持和不放弃的精神，让他们受到感染和鼓舞。

(2) 强制法

①限定时间

限定时间是一种强制法，通过给参与者设定时间限制，迫使他们加快速度、提高效率。在定向越野中，限定时间可以让参与者更加专注，减少分心和懈怠的情况，从而增强他们的意志力。

②限制条件

限制条件是指给参与者设置一些规则和限制，以增加他们完成任务的难度。例如，要求参与者必须独立完成任务、不能使用地图工具等。这些限制条件可以让参与者更加重视完成任务的过程，并学会在困难和挑战面前保持坚韧不拔的精神。

③强制参与

最后一种强制法是强制参与者必须参加定向越野活动。这种方式能够保证训练的参与率和效果，同时也能让参与者感受到任务的严肃性和重要性。通过强制参与，参与者能够更加深刻地认识到意志力在定向越野中的重要性，从而培养他们的意志品质。

(3) 诱导法

诱导法是通过激发运动员的事业心与责任感，将运动训练与祖国荣誉结合起来，促使运动员产生强大动力去奋斗去拼搏。定向越野中的诱导法主要体现在以下几个方面。

①激发运动热情：教练可以通过讲述历史故事，如我国运动员在世界级定向越野比赛中取得优异成绩的例子，来激发运动员的热情和责任感。

②增强荣誉感：定期组织观看国内外的定向越野比赛录像，让运动员了解自己在祖国体育事业中的地位和作用，增强他们的荣誉感。

③建立目标：教练可以与运动员一起制定短期和长期的运动目标，并鼓励他们为实现目标付出努力。这些目标可以是提高体能、提高技能、争取好成绩等。

通过这些方法，运动员会把运动训练与祖国荣誉紧密联系起来，产生强大的动力去奋斗去拼搏。这种动力不仅能推动他们在训练中刻苦努力，而且能激发他们在比赛中展现出顽强的意志力。

(4) 刺激法

刺激法是在运动训练中加大负荷量，让运动员承受大难度的考验，从而增强他们克服困难的勇气。定向越野中的刺激法可以通过以下方式实现。

①提高难度：在训练中增加一些难度较大的项目，如增加地图上的障碍物、增加跑图的距离等。这些挑战可以帮助运动员提高应对困难的能力。

②增加负荷：在保证安全的前提下，可以适当增加训练的强度和频率，让运动员在更高的负荷下锻炼意志力。

③培养坚韧不拔的精神：教练可以通过鼓励运动员面对困难时保持坚韧不拔的精神，让他们明白只有通过不断的努力和坚持才能战胜困难。

通过刺激法，运动员会逐渐适应更大的挑战，并在面对困难时表现出更强的勇气和毅力。这种勇气和毅力不仅能帮助他们在比赛中取得好成绩，还能让他们在生活中更加自信和坚强。

综上所述，诱导法和刺激法是定向越野中非常重要的意志训练方法。通过这些方法，可以激发出运动员强大的动力去奋斗去拼搏，同时也能使其在训练和比赛中表现出更强的勇气和毅力。这些品质对于他们未来的生活和工作都将产生积极的影响。

总之，在定向越野中，心理训练是非常重要的一部分。通过使用鼓励法、引导法、刺激法和强制法等心理训练方法，可以帮助运动员更好地应对比赛中的各种挑战，提高自信心和应对压力的能力，从而更好地发挥自己的水平。同时也可以让运动员更好地享受比赛的过程，体验其中的乐趣和挑战。

4. 消除紧张心理训练

方法一是限定时间。要求运动员在规定时间内完成整个路段的训练，对其施加压力。

方法二是教练员跟跑。在跟跑过程中，教练员一方面可以观察运动员找点的情况，另一方面可以给运动员造成较大心理压力，使其在比赛中不会因为后面运动员跟跑而造成紧张心理。

5. 准备比赛的心理训练

主要方法是分析了解对手情况，做到知己知彼，百战不殆。

6. 比赛中的心理调整

1. 开好准备会

对运动员比赛中的心理调整应从准备会开始。赛前任务会对运动员比赛中的心理状态有非常重要的影响。在准备会上详细地介绍对方的技能水平及心理特点，客观分析对手和自身的实力，摆正自己的位置，制定并布置切实可行的战术方案。一般要求对弱队不轻敌、思想上不放松，对强队不胆怯，对实力相当的队不背胜负包袱，防止想赢怕输的心理状态出现。对比赛中可能出现的困难要做充分估计，分析问题并提出解决问题的办法。教练员要用客观、准确的语言，说明比赛的意义、目的，帮助运动员调动积极性，活跃情绪，调整比赛动机。

2. 准备活动

赛前准备活动是使运动员进入比赛状态的重要环节。准备活动主要是热身，从开始活动到浑身出汗，目的是要提高运动员的兴奋程度。教练员要准确掌握准备活动并注意观察运动员的状态，发现有状态不佳者，要善于使用积极、正面的语言进行调节，通过准备活动要使运动员做到情绪高昂、信心充足、兴奋适当，头脑冷静，从而以最佳的心理状态投入比赛中。

赛中自我调节：比赛中运动员的自我调整是一切心理调节活动中最为重要的一环。运动员要及时把心理训练中学到的各种知识和方法运用到比赛中，对自己的心理状态进行自我调整，以保证技战术水平的充分发挥。运动员心理训练水平将在这时得到最终的体现。

（四）心理训练的程序与注意事项

1. 定向运动员心理训练的程序

（1）对运动员进行心理咨询与诊断。心理咨询是一种从心理方面进行帮助、指导的过程或方法。主要针对运动员的心理障碍及各种适应、发展问题进行帮助、指导，以提高其心理自主能力，达到更佳的心理水平。咨询过程一般分为三个阶段：初期，建立关系及了解情况；中期，探明问题与选择方法；后期，帮助行动与结束咨询。心理诊断是指采用一定的手段与方法对运动员的心理状况进行测试与分析，从而对运动员心理方面的不足、存在问题的性质、产生的原因等作出正确的判断。

(2) 根据心理咨询与诊断的结果制订心理训练计划并实施训练。

2. 定向运动员心理训练中应注意的事项

(1) 心理训练一定要列入整个训练计划，严格按计划进行，要与技能训练、体能训练以及比赛相结合，并在实践中不断改善。

(2) 实行咨询与诊断的心理工作者本身的条件是影响咨询与诊断结果的关键因素之一，因此应当请那些有经验的心理学专家进行咨询或诊断，以求获得正确的分析结果，保证心理训练的效果。

(3) 教练员要与运动心理学工作者互相配合、互相合作，使科研与训练紧密结合，为不断提高我国定向运动心理训练的水平而共同努力。

(4) 心理训练要注意长期训练计划与即时心理调整相结合。要在经常性心理训练的基础上，进行准备比赛的心理训练，并使二者有机结合，同时还要适时解决训练过程中出现的心理问题。

通过心理训练，参与者可以更好地应对定向越野中的各种挑战，提高自信心和自我控制能力，增强应对压力的能力，并保持专注力。这些能力的提高将有助于他们在比赛中取得更好的成绩。此外，心理训练还可以帮助参与者更好地了解自己，发现自己的弱点和优点，从而更好地调整自己的比赛策略。

(五) 心理训练的实践应用

在实际的定向越野比赛中，心理训练的应用非常重要。例如，当参赛者遇到迷路的情况时，他们需要迅速作出判断并选择正确的路径。这时，他们需要冷静分析地图，并运用之前积累的经验和心理训练中获得的能力来作出正确的决策。此外，在比赛过程中，参赛者还需要保持专注和自信，避免受到外界干扰和过度紧张的影响。

总之，心理训练在定向越野中具有重要的作用。通过增强自信心、应对压力、自我控制和保持专注等心理训练方法的应用，参赛者可以更好地应对比赛中的各种挑战，提高自信心和自我控制能力，取得更好的成绩。在实际的比赛中，参赛者需要灵活运用心理训练的方法，并根据比赛情况作出正确的决策。

第三节 定向运动的战术训练

一、赛前战术

赛前战术一般指为了准备一次比赛而有意识地根据该次比赛的特点所制订的相关训练计划，设定合理的比赛目标，调整赛前最佳状态的行为。

（一）赛前分析情况，制订合理的训练计划

对于一支队伍来说，赛前训练期间应对比赛情况做充分的了解，如比赛地点的地形特点、气候，比赛项目设置、赛事规模、日程和参赛对手情况等，并根据获得的信息和队伍中运动员的构成情况，有针对性地制订队伍赛前训练计划和整体竞赛目标。

对于个人而言，各项竞技能力是否达到了较好的比赛状态，自己可以对前段时间的训练进行综合评价。首先是否清楚比赛任务，对自己的技术和体能是否有信心，有没有全力以赴和争取胜利的强烈愿望。为了达到最好的竞技状态，在训练期间要有目的地培养运动员积极的竞赛动机，要有明确而合适的竞赛目标，要有坚强的意志、获胜的信心和稳定的情绪，以及对比赛的高度责任感，从而较好地进入竞技状态。

（二）设定合理的比赛目标

设定合理的比赛目标一般要考虑到比赛规模、对手情况、自身情况、训练水平和比赛经验等几个因素。在比赛前，参赛队员一般都会表现出较强的竞赛求胜欲，但如果竞赛目标过高，参赛队员可能会感到不安和产生恐惧心理，特别是会预感到有失败的可能性。因此，合理设置竞赛目标能使参赛队员在比赛中承受适当的压力。例如，参赛队员在去年同等级别的比赛中获得了第三名的成绩，在分析过对手情况后，认为今年的对手没有去年的对手强，在这名参赛队员极有可能拿到冠军的情况下，还是应该将目标定为"保三争二"。这样的目标有一定的灵活性，有利于参赛队员发挥技术水平。

二、赛中战术

(一) 开始路段的战术

开始路段的战术主要指比赛路线中由起点开始第 1~2 个路段所运用的战术。

1. 出发前的战术

（1）获得地图后，应快速阅读，以了解比赛路线并确定第一点的方向。在目前国内的比赛中，起跑位置与起点位置是一致的，因此在开始比赛之前，可以注意同组中起跑较早的队员的跑动方向。如果前几个人朝着同一个方向跑，他们可以在拍完照片后朝着同样的方向跑，边跑边看照片，尤其是在前方路况良好的情况下。如果前几个人朝着不同的方向跑，则表明在搜索第一个检查点时可能有多个路线选择。这个时候出发不要太快，要慎重进行正确的选择。但在国外比赛中，参赛队员出发后需要向前跑一段距离才能到达起点，后面的队员看不到前面队员的出发路线。因此，在国外参加比赛时，应特别注意在获得地图并出发后快速阅读地图。

（2）快速阅读地图后，根据地图、地形和路线的情况，结合自己过去的比赛经验，估计当前比赛的时间（预期获胜时间），以便做好心理准备。只有高水平的运动员才会使用这种战术，初学者应该谨慎使用，避免不必要的心理压力。在国外比赛中，可以提前一天左右获得检查点解释表，从而提前预测比赛的获胜时间。目前，在国内比赛中，有时会提前一天发布检查表，有时会在出发前 1~2min 发布，因此有足够的时间进行判断，做好心理准备，并根据自己的身体特点制订身体分配计划。

（3）阅读检查点说明表。检查点描述表是对检查点的具体位置的描述，它解释了检查点所在的地形。检查站指示对参赛队员的路线选择有一定的影响。在搜索检查点之前，参与的团队成员应首先检查检查点的代码和功能。在找到检查点后，他们应该检查检查点描述，以确认他们找到的检查点是否正确。

比赛要求运动员寻找特征，而不是标志旗。当检查点设置在点或表面特征旁边时，通常只需要读取检查点代码和检查点特征，而无须读取检查点

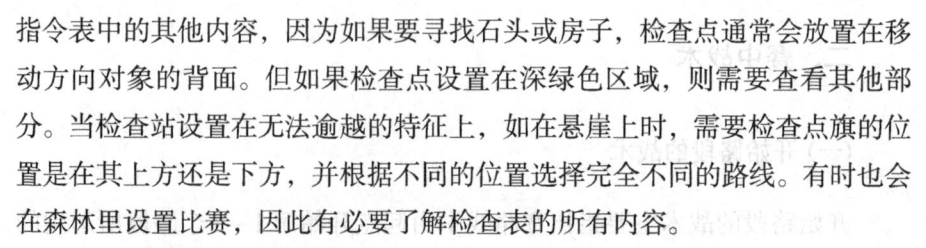

指令表中的其他内容，因为如果要寻找石头或房子，检查点通常会放置在移动方向对象的背面。但如果检查点设置在深绿色区域，则需要查看其他部分。当检查站设置在无法逾越的特征上，如在悬崖上时，需要检查点旗的位置是在其上方还是下方，并根据不同的位置选择完全不同的路线。有时也会在森林里设置比赛，因此有必要了解检查表的所有内容。

2.起点到第1、2个检查点

（1）控制好跑步速度，成功找到1号点标，在比赛中树立信心。比赛的起始环节是比赛的关键环节，对所有参赛选手完成比赛至关重要。起跑环节的表现直接影响着完成比赛的信心。如果比赛的起跑环节出现失误，则不利于建立参赛队员对比赛的信心，甚至可能导致他们放弃比赛。因此，在起始路段上不要跑得太快，主要目的是确保检查点顺利找到。

（2）了解地图的质量，熟悉制图师的风格和水平。如果地图质量较差，建议减少交叉、减少走小路的机会，选择更开阔的道路出行。有两种方法可以熟悉绘图员的风格和水平。一种是在比赛开始时对绘图员的风格和水平作出判断，另一种是学习赛前组委会提供的训练地图。一般来说，比赛前组委会提供的训练图应用于熟悉绘图员的风格和水平，因为参赛队员有足够的时间作出判断。

（3）如果组委会在比赛前没有提供训练地图，参赛队员只能使用比赛的起始部分进行判断。一般来说，制图师在测量时首先测量路线。对于测量技能较低的制图师，他们应该考虑，如果在测量过程中发现他们认为对参与团队成员不重要的绿色区域，他们可能不会进行详细的实地调查。因此，路径和植被边界等特征可能存在重大错误，应避免选择进入该路线。同时，不同的制图师在判断植被覆盖的可行性方面也存在一定的误差，尤其是测绘技能较低的制图师。因此，应在比赛开始前进行初步判断和评估。

（二）中间路段的战术

中间路段的战术主要指从比赛路线上第二个路段后开始到最后1~2个路段前所应用的战术。

1.找寻检查点战术

在找点过程中需要注意的几个问题：第一，检查点圆的中心是什么，应该找什么；第二，选择攻击点的安全问题；第三，从攻击点到检查站的过程应该非常小心，尤其是当攻击点到检查点的距离很远时。此外，当运动员在途中发现更好的攻击点时，他们可以使用新的攻击点，而不必寻找原来计划的攻击点。当偏离前进方向出现错误时，如果从错误的起点出发可以找到更好的攻击点，则应改变原计划，使用新的攻击点到达检查点。

攻击点对路线选择的影响是显著的。充分利用攻击点的优势很重要，因为好的攻击点可以确保运动员能够安全快速地找到地标。即使到达攻击点的路线很复杂，也不建议放弃攻击点直接寻找检查站，因为这可能会导致损失更多的时间。针对从攻击点到检查站需要穿越复杂地形的情况，可以首先校准前进方向，确定距离，然后通过慢跑或使用步进测量技术仔细接近点标记。如果距离太远，使用步进测量技术的误差可能会很大，从而导致无法找到点标记。可以使用分段使用步进检测技术的方法向点标记前进。可以根据整个路段中一些小而不明显的特征或将特征进行分段。可以使用逐步测量技术来找到每个小特征点，并且这些小特征可以用于校正或减少使用逐步测量方法来确定距离可能引起的误差。

2. 控制奔跑速度的战术

在中间路段，控制好速度，合理平衡体能和智力的分布，是比赛成败的关键。在中间路段，即使在容易行驶的道路上，也不应该全速行驶，而应该适当降低速度。一方面，重要的是避免过度的体力消耗，这可能会影响随后的比赛过程。另一方面，建议投入一些精力研究下一段道路的技术问题，例如，提前研究下一路段的路线选择策略。在中期控制运行速度最常用的战术是"红绿灯"战术。

"红绿灯"战术主要利用粗糙和精确的定向技术，在比赛过程中合理分配体能和智力。在红绿灯策略中，路段（点之间的距离）可以分为三段，就像在十字路口遇到的红绿灯一样。首先是绿灯阶段，主要使用粗糙的定向技术来发挥体力，尽快接近攻击点。接下来是黄灯舞台阶段当接近攻击点时，黄灯开始闪烁。此时应适当降低运行速度，注意寻找攻击点，确保识别顺利。最后是红灯阶段。到达攻击点后，红灯开始闪烁。此时，主要的重点应该是仔细区分检查站附近的地形细节，以确保顺利找到检查站，并且点与点之间的速度也应该最慢。

另外，在中段下坡时要特别注意控制车速，否则跑过卡口的可能性很大。

3. 绿色地带的穿越战术

穿越茂密的森林是为了节省比赛时间。如果在穿越过程中出现错误，实际上会浪费时间。因此，要满怀信心地进行穿越。在作出出行决策时，不仅要通过地图仔细分析实际情况，还要考虑地图的质量。一般来说，地图上绿色区域的准确度和精度相对较低。如果地图的整体质量较差，使用地图穿越绿色区域可能会遇到一些意想不到的情况。在这种情况下，最好的策略是放弃遍历计划。此外，还需要根据现场情况及时调整穿越计划。例如，如果你从地图上看你需要穿过的绿色区域，距离相对较短，但当你到达现场时，就会发现灌木很茂密。在这种情况下，如果你贸然进入森林，可能无法继续前进。在这一点上，有必要迅速作出决定，是改变所选的路径还是继续前进。如果你想选择继续前进，你必须做好心理准备，勇敢前进，决不回头。

运动员在穿越绿化区时，还应注意观察轮廓线。原则上，穿越战术只能应用于坡度较小的下坡路段，而不能应用于上坡路段。

（三）结束路段的战术

终点段战术主要是指在接近终点线1~2段时，在整个比赛路线上采用的战术。随着比赛接近尾声，当参赛队员到达最后1~2分时，他们经常听到终点线传来的声音。这种声音很容易导致严重疲劳的参赛队员注意力严重下降，并毁掉他们之前的努力。在芬兰尤古拉的一场夜间接力赛中，有一支队伍一直处于领先地位。然而，在最后一杆，当他们听到广播说他们的球队目前领先时，为了确保比赛的胜利，参赛队员将前灯和电池放在了最后一个标记位置，但忘记了打卡，导致球队的成绩无效。不管他后来如何向组委会解释，委员会也确实在最后一个标记位置看到了他的前灯和电池，但这没有用。因此，在比赛的最后阶段，专注于找点是非常重要的。

第十一章　定向越野训练计划指导

第一节　训练计划的制订

一、制订定向越野运动训练计划的目的

定向越野运动训练计划的制订是为了确保运动员能够有效地提高他们的定向技能和体能，同时确保他们在训练过程中保持健康和安全。此外，训练计划还应该考虑到运动员的个人特点和目标，帮助他们最大限度地发挥自己的潜力。

二、制订定向越野运动训练计划的重要性

（1）提高技能水平。训练计划可以帮助运动员系统地学习并掌握定向技能，包括地图阅读、方向判断、距离计算等。通过定期的训练，运动员可以不断改进和优化他们的技能，提高自己的水平。

（2）增强体能。定向越野不仅需要良好的定向技能，还需要良好的体能。训练计划可以帮助运动员通过有氧运动和力量训练来增强体能，提高耐力和速度。

（3）减少受伤风险。制订合理的训练计划可以确保运动员在训练过程中遵循正确的姿势和技巧，从而减少受伤的风险。通过适当的热身和拉伸，运动员还可以减少肌肉和关节的紧张和疼痛。

（4）提高专注力和判断力。定向越野需要运动员在复杂的地图和环境中快速、准确地作出决策。训练计划可以帮助运动员提高他们的专注力和判断力，使他们能够在比赛中更好地应对各种挑战。

（5）保持动力。制订一份有趣的、个性化的训练计划可以帮助运动员保持动力和热情，让他们感到自己在不断进步和成长。

总之，制订定向越野运动训练计划是非常重要的，因为它可以确保运

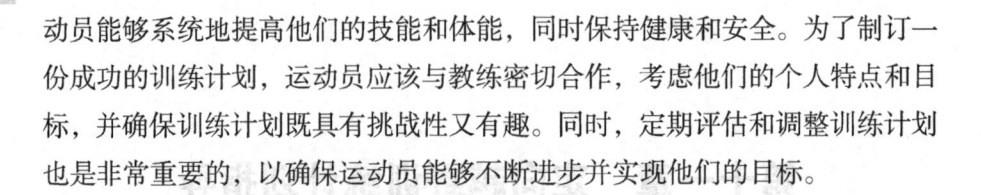

动员能够系统地提高他们的技能和体能，同时保持健康和安全。为了制订一份成功的训练计划，运动员应该与教练密切合作，考虑他们的个人特点和目标，并确保训练计划既具有挑战性又有趣。同时，定期评估和调整训练计划也是非常重要的，以确保运动员能够不断进步并实现他们的目标。

三、定向越野运动训练计划分类

（一）按照运动员年龄划分

1. 少年定向越野运动训练计划

对于少年运动员，训练计划应以基础知识和基本技能为主。主要目标是培养他们的兴趣，提高他们的体能和定向技能。训练内容可以包括基础的地图使用技巧、简单的路线规划，以及在复杂地形下的定向能力。此外，还要注重培养他们的耐力和注意力集中能力。

2. 青年定向越野运动训练计划

对于青年运动员，训练计划应更注重提高他们的竞技水平和战术理解。除基础技能外，他们需要学习更复杂的定向策略，如复杂地形的判断、线路优化等。同时，他们的体能和耐力也需要得到进一步提升。此外，青年运动员还应该学习如何应对比赛中的压力，以及如何在比赛中作出正确的决策。

3. 成年定向越野运动训练计划

对于成年运动员，训练计划应以提高竞技水平和比赛成绩为主。他们需要学习和掌握更高级的定向技巧，如精确的地图分析、复杂的路线规划等。同时，他们的体能和耐力也需要达到最佳状态，以便在比赛中能够长时间、高强度地进行运动。此外，成年运动员还需要学习如何在比赛中保持冷静，如何应对比赛中的突发情况，以及如何调整自己的比赛策略。

（二）按照运动员水平划分

1. 初学者定向越野运动训练计划

对于初学者，训练计划应以培养兴趣和提高基础技能为主。主要目标是让他们了解定向越野的基本知识和技巧，如地图的使用、指北针的使用、简单的路线规划等。同时，初学者还需要进行适当的体能训练，以提高他们的耐力和体力。

2. 初级定向越野运动训练计划

对于初级运动员,训练计划应以提高竞技水平和战术理解为主。他们需要学习和掌握一些基本的定向技巧,如简单的路线规划、判断地形等。同时,他们还需要学习一些基本的战术知识,如如何应对不同的地形、如何调整自己的比赛策略等。此外,初级运动员还需要进行适当的体能训练,以提高他们的速度和耐力。

3. 中高级定向越野运动训练计划

对于中高级运动员,训练计划应以提高竞技成绩和比赛表现为主。他们需要学习和掌握更高级的定向技巧和战术知识,如精确的地图分析、复杂的路线规划、应对比赛中的突发情况等。同时,他们还需要进行更高水平的体能训练,以适应更长时间的比赛和高强度的运动。此外,中高级运动员还需要注重心理训练,以提高他们在比赛中的心理素质和抗压能力。

总之,定向越野运动训练计划的分类可以根据运动员的年龄和水平进行划分。不同年龄和水平的运动员需要不同的训练内容和目标,以帮助他们更好地提高自己的竞技水平。

四、定向越野运动训练计划的构成要素

(一)训练目标

定向越野运动训练的首要要素是明确训练目标。定向越野的训练目标应该是全面提升参与者的体能、技巧、方向感、团队协作和心理素质。

(二)训练内容

训练内容的设计应基于训练目标,并涵盖以下几个方面。

(1)体能训练。包括有氧运动(如慢跑、自行车)、力量训练(如举重)和灵活性训练(如瑜伽、体操)。这些训练有助于提高参与者的体能水平,为定向越野提供必要的身体基础。

(2)技巧训练。主要包括地图阅读、定位技术、标记定向等定向越野的专门技能。这部分训练可通过实践、讲解和反馈进行,以便参与者能快速提

升技能水平。

（3）心理素质培养。包括情绪管理、抗压能力、应变能力和团队合作能力的培养。这可以通过组织一些心理训练活动来实现，如角色扮演、团队合作任务等。

（4）团队建设。定期组织团队建设活动，增强团队间的沟通和合作，有助于提高参与者的团队协作能力。

（三）运动负荷安排

运动负荷的安排是训练计划的关键部分。为了确保参与者不会过度疲劳，我们可以根据训练目标的需要和个体的体能状况，合理安排运动负荷。

（四）注意事项

定向越野运动训练计划是一个综合性的体系，涵盖训练目标、训练内容、运动负荷安排和注意事项等多个要素。通过明确训练目标，设计个性化的训练内容，合理安排运动负荷，并关注安全、个体差异、营养和心理支持等方面，我们可以为参与者制订一个全面、系统且有效的定向越野运动训练计划。

五、制订训练计划的注意事项

定向越野运动是一项极具挑战性和趣味性的户外运动，需要运动员具备良好的体能、定向技能和战术意识。为了提高运动员的训练效果和竞技水平，制订一份科学合理的训练计划至关重要。以下是在制订定向越野运动训练计划时需要注意的几个关键点。

（一）目标明确

在制订训练计划之前，教练员和运动员需要明确训练目标。训练目标应该具体、明确，具有可衡量性，以便于评估训练效果的呈现。例如，提高运动员的体能水平、提高运动员的定向技能、提高运动员的战术意识等。

(二) 科学合理

制订训练计划时，需要考虑到运动员的身体状况、训练水平、技能特点等因素，选择适合的训练方法、训练强度和训练频率。同时，应该注重科学合理的营养补充和恢复措施，以确保运动员的身体状态良好，避免过度疲劳和受伤。

(三) 针对性和个性化

定向越野运动是一项综合性的运动，需要运动员具备多种素质和能力。在制订训练计划时，应该针对运动员的弱点和不足进行重点训练，以提高其整体水平。同时，每个运动员的身体素质、技能特点、训练水平都不同，因此应该根据个体的实际情况制订个性化的训练计划，以提高训练效果。

(四) 全面发展

定向越野运动需要运动员具备多种素质和能力，如体能、定向技能、战术意识、心理素质等。在制订训练计划时，应该注重全面发展，确保运动员在不同方面都得到充分的锻炼和提高。同时，还应该注重培养运动员的团队协作意识和精神，以适应定向越野运动中的集体活动和团队协作要求。

(五) 持续改进

训练计划的制订应该是动态的、持续改进的过程。随着运动员的训练水平和竞技水平的提高，训练计划也需要不断调整和完善。教练员和运动员应该根据实际情况及时调整训练方法和强度，以确保训练计划的科学性和有效性。同时，还应该注重总结经验教训，不断改进训练方法和手段，以提高训练效果和竞技水平。

总之，制订一份科学合理的定向越野运动训练计划需要注意目标明确、科学合理、针对性和个性化、全面发展以及持续改进等多个方面。只有在综合考虑这些因素的基础上，才能制订出一份适合运动员实际情况的训练计划，提高其竞技水平和综合素质。

六、实施训练计划的关键步骤

(1) 制订详细的训练计划表，明确各项训练内容的安排时间和方式。

(2) 合理安排训练时间和强度，确保运动员的身体和心理能够承受相应的负荷。

(3) 关注运动员的训练状态和反馈，及时调整训练内容和强度。

(4) 定期进行测试和评估，了解运动员的训练效果和不足之处，为下一步的训练计划提供依据。

(5) 加强团队建设，提高运动员之间的协作和沟通能力，确保训练计划的顺利实施。

总之，制订定向越野运动中高级定向训练计划需要注意目标明确、科学合理、针对性和个性化、全面发展、持续改进等注意事项。同时，要涵盖构成要素包括基础体能、定向技能、心理素质和实战模拟等训练内容，并实施关键步骤包括制定详细的计划表、合理安排时间和强度、关注反馈并调整、定期测试评估以及加强团队建设等。这样才能更好地提高运动员的定向技能、体能和心理素质，使其在比赛中取得优异的成绩。

第二节　初学者定向训练计划

一、训练目标

提高方向感能力，掌握一定的定向训练知识和基本技能，为今后定向训练打下良好基础。

二、训练时间

初学者一般以 2 个月为期，青少年运动员则应延长至半年左右。

三、初学者定向训练计划示例

受训者情况分析：包括本人基本身体状况、身体素质情况、预期目标等。

训练的目标：应通过以有氧训练为目的的耐力训练，提高心血管系统的机能和腿部力量，训练、学习定向运动的基本知识。

周训练内容安排：每周训练3次（隔日训练1次，如1、3、5或2、4、6日），每次训练时间制定1小时左右。

(一) 第一次（星期一）

速度游戏训练20min，即走跑结合、快慢结合，持续20min。

中速跑100m3组，每组之间应恢复5~6min。

学习定向基本技能知识：地图颜色表示什么，也称为点标训练。

腿部力量练习：沙坑持续跳50次1组，做3组。

(二) 第二次（星期三）

越野跑30min。

学习定向基本技能知识：比例尺的计算练习：在一张白纸上画出长短不一的线，其方向分为东、西、南、北。练习者则根据教练发出口令的比例尺，按指定的方向跑完相应的距离。例如口令指示（东向，比例尺1:5000）。练习者则按白纸上的画线长短向东向跑出。如果东向线长20mm则跑100m，西向30mm则跑150m……一次比例尺训练课分别进行1:1000、1:5000、1:10000等不同比例尺的计算训练，之间间歇1min，重复2组，组间4~6min。

腿部力量练习：沙坑持续跳100次1组，做3组。

(三) 第三次（星期五）

场地慢跑5000米。

学习定向基本技能知识：图示练习和根据地图的颜色按图示的顺序到访。

练习方法：讲解图示，如黑色表示哪些标志等。之后，练习者根据地图上的标志进行练习，把不同颜色连接起来，依次到访练习。

越野跑30min。

四、运动负荷安排

负荷强度：中等练习1min脉搏控制在130次/min。

负荷量：中等、组数中等、次数中等；每次课训练1小时左右，训练1个月后可适当延长训练时间。

五、注意事项

严格执行训练计划，保证训练次数。

训练前的准备活动和训练后的结束活动，遵循定向运动的特点进行，即热身与恢复和放松。

加强饮食营养，要注意多吃自然食物，要多摄取蛋白质、糖原等营养物质。

因材施教，注意个别对待，对体能差者减量，对体能强者要适当加量。

加量训练的基础阶段，必须循序渐进地增大负荷练习，负重训练的肌群必须是在运动中实现应用的肌群。

体能的耐力训练应重点发展有氧练习，有针对性地选择发展有氧训练的高级练习。

对初学者要进行适当的理论知识传授，使他们对定向的基本知识有所了解，避免训练中的盲目性。

第三节　初级定向训练计划

一、训练目标

使自己对定向的技能有明显的提高，体能素质也有较明显的提高，从而达到对定向技术的需要，参加一般比赛，有一定比赛的体会。

二、训练时间

一般以6个月或一年为期。

三、初级定向训练计划示例

训练者的情况分析：某训练者有半年的定向训练经历，身体素质一般，方向感意识较强，但耐力一般，野外综合技术能力意识运用不够。需要体能训练。

训练目标：提高方向感训练，运用到技术中。发展机体的耐力训练能力，发展体能训练。参加定向比赛，提高定向运动技术水平，提高实战经验与体会。

周训练内容安排：每周训练5次，即除双休日外，每天训练1次（具体时间根据工作学习时间的不同情况安排）。

(一) 周一、五技术训练

指南之星训练：为3组，即不同方向的练习。一般选择4~5个方向，出发点设定在地图的中心，呈三角形，完成一个方向后返回到起点再做向另一个方向的练习，该项练习在野外进行训练。

百米定向训练：在100m×100m的场地，设5~12个点进行练习，这项训练可以在田径场或选择在公园、丛林、郊外进行练习。

路线训练：为3组，即在野外根据地形的情况有目的地进行困难路线练习。如两点标之间有山、有水、有建筑物等。练习者根据自己对定向知识理解的不同，选择正确的路线到访。该项练习与正式定向比赛技术相似，在教练指导下进行训练，可提高定向运动的完整技术的稳定性和增加比赛经验。

(二) 周二、四体能训练

1. 耐力训练

方法一是定时跑。即在固定的时间内分别用1min×3组，15min×1组的时间节奏练习。时间长的话强度可以小一点儿，时间短的话强度可以大一点儿。1min，85%~95%的强度有利于发展无氧耐力，85%以下强度可以发展有氧耐力。练习时应注意控制强度。

方法二是持续慢跑。即以相对较慢的速度跑较长距离的练习，心率达到150次/min，主要发展有氧耐力。

方法三是越野跑。即在公路、山坡、树林、草地等场地进行长跑练习。训练时可定时（如20min、30min），如进行定向运动专项耐力训练时可延长时间60~90min。越野跑应该选择车辆少、空气好的地段进行。

2. 速度训练

采用加速跑、段落跑如 60m、100m、200m，选择一个段落的加速跑，重复次数 6~8 次，间隔时间以充分恢复为主。

3. 力量训练

方法一即长距离或长时间连续跳跃练习。例如：长距离多级跳、连续的蹲跳起、蛙跳等多种形式进行练习。距离一般为 60~100m 或 20~30m 的连续跳跃。组数 4~6 组。主要发展腿部力量耐力或一般耐力。

方法二即器械练习。主要部位腿部、腰、肩。技术动作为：颈后深蹲、抓举、弓身、坐姿推举。采用极端用力法：每组 10~20 次以上，重复 3 组，每次间歇 3~5min。这种方法能有效提高肌肉的力量耐力以及培养练习者的意志和心理稳定性。

(三) 周三定向测验赛

点标的数量训练赛分为：6~8 个点标、12~16 个点标、21~30 个点标。

路线变换训练赛分为：短距离、长距离、超长距离。

点标的难度训练赛分为：两点之间有长短、3~4 点之间有交叉，每点之间不明显；较难找，如石头、小山、洼地、小河等，往往应设置在远离小路和公路的地方。

四、运动负荷安排

负荷强度：中等。

负荷量：每次训练 1.5~2 小时，随着时间的推移组次不断增加。

训练节奏：周一、五为中等运动量；周二、四为大运动量；周三为小运动量。

五、注意事项

严格训练，严格要求，严格执行训练计划。

注意热身与放松练习。

注意科学训练，前后对照不断总结经验。

加强饮食营养，要注意多吃自然食物，要多摄取蛋白质、糖原等营养物质。

体能训练，严格执行方法正确的练习，控制好负荷量。

注意运动量节奏，防止过度疲劳。

第四节　中高级定向训练计划

一、中高级定向训练目标

在定向越野运动中，中高级定向训练的目标主要包括：

（1）身体多部位能力明显改善。包括力量、灵敏度、平衡感、反应速度等。这些能力的提高将有助于运动员在复杂环境中快速识别地图、快速作出决策。

（2）下肢耐力提高。通过长时间的跑步训练，增强下肢肌肉力量，提高下肢耐力，以便在长时间的比赛中保持稳定的运动表现。

（3）心血管功能增进。通过高强度的训练，增强心血管系统的功能，提高氧气输送能力，使运动员在运动中能够更好地利用氧气。

（4）为定向完整技术创造能力。通过训练，提高运动员对地图的识别能力，包括对地图的比例尺、方向、地貌的理解，以及对地图符号的理解。同时，提高运动员的定向选择和判断能力，包括对最佳路径的选择和判断。

（5）为参加大型比赛提供能力支持。通过一系列训练和模拟比赛，提高运动员的体能、心理素质和战术运用能力。此外，还需要加强运动员的团队协作能力，因为在大型比赛中，团队协作往往也是决定胜负的关键因素。

二、中高级定向训练时间

一年以上。

三、中高级定向训练计划示例

情况分析：该练习者从事定向训练两年以上，已掌握了一般定向训练手段和方法。在中小型比赛中初试身手表现不俗，但心理因素一般，比赛中技术的稳定性一般，需加强体能训练。

目标任务：提高定向技能，熟练定向技术各阶段的动作要领。加强体能技术训练：重视下肢肌肉力量耐力能力训练和有氧基础训练。提高比赛竞技能力。

训练内容安排：每周训练6~7次。训练时间2~3小时。确定恢复性措施和营养的补充措施，注重训练的组合效果，提高竞技能力。

(一) 周一、三体能训练

有氧训练与速度训练相结合：速度训练，即上坡跑和下坡跑，加速30~60m，强度85%~90%，组次3组，重复2~4次，间歇3~4min。

反复跑：匀速跑100m、150m，段落强度85%，4~6组，间歇时间应充分恢复。

有氧训练，即重点发展有氧耐力、无氧耐力和腿部力量素质。根据定向运动的特点，改善身体下肢肌群的力量耐力应优先发展起动力训练。采用的手段有：定时跑、越野跑、法特莱克(快、慢交替的长跑练习)，这些练习的共同特点是不受场地的限制，如在草地、小丘、小径、公路、田野等地训练。其训练特点是：训练强度为85%左右，匀速持续时间30~60min，对有氧耐力的发展起到积极作用。持续跑时间达到60~90min是专业定向运动员需要坚持的练习。

(二) 周二、四技术训练

路线选择训练：基本动作(越野跑技术、出发点的动作、运动中的动作、检查点上的动作、终点的动作)的要求。

检查点、说明表对照训练：检查点说明表示例，检查点与说明符号对照的训练。

野外定向基本导航技术、指北针用途及快速寻找导航方法的训练。

(三) 周五、六定向测试赛

短距离比赛练习(野外进行)。

长距离比赛练习(野外进行)。

百米定向比赛练习(公园、森林、田园或校园等地进行)。

训练性的比赛在安排上如同正式比赛要求一样，对于路线的设计呈多样化，如两点之间长距离、三点之间呈交叉、多点之间长距离为圆形。路线设计合理是为练习者参加正式比赛、创造优异成绩提供良好训练的依据。

四、负荷安排

负荷强度大。

负荷量：每次训练2~3小时。

训练节奏：周一、三为大运动量；周二、四为中运动量；周五、六为大强度运动量。

五、注意事项

定向越野是一项非常受欢迎的户外运动，它不仅需要运动员具备出色的体能和技能，还需要他们注意一些重要的训练注意事项。在中高级运动训练中，这些注意事项尤为重要。以下是一些关于定向越野中高级运动训练的注意事项。

严格训练，严格要求，严格执行训练计划。

注意热身与放松练习，加强饮食营养。

注意科学训练，前后对照不断总结经验。

第五节　技能性定向练习

一、读图练习

（一）沿线行进寻找检查点

1. 练习目的

提高阅读地图的能力。

2. 练习准备

准备两张地图：一张为练习者用图，图上标有要求练习者走的有线状物特征的路线地图；另一张为放点者用的副图，图上标有线状物特征的路线和检查点。图上路线设计不宜太长,一般 1000~2000m。练习前把检查点放好,布置好路线。由于练习者不知道检查点在哪儿,所以不需要给他们把检查点说明。

3. 练习方法

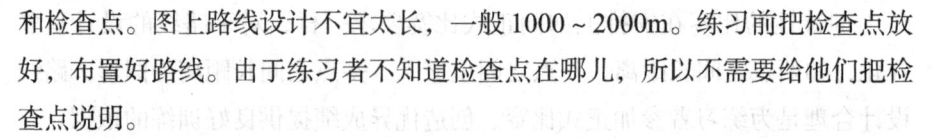

每间隔 1~2min 出发一个人,要求他们必须精确地沿着所要求的路线行进。当他们沿线找到检查点点标时,取回检查点标记卡,并把检查点标记在地图上相应的位置。错过或标错检查点,可以让练习者再找一次发生错误的检查点。

注意:这个练习,因为需要细致读图,所以时间可以不做硬性规定,但以后可以提出一些要求,加强读图能力。

(二) 切割蛋糕(悬挂点标)练习

1. 练习目的

在辨别和确定检查点位置时,增强练习者精确读图的能力。

2. 练习准备

准备一张主要的地图,以起点为中心,在四周设置一些检查点,并把它们分割成几个部分,每一个部分有两个检查点,将由两个练习者放置检查点。检查点的设置要符合练习者的能力,让两个练习者能够互相提问和互相帮助。

准备具有各个部分的地图,每一个部分要有检查点说明,如 A 部分,检查点设在凹地处。

3. 练习方法

把练习者两人一组分成若干组,他们可以一起放点或各自放一个点。找到检查点后挂上点标,立刻回到起点。练习者全部回到起点后,他们可以交换地图(如 B 拿 A 的图,C 拿 B 的图……依次类推),读图寻找其他部分的点(可以成对也可以单独去找)。

二、图地对照练习

练习目的有两点:一是让练习者把实际的地形、地面的特征与地图相联系;二是让练习者能够测量、估测地面上的特征物在图上的相对位置。

练习前，需准备一张有主要特征和边界的地图（可以是有楼房的草图或简化的定向地图）。教练要向练习者介绍有关地面特征物在地图上的标识和颜色。每个练习者要准备一个夹板和水彩笔。

练习时，首先让练习者到实际地形中去走一圈，让他们记下一些大而明显的特征物的颜色和形状，如草地、空旷地、池塘等，回到起点让他们为所记下的事物定位着色。再让练习者走一圈，让他们记下一些较为明显的特征物，如围墙和篱笆等，回到起点后让他们画下所记特征物的位置和颜色。再让练习者最后走一圈，记下树木、灌木丛、座位等一些特征物，回到起点后，让他们画下所记特征物的位置和颜色。如果在野外，可以标示出陡崖峭壁的倾斜度和等高线。

三、地图记忆练习

练习目的是让练习者记住在地图上检查点周围路段上的主要特征物。

练习前，需准备一张主要的地图，以起点为中心设置10~15个检查点，起点到每一个检查点的距离在200m以下。另准备一张点标核对单（每一个练习者需要跑哪几个点）。

练习时首先给每个练习者编号。再将所有的练习者集合到起点处，让每个练习者看一下地图，看一下自己所要找寻的第一个点，记住路径和检查点附近主要的特征物。练习者听到出发命令后，开始寻找自己的检查点，在每一个检查点处都会有一个点签单或点签箱，拿到相应点签回到起点，再接着跑向下一点。在起点处要有两个负责人维持秩序和提供帮助。练习者直到取回所有规定的点标才算完成。

注：对能力较差的练习者要关注他们正置地图和面向正确的方向，在他们离开起点时帮他们核对。

四、距离的估算练习

（一）计数练习

1. 练习目的

让练习者能够精确地测量距离。

2. 练习准备

沿一条小路或一小径测量100m。设置200~400m路段用线绕成一圈。找一块有小路、上坡、空旷森林、草地等各种地形的区域，各种地形各量100m。每个练习者准备一张记录卡片。

3. 练习方法

个人在100m的小路上走或跑并记录步数。先以个人走200~400m的圆圈计数，然后计算100m的步数，得出的是较为准确的平均数。练习者把数据记录在记录卡上。让练习者进行100m不同地形的步数计算。

(二) 距离的估测

1. 练习目的

掌握地图上的比例尺与地面的实际距离的相互关系，增强他们的距离感。

2. 练习准备

设计一条6~10个检查点的路线，点与点间要能相互看见，每一个路段都要在150m以下且每一个路段都要有不同的长度，在每个检查点处放一张卡片，卡片背后标出实际的距离。为每个练习者准备一张记录卡片。

3. 练习方法

让练习者在去找检查点之前，先目测距离，然后走过去并计算步数，在每个检查点的卡片背后找到实际答案，把这些数据填写在卡片上。

第十二章　定向越野体能训练的医务监督

第一节　定向越野健身处方设计

一、健身处方概述

(一) 健身处方的内涵

定向越野是一种户外运动，它需要参与者根据地图和指北针寻找目标点，是一项极具挑战性和趣味性的运动。而健身处方则是一种根据个人身体状况和运动需求制订的运动方案，旨在帮助人们达到特定的健康目标。将定向越野与健身处方相结合，可以形成一种独特的定向越野健身处方，为人们提供一种更加科学、有效的运动方式。

健身处方由康复医师、康复治疗师以及体育教师、社会体育健身指导员、私人健身教练等，根据患者或体育健身者的年龄、性别、一般医学检查、康复医学检查、运动试验、身体素质/体能测试等结果，按其年龄、性别、健康状况、身体素质以及心血管、运动器官的功能状况，结合主客观条件，用处方的形式制定对患者或体育健身者适合的运动内容、运动强度、运动时间及频率，并指出运动中的注意事项，以达到科学地、有计划地进行康复治疗或预防、健身的目的。

健身处方源于现代康复医学。1954 年美国生理学 Karpovich 曾提出"运动处方"的概念。20 世纪 60 年代由于运动处方被用于冠心病的康复，引起心血管疾病治疗领域的一场革命而受到重视。美国医学家 Kenneth H.Cooper 提出的"12min 体能测验"被许多国家采用。此外还有德国的阿肯·霍尔曼、日本的猪饲道夫等。

运动处方与普通的体育锻炼和一般的治疗方法不同，运动处方是有很强的针对性，且有明确的目的、有选择、有控制的运动疗法。它能够有效地促进人的身体健康。

在定向越野运动中，运动处方的设计同样有其重要的意义。

进行定向越野运动不仅能够增进我们的身体健康，而且能够增进心理健康。其对不同年龄的人群都具有很高的锻炼价值，它是陶冶情操、锻炼体魄的一种极好的形式。

在定向越野健身处方中，健身目标主要包括提高心肺功能、增强肌肉力量、改善身体协调性、增强心理素质等方面。为了实现这些目标，定向越野健身处方通常会根据参与者的身体状况和运动需求，制定不同的运动强度和运动时间，以及相应的运动方式。例如，低强度、短时间的运动可以作为日常锻炼的补充，高强度、长时间的运动则更适合作为锻炼的主要方式。

(二) 健康处方的重要性

健康处方在人们的生活中扮演着越来越重要的角色，这是因为人们越来越认识到健康的重要性。健康不仅仅是没有疾病或不虚弱，更包括身体、心理、社会和精神等多个方面的健康。而健康处方的出现，正是为了帮助人们更好地实现这些健康目标。

定向越野健身处方作为一种特殊的健康处方，具有以下几个方面的优势：首先，它能够根据个人的身体状况和运动需求制订个性化的运动方案，更加符合个体差异；其次，它能够通过科学合理的运动方式，帮助人们达到特定的健康目标；最后，它能够激发人们的运动兴趣和热情，让人们更加积极地参与到运动中。

综上所述，定向越野健身处方作为一种独特的健康处方，具有非常重要的意义。它不仅能够提高人们的身体健康水平，还能够促进人们的心理健康和社会适应能力。因此，我们应该积极推广和应用定向越野健身处方，让更多的人受益于这种科学的运动方式。

二、定向越野健身处方设计原则

定向越野是一项充满挑战和刺激的运动，它不仅需要参与者具备快速的判断力和敏捷的反应能力，还需要他们具备一定的体能和技巧。为了确保定向越野健身活动能够达到预期的效果，我们需要遵循一些重要的原则，以确保健身处方的科学性和有效性。

(一) 个性化原则

每个人的身体状况、体能水平、健康状况以及兴趣爱好都是不同的，因此，在制定定向越野健身处方时，我们需要充分考虑这些因素，确保健身方案能够满足个体的特殊需求。具体来说，我们应该根据每个人的具体情况，为他们量身定制合适的运动强度、时间和路线，以确保他们能够充分体验到定向越野的乐趣，同时也能达到预期的健身效果。

(二) 渐进性原则

定向越野是一项具有一定挑战性的运动，初学者可能需要一段时间来适应这种运动方式。因此，在制定定向越野健身处方时，我们需要遵循渐进性原则，确保健身方案能够逐步提高难度和强度。我们应该根据个体的身体状况和体能水平，逐步增加运动时间和强度，以确保他们能够逐渐适应这种运动方式，并不断提高自己的体能水平。

(三) 安全性原则

定向越野是一项高强度的户外运动，因此，在制定定向越野健身处方时，我们需要特别关注安全性问题。我们应该选择安全的场地和路线，避免过于复杂的地理环境和高风险路段。同时，在健身过程中，我们应该注意监测个体的身体状况和反应，及时调整运动强度和时间，以避免意外情况的发生。此外，我们应该建议参与者进行充分的热身和拉伸运动，以减少运动伤害的风险。

总之，个性化原则、渐进性原则和安全性原则是定向越野健身处方设计的重要原则。在制定健身方案时，我们需要充分考虑个体的具体情况，逐步提高难度和强度，并在确保安全性的前提下，让参与者充分体验到定向越野的乐趣和挑战。通过遵循这些原则，我们能够为参与者提供科学、有效的定向越野健身方案，帮助他们达到预期的健身效果。

三、定向越野健身处方

以下是一个适合大众参与的定向越野健身处方，可根据个人实际情况进行调整。

（一）运动强度

定向越野是一项高强度的户外运动，需要参与者快速地判断方向、识别地图、寻找目标点。运动强度通常通过心率和呼吸频率来衡量。一般来说，定向越野的适宜运动强度应控制在中等偏上，即心率在最大心率的60%~80%，呼吸略显急促但可以正常交流。

（二）运动时间与频率

对于初学者，建议每次进行30~60min的中等强度定向越野活动，每周进行2~3次。随着体能和技能的提高，可以逐渐增加运动时间和频率。但要注意，过度运动可能会对身体造成损伤，因此要根据个人情况适量调整。

（三）运动路线与难度

运动路线和难度是定向越野健身处方设计的关键因素。路线应选择在公园、山区、森林等自然环境中，避开过于复杂或危险的地段。难度应适中，既要保证参与者能够完成，又要刺激身体各个部位，以达到锻炼效果。建议根据参与者的年龄、体能、健康状况等因素，由医生或专业人士设计运动路线和难度。

（四）运动装备

进行定向越野活动需要适当的运动装备，包括地图、指北针、安全绳索、运动鞋、水壶、防晒霜等。初学者可以选择较为简单的基础装备，随着经验的积累，可以逐步增加装备的复杂度和专业度。购买运动装备时，要选择质量可靠、适合个人身体条件的品牌和型号。

(五) 热身与拉伸

在进行定向越野活动前,要进行适当的热身运动,如轻松步行、原地踏步、伸展手臂等。活动结束后,要进行充分的拉伸和放松活动,以减轻肌肉疲劳、预防肌肉损伤。热身和拉伸的动作应该由专业人士指导,以确保安全、有效。

定向越野是一项非常适合大众的健身活动,通过合理的运动强度、时间与频率、路线与难度以及适当的装备选择,可以有效地锻炼身体,提高心肺功能,增强体质。同时,热身和拉伸的正确实施可以确保运动的顺利进行,避免运动损伤。在实施定向越野健身处方时,应遵循以上五点建议,并结合个人实际情况进行调整,以达到最佳的锻炼效果。

(六) 注意事项

(1) 确保地图与实际地形的匹配性,避免因地图错误导致的安全问题。

(2) 在运动过程中应遵循安全规则,避免操作失误或判断错误导致的安全事故。

(3) 如有身体不适或疑似运动损伤,应立即停止运动,就医检查。

定向越野作为一种富有挑战性的户外运动,不仅能锻炼身体、增强体质,还能提高思维、判断、记忆等多项能力。根据个人实际情况,制定合适的定向越野健身处方,并遵循相关注意事项,将有助于享受这项运动的乐趣,并达到理想的健身效果。

总之,定向越野是一项非常适合大众参与的健身活动,通过合理的健身处方设计,可以提高参与者的心肺功能、身体协调性、团队协作能力和解决问题的能力。在实施定向越野健身处方时,需要注意安全,遵守规则和指南,尊重自然环境。同时,要根据参与者的实际情况,制定合适的路线和目标点,以保证运动的顺利进行。通过不断的总结反馈,可以进一步提高运动的效率和效果。

第二节 定向越野运动疲劳的原因及恢复

在运动过程中，机体的工作能力要经历提高、稳定、逐步下降以至疲劳和恢复等过程。许多著名学者从多种视角，采用不同手段广泛研究疲劳机制。第五届国际运动生物化学会议指出，运动性疲劳是指机体生理过程不能持续其机能在一特定水平上或不能维持预定的运动强度。运动疲劳是指在运动过程中出现了机体工作能力暂时性降低，但经过适当的休息和调整以后，可以恢复原有机能水平的一种生理现象。

一、定向越野运动中疲劳产生的原因

定向越野运动是一项需要良好体能和精确判断力的运动项目，然而，在进行这项运动时，可能会产生疲劳感。对于这种疲劳的原因，有以下主要的理论。

（一）能量耗竭学说

定向越野运动的强度较高，需要运动员长时间进行高强度的活动。这些活动涉及快速跑步、穿过森林和山地等复杂环境，同时还需要准确判断方向。因此，在长时间的运动过程中，运动员会消耗大量的能量。当身体内的能量储备降低到一定程度时，疲劳感就会产生。

（二）代谢物堆积学说

在进行高强度运动时，身体会产生许多代谢废物，如乳酸等。这些代谢物会在肌肉中堆积，导致肌肉疲劳和酸痛。特别是在定向越野这种需要频繁移动和快速反应的运动中，肌肉的疲劳和酸痛可能会更加明显。

（三）保护性抑制学说

在定向越野中，长时间的运动可能导致身体的过度疲劳。身体在面临过度压力时，会启动一种自我保护机制，被称为保护性抑制。这种机制旨在减少身体的能量消耗，以保护重要器官和系统，避免过度疲劳导致的损害。

因此，参与者在长时间的运动后可能会感到疲劳，这是身体自我保护机制的一部分。

(四) 自由基学说

自由基是身体内的一种化学物质，它们在细胞呼吸和代谢过程中产生。过度的自由基产生可能对细胞膜、DNA 和其他生物分子造成损害。定向越野运动需要大量的能量消耗，这可能导致自由基的产生和增加。过多的自由基可能会对身体的免疫系统和细胞功能造成损害，从而导致疲劳感。

(五) 内分泌调节机能下降学说

在定向越野运动中，身体的应激反应可能会导致内分泌系统的变化。例如，肾上腺素和皮质醇等激素的释放可能会增加代谢率，导致身体更容易疲劳。此外，长时间的定向越野运动还可能影响甲状腺和胰腺的功能，进一步影响身体的能量代谢和疲劳感。

定向越野运动中产生疲劳的因素相互作用，导致参与者感到疲劳。为了克服疲劳，参与者可以通过适当的休息、合理的饮食和锻炼计划的调整来改善身体状况。同时，定期进行身体检查和咨询专业医生也是必要的，以确保参与者的健康状况适合进行定向越野运动。

二、定向越野运动中疲劳程度的判断

及时发现运动员是否疲劳并进行科学合理的指导对健康的运动有着十分重要的意义。一般判断疲劳的方法有很多，比较常用的方法有以下几种。

(一) 运动参与者的感觉

每次运动后稍有疲劳和肌肉酸胀是正常的，一般来说经过充分的休息后这种症状会自然消除。但如感到精神萎靡不振、四肢无力、困乏气短、胸部憋闷、厌烦锻炼等则要多加注意调整。

(二) 教练员的观察

当教练员在教学中发现运动者动作僵硬、错误动作增多、动作幅度及速度减小、思想不集中或者不能较快掌握动作的时候，表明运动者可能产生了运动疲劳。这时教练员应及时调整运动的强度，保证运动者能快速恢复、保证其不受到伤害。

一般情况下，可以用观察法与运动者的主观感觉来判断疲劳。疲劳程度可分为轻度、中度和重度疲劳，定向越野运动中常出现轻度疲劳和中度疲劳，如面色稍红、排汗量增多、呼吸中等速度加快、步伐稍有摇摆不稳、注意力较好，则为轻度疲劳；运动中面色红或有泛白、排汗量大量增加、呼吸节奏明显加快且轻微紊乱、步态不稳、注意力稍有涣散，则为中度疲劳。

(三) 参与者的生理指标变化

生理指标是一种目前检验运动疲劳最科学的方法。常用于判断疲劳的生理机能指标有肌力、肺活量。疲劳时肌力下降，通常可用握力计、背力计等进行测定。连续测5次肺活量，每次间隔30s，疲劳时肺活量逐次下降。这种方法在定向越野运动中较为少用。

三、定向越野运动中疲劳产生后的恢复措施

定向越野运动是一项极具挑战性和需要耐力的运动，参与者在运动过程中可能会产生疲劳感。有些锻炼者认为，定向越野运动强度不太大，可自然恢复。但运动后采用科学合理的疲劳恢复方法，有助于运动者增强体质，更好地进行下一次练习。恢复措施不仅可以帮助缓解疲劳，还可以提高运动表现和预防伤病。下面简要介绍一些恢复措施。

(一) 按摩疗法

推拿按摩是一种常见的物理疗法，它通过刺激肌肉和肌腱，促进血液循环，缓解肌肉紧张和疼痛，从而有助于消除疲劳。在定向越野运动中，推拿按摩可以减轻肌肉疲劳和酸痛，提高血液循环，促进氧气和营养物质的供应，有助于恢复身体机能。

在进行定向越野运动后，可以进行适当的推拿按摩来缓解肌肉疲劳和酸痛。建议由专业人士进行推拿按摩，以避免不当的按摩方法导致肌肉损伤。

按摩疗法的实施方法如下。

（1）准备工作。在进行按摩前，确保环境舒适、安静，选择一个使人放松的音乐背景。按摩前还可以进行适当的热身活动，如轻微的伸展运动，以促进血液循环。

（2）手法。按摩时，可以采用揉捏、推拿、按压等手法，以缓解肌肉和神经的紧张度。力度适中，以感到舒适但略有压力为佳。开始时力度可以轻一些，然后逐渐增加力度。

（3）顺序。从身体的上肢开始，再到下肢；从肌肉丰满的部位开始，再到肌肉较少的部位。这样可以更好地放松肌肉，加速恢复过程。

（4）持续时间。一般来说，全身按摩的时间在 30~60min，具体时间可根据个体差异进行调整。

（5）注意事项。在进行按摩时，确保隐私和安全。避免在身体受伤或患病时进行按摩。同时，保持良好的作息习惯和均衡的饮食，有助于身体更好地恢复。

总之，定向越野运动中的疲劳恢复是一个重要的环节。在进行按摩时，选择适当的手法和顺序，并确保环境舒适安全，将有助于身体更快地恢复。此外，保持良好的作息习惯和均衡的饮食，也是恢复过程中的重要因素。

（二）自我心理调节

在定向越野运动中，心理因素对疲劳的影响也不可忽视。过度紧张、焦虑和恐惧等心理状态会降低我们的注意力和反应速度，从而影响运动表现。因此，在疲劳产生后，我们需要进行自我心理调节。

首先，我们需要放松身心，缓解紧张情绪。可以通过深呼吸、冥想等方式来放松身体和大脑。同时，我们需要保持积极的心态，相信自己能够克服疲劳、提高运动表现。

其次，我们需要学会自我暗示。在感到疲劳时，我们可以对自己进行积极的心理暗示，鼓励自己坚持下去，相信自己能够完成运动任务。这些积极的心理暗示有助于我们保持信心和动力，提高运动表现。

(三) 音乐调节

除自我心理调节外,我们还可以通过音乐调节来缓解疲劳和提高运动表现。音乐可以通过影响我们的心率、血压、呼吸和神经递质等生理因素来改善我们的运动表现。在定向越野运动中,我们可以选择以下几种音乐类型来帮助自己恢复。

(1) 轻松愉悦的音乐。这类音乐可以帮助我们放松身心,缓解紧张情绪,提高运动表现。

(2) 节奏明快的音乐。这类音乐可以提高我们的心率和呼吸频率,促进血液循环,缓解疲劳。

(3) 激励人心的音乐。这类音乐可以激发我们的斗志和信心,帮助我们克服疲劳,坚持到底。

在选择音乐时,我们需要考虑到自己的喜好和运动环境等因素。同时,我们还可以将音乐与其他恢复措施相结合,如拉伸、按摩等,以达到更好的恢复效果。

(四) 温水浴

温水浴是一种简单而有效的恢复方法。温水浴可以促进血液循环,帮助排出代谢废物,同时有助于放松肌肉。在进行温水浴时,请注意时间不要过长,一般控制在 5~10min 即可。此外,避免在运动后立即进行温水浴,建议在休息半小时至 1 小时后再进行。

(五) 充足的睡眠

充足的睡眠是身体恢复的重要环节。在定向越野运动后,我们应确保自己获得足够的睡眠时间。良好的睡眠环境,如安静、舒适、温度适宜的睡眠环境,有助于提高睡眠质量。此外,合理的睡眠姿势也很重要,我们应采取侧卧或仰卧,避免趴睡等可能影响呼吸的姿势。

(六) 运动结束时进行放松活动

运动后的放松活动是消除疲劳、促进体力恢复的一种有效措施。其原因是：在训练结束后进行放松活动可以使人的机体更好地由紧张状态过渡到安静状态。如果运动结束机体突然停止运动，人的内脏器官会因为身体的静止妨碍其之前的呼吸动作，影响氧气的补充及静脉回流，引起血输出量突然减少、血压急剧下降，从而造成暂时的脑贫血，严重时还有可能休克。所以运动后尽量选择一些能使工作肌肉群放松的练习。例如，在运动结束后可以进行深呼吸、抖动腿部、拍打四肢等放松活动。

初学者每次运动后，往往容易处在亢奋之中，而忽略了训练后的护理。因此初学者更要注意运动完成后的护理。

放松运动必不可少。一般在定向越野教学或练习中，都没有放松运动，也没有人强调过这个问题。然而，在一般强度的学习或练习中，人体的肌肉和关节都被充分调动，如果不及时放松，就会形成乳酸积累。长此以往，容易造成伤痛。所以每次运动完以后，应做一些简单的放松活动以缓解肌肉疲劳。

(七) 营养补充

在疲劳产生后，及时补充营养是非常重要的。运动员应该摄取足够的蛋白质、碳水化合物和脂肪等营养素，以提供能量和恢复体力。此外，还应该多吃富含维生素和矿物质的水果和蔬菜，以促进身体的恢复。在恢复过程中，要注意控制饮食，避免过度摄入高脂肪和高糖分的食物，以免影响恢复效果。

(八) 合理安排运动时间

在疲劳产生后，合理安排运动时间也是非常重要的。运动员应该避免过度运动，以免加重疲劳。在恢复过程中，可以逐渐增加运动时间，但要注意不要过度劳累。同时，应该注意保持充足的休息和睡眠时间，以促进身体的恢复。

总之，定向越野运动中的疲劳恢复是一个重要的环节。通过采取适当的恢复措施，我们可以加速身体的恢复，提高运动表现，并保持身体健康。在实施这些措施时，我们应根据自己的身体状况和恢复能力进行调整，以达到最佳效果。

第三节 定向越野运动损伤的预防

定向越野运动以其独特的挑战性和趣味性，吸引了越来越多的人参与。然而，这项运动也伴随着一定的损伤风险。

一、定向越野运动损伤原因

定向越野作为一种户外运动，其独特的特性——快速穿越未知地形、利用地图和指北针寻找目的地——为参与者带来了无与伦比的挑战和乐趣。然而，这也意味着参与者需要面对一系列可能发生的损伤。以下我们将分析定向越野运动损伤的主要原因。

(一) 技术不当

技术问题是导致损伤最常见的原因之一。定向越野需要参与者精确地确定方向，识别和利用地形特征，以及合理安排速度和步伐。如果参与者不能正确地使用地图和指北针，或者不能正确地选择行进路线，就可能陷入困境，甚至导致肌肉拉伤、关节扭伤等损伤。

(二) 身体疲劳

身体疲劳是另一个重要的损伤原因。定向越野需要参与者长时间行走，特别是在疲惫和饥饿的状态下，身体的反应能力会下降，容易发生跌倒、扭伤等损伤。

(三) 准备不足

充分的准备是避免损伤的关键。参与者需要了解并评估自己的健康状况，选择合适的装备，了解目的地的地形和气候，以及制订合理的训练和休息计划。如果参与者没有做好充分的准备，就可能无法适应定向越野的挑战，从而增加受伤的风险。

(四) 环境因素

环境因素也是导致损伤的重要原因。不同的地形和气候条件会对定向越野产生不同的影响。例如，陡峭的山路、湿滑的地面、荆棘丛生的地区、暴风雨天气等都可能增加受伤的风险。因此，选择合适的场地进行定向越野非常重要。

综上所述，技术不当、身体疲劳、准备不足以及环境因素是导致定向越野运动损伤的主要原因。为了减少损伤的风险，参与者需要充分了解并重视这些因素，做好充分的准备，合理安排训练和休息，选择合适的场地，并掌握正确的技术和避免过度疲劳。同时，参与者在参与定向越野之前，最好咨询专业人士，以确保安全。

二、预防措施

定向越野运动是一种集运动、探险、竞技和定向寻宝于一体的户外活动，它吸引了越来越多的爱好者参与。然而，参与这项运动也可能会带来一些损伤的风险。为了有效预防这些损伤，以下是一些关键的预防措施。

(一) 做好热身

在进行任何运动前，充分的热身是预防肌肉和韧带拉伤，以及关节扭伤的关键。定向越野运动也不例外。你可以选择一些简单的肢体拉伸活动，如动态拉伸或肌肉暖身运动。热身可以帮助提高身体的温度，增加血液循环，使肌肉更灵活，从而降低受伤的风险。

(二) 合理安排运动量

过度运动可能导致身体疲劳，增加受伤的风险。因此，合理安排运动量至关重要。初学者应逐步增加运动强度和时间，避免突然增加运动量。同时，定期检查身体状况，如有不适，应立即停止运动并寻求专业建议。

(三) 穿着合适的装备

合适的装备对于预防定向越野运动的损伤非常重要。首先，应选择具

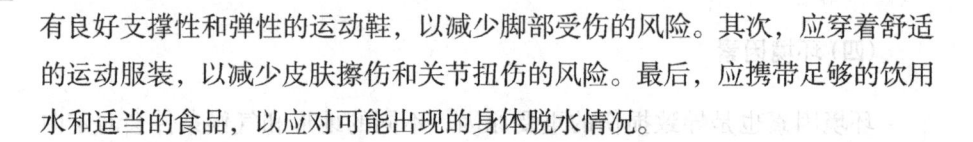

有良好支撑性和弹性的运动鞋,以减少脚部受伤的风险。其次,应穿着舒适的运动服装,以减少皮肤擦伤和关节扭伤的风险。最后,应携带足够的饮用水和适当的食品,以应对可能出现的身体脱水情况。

(四)了解地形

了解地形是预防定向越野损伤的关键之一。在参与定向越野活动前,应充分了解地形特点,如陡峭的山坡、碎石地、树林等。根据地形的特点,选择合适的路线,并采取相应的预防措施,如使用适当的导航设备、携带适当的装备等。

以上四点是预防定向越野运动损伤的关键措施。做好热身、合理安排运动量、穿着合适的装备以及了解地形,可以帮助你更好地享受定向越野运动的乐趣,同时降低受伤的风险。在参与这项运动时,请务必注意安全,遵循这些预防措施,以确保你的身体健康和愉快。

请注意,这些预防措施并非万无一失。在某些情况下,即使采取了上述措施,仍可能发生意外损伤。因此,如果你在参与定向越野运动时感到不适或疑虑,请立即停止并寻求专业建议。此外,定期参加身体检查和接受适当的训练也是预防损伤的重要步骤。

三、常见定向越野运动损伤的预防措施

(一)肌肉韧带拉伤

定向越野运动是一项极具挑战性和刺激性的户外运动,但在享受运动乐趣的同时,也可能会面临一些损伤的风险。本节将针对定向越野运动损伤的原因进行分析,并提出相应的预防措施。

1. 内因

定向越野运动损伤的内因主要包括以下几个方面。

(1)肌肉力量不足。定向越野需要较强的肌肉力量和耐力,如果肌肉力量不足,容易在运动中受伤。

(2)柔韧性不足。如果身体的柔韧性较差,在运动中容易造成肌肉韧带拉伤。

(3) 缺乏正确的技术。如果缺乏正确的技术，在运动中容易造成关节损伤和肌肉拉伤。

2. 外因

定向越野运动的外部因素主要包括以下几个方面。

(1) 环境因素。地形、地貌、气候等环境因素会对运动造成影响，如陡峭的山坡、湿滑的地面、高温高湿等都会增加受伤的风险。

(2) 装备因素。合适的装备能够提高运动的安全性和效率，如合适的鞋子、服装、头盔等。

(3) 运动前的准备活动不充分。运动前的准备活动能够提高身体的灵活性和柔韧性，减少受伤的风险。

3. 预防措施

针对以上原因，我们提出以下预防措施。

(1) 加强肌肉力量的训练，提高身体的耐力和稳定性。

(2) 进行柔韧性的训练，提高身体的柔韧性，降低肌肉韧带拉伤的风险。

(3) 学习正确的技术，避免错误的动作导致关节损伤和肌肉拉伤。

(4) 选择合适的环境和装备进行运动，如选择适合的地形、穿着合适的服装和鞋子等。

(5) 做好运动前的准备活动，充分热身，提高身体的灵活性和柔韧性。

(6) 合理安排运动时间和强度，避免过度疲劳和受伤。

总之，预防定向越野运动损伤需要从内因和外因两个方面入手，加强肌肉力量的训练和柔韧性的训练，学习正确的技术，选择合适的环境和装备，做好准备活动，合理安排运动时间和强度等。只有这样才能更好地享受定向越野运动的乐趣，同时避免受伤的风险。

(二) 关节扭伤

定向越野运动是一项极具挑战性和刺激性的户外运动，但在享受运动乐趣的同时，也可能会面临一些损伤的风险。本节将围绕定向越野运动损伤的预防措施展开讨论，包括内因、外因以及相应的预防措施。

1. 内因

(1) 体能训练。定期进行体能训练，增强关节稳定性、肌肉力量和柔韧性，有助于减少关节扭伤的风险。

（2）热身活动。在进行定向越野之前，进行充分的热身活动，如拉伸、慢跑等，有助于提高身体温度，增加关节灵活性。

（3）合理的运动装备。选择合适的运动装备，如合适的鞋子、护具等，有助于减少运动损伤的风险。

2. 外因

（1）场地选择。选择合适的场地进行定向越野，避免在不平坦、湿滑或有障碍物的场地进行运动。

（2）遵守规则。遵守定向越野的规则和安全提示，避免在不确定地形或存在安全隐患的地方进行运动。

（3）正确的技术动作。掌握正确的技术动作，避免过度用力或姿势不当导致关节扭伤。

（4）合理的运动量。遵循合理的运动量，避免过度疲劳和过度运动，以免增加损伤的风险。

3. 预防措施

（1）定期进行体检。在参加定向越野之前，进行身体检查和体检，了解自己的身体状况和选择适合的运动强度。

（2）定期进行康复训练。在发生关节扭伤后，进行适当的康复训练，有助于加快恢复速度、减少后遗症。

（3）定期参加安全培训。参加定向越野安全培训，了解运动损伤的预防措施和急救方法，提高自我保护意识。

（4）配备专业教练。在参加定向越野时，请配备专业教练进行指导，确保运动的安全性和有效性。

总之，预防定向越野运动损伤需要从内因和外因两个方面入手，包括体能训练、热身活动、场地选择、技术动作、运动量和安全培训等方面。通过遵循这些预防措施，可以有效地减少关节扭伤等运动损伤的风险，提高定向越野运动的乐趣和安全性。

（三）运动腹痛

定向越野是一项需要高强度运动和快速导航的户外运动，虽然它极具

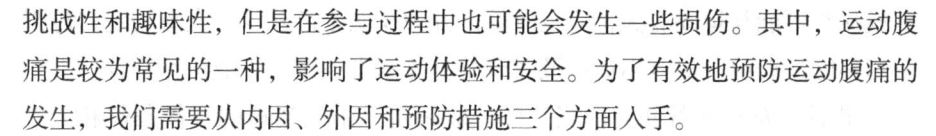

挑战性和趣味性，但是在参与过程中也可能会发生一些损伤。其中，运动腹痛是较为常见的一种，影响了运动体验和安全。为了有效地预防运动腹痛的发生，我们需要从内因、外因和预防措施三个方面入手。

1. 内因

在运动腹痛的产生过程中，内因占据了主要的因素。由于身体的某些生理特征和运动前的状态，有可能引发运动腹痛。

首先，我们的消化系统与运动息息相关。在进行剧烈运动时，胃肠道的蠕动可能会减缓，从而影响食物的消化和吸收。如果在运动前没有吃足够的食物，或者吃得过饱，就容易引发运动腹痛。因此，在运动前，我们需要吃一些易消化、营养均衡的食物，避免过饱。

其次，身体的代谢状态也会影响运动时的腹痛。例如，某些疾病（如胆囊炎、胃炎等）可能会在运动时引发疼痛。因此，在参与定向越野运动前，我们需要对自己的身体状况有充分的了解，如有不适，应提前就医。

2. 外因

除了内因，外因也是导致运动腹痛的重要因素。外因包括环境因素和运动前的准备活动等。

环境因素包括气温、湿度、空气质量等。在高温高湿的环境下运动，容易导致胃肠道痉挛，引发腹痛。因此，在参与定向越野运动前，我们需要了解并适应当地的气候条件，避免环境因素对运动造成影响。

运动前的准备活动对于预防运动腹痛也至关重要。充分的准备活动可以增强肌肉的弹性，提高关节的灵活性，减少运动损伤的发生。然而，如果在准备活动前吃得过饱，或者准备活动不足，就容易引发运动腹痛。因此，我们需要在运动前进行充分的准备活动，以减轻外因对运动的影响。

3. 预防措施

针对上述内因和外因导致运动腹痛的因素，我们提出以下预防措施：

首先，我们应确保在运动前吃足够的食物并避免过饱。饮食对身体的能量供应和胃肠道蠕动有很大的影响。我们建议在运动前1~2小时进食并保证饮食中含有足够的碳水化合物、脂肪和蛋白质等营养素。此外，为了避免胃酸分泌过多引起的腹痛，我们也应避免过晚或过多地进食。

其次，了解自己的身体状况并进行定期的健康检查。如果患有某些疾病或症状可能与运动有关,应及时就医并遵循医生的建议。在参与定向越野等高强度运动前,如有不适应及时调整身体状态或寻求专业医疗建议。

最后,充分准备并适应当地的气候环境。根据当地的气候条件和天气情况调整自己的服装和装备。在进行定向越野前进行充分的准备活动和拉伸运动,以减少肌肉和关节的紧张和疼痛。

总之,预防运动腹痛的关键在于了解内因和外因的影响因素,并采取相应的预防措施。通过合理的饮食、健康检查、准备活动和适应环境等方面的调整,我们可以更好地预防和应对定向越野运动中的腹痛问题。

(四)脚底筋膜炎和神经刺痛

定向越野运动是一项极具挑战性和刺激性的运动,但同时,它也可能会带来一些运动损伤。其中,脚底筋膜炎和神经刺痛是两种常见的定向越野运动损伤。本节将从内因、外因和预防措施三个方面,详细解析这两种损伤的形成原因和预防方法。

1. 内因

(1)生理结构。每个人的生理结构都不同,特别是足部结构。有的人足弓较高,容易在长时间运动中感到疲劳和不适。

(2)肌肉力量。肌肉力量不足可能导致关节和韧带承受过大的压力,从而引发损伤。

(3)韧带和关节柔韧性。韧带和关节柔韧性过大会增加受伤的风险,特别是在进行定向越野这种需要频繁变换地形和方向的户外运动。

2. 外因

(1)环境因素。定向越野运动需要穿越各种地形,如山地、森林、沙地等,这些环境因素可能对脚部造成伤害。

(2)鞋子不合适。不合脚的鞋子会增加脚部的压力和摩擦力,进而导致损伤。

(3)训练不足。缺乏足够的训练可能导致身体无法适应定向越野的运动强度和地形变化。

3. 预防措施

(1)做好热身运动。在进行定向越野前,进行充分的热身运动可以增加肌肉和韧带的柔韧性，降低受伤的风险。

（2）选择合适的鞋子。选择一双适合定向越野运动的鞋子，可以有效地减少脚部的压力和摩擦力。

（3）正确的步态。保持正确的步态，避免过度用力或使用错误的姿势，可以有效地减少脚底的损伤。

（4）定期锻炼。定期进行身体锻炼，增强肌肉和韧带的强度和弹性，可以提高身体对损伤的抵抗能力。

（5）合理安排运动强度和时间。根据自身情况合理安排运动强度和时间，避免过度疲劳和过度使用。

（6）定期检查。在运动过程中，定期检查自己的身体状况，及时发现并处理潜在的损伤风险。

（7）适当休息。在感到疲劳或不适时，适当休息，避免带伤运动。

（8）补充营养。合理饮食，摄入足够的维生素、矿物质和蛋白质等营养素，可以提高身体对损伤的抵抗能力和恢复速度。

（9）定期进行拉伸。定期进行足部和腿部韧带的拉伸，可以降低韧带和关节柔韧性过大的风险，减少受伤的可能性。

总之，预防定向越野运动损伤的关键在于充分了解自己的身体状况，选择合适的运动装备和场地，合理安排运动强度和时间，并采取适当的预防措施。通过这些预防措施的实施，可以有效降低定向越野运动中脚底筋膜炎和神经刺痛等损伤的发生概率，提高运动安全性和舒适度。

（五）肌腱、小腿肌痛

定向越野运动是一项极具挑战性和趣味性的户外运动，但同时也伴随着一定的损伤风险。其中，肌腱和小腿肌痛是常见的运动损伤之一。

1. 内因

（1）肌肉力量不足。定向越野需要较强的腿部肌肉力量，如果肌肉力量不足，容易在运动过程中造成肌腱和小腿肌的拉伤或疼痛。

（2）身体姿势不正确。在定向越野过程中，正确的身体姿势可以减少肌肉和关节的负担，降低损伤风险。如果身体姿势不正确，容易导致肌肉和关节的疲劳和损伤。

2. 外因

(1) 环境因素。定向越野的环境复杂多变，如山地、森林、河流等，这些环境因素可能导致地面不平、湿滑等情况，增加运动损伤的风险。

(2) 装备因素。合适的装备能够提高运动的安全性和效率。如鞋子的防滑性能、舒适度等都会影响运动过程中肌肉和关节的负担。

(3) 技术因素。正确的定向越野技能和技巧可以提高运动的安全性和效率。如果技术不当，容易导致肌肉和关节的疲劳和损伤。

3. 预防措施

针对以上原因，我们提出以下预防措施。

(1) 增强肌肉力量。通过有氧运动、力量训练等方法增强腿部肌肉力量，提高身体的稳定性。

(2) 改善身体姿势。在定向越野过程中，保持正确的身体姿势，如重心稳定、膝盖微曲等。这样可以减少肌肉和关节的负担，降低损伤风险。

(3) 选择合适的装备。选择适合定向越野的鞋子，并确保其防滑性能良好。同时，穿着合适的服装和配件，以减少环境因素对身体的伤害。

(4) 学习正确的技术。参加专业的定向越野培训课程，学习正确的运动技能和技巧。这样可以减少肌肉和关节的疲劳和损伤风险。

(5) 合理安排运动量。根据个人体能状况合理安排定向越野的运动量和强度，避免过度疲劳和损伤。

(6) 定期检查身体状况。定期进行身体检查，了解自己的身体状况和运动能力，以便及时调整运动计划和预防措施。

总之，通过增强肌肉力量、改善身体姿势、选择合适的装备、学习正确的技术、合理安排运动量和定期检查身体状况等预防措施，可以有效降低定向越野运动中肌腱和小腿肌痛的损伤风险。同时，我们也要注意保持健康的生活方式，合理饮食、充足休息、适量锻炼，以保持身体的健康和耐力。

(六) 半月瓣症

定向越野运动以其独特的挑战性和趣味性，吸引了众多运动爱好者的参与。然而，在享受运动带来的乐趣的同时，参与者也必须面对运动损伤的风险。

1. 内因

定向越野运动损伤的内因主要涉及参与者的身体素质、运动技能和心理素质。参与者必须具备良好的身体素质和运动技能，以应对运动中的挑战和困难。同时，健康的心理素质也是预防运动损伤的关键因素，包括良好的情绪调节能力和坚韧的意志力。

2. 外因

定向越野运动损伤的外因主要包括运动前的热身不足、错误的动作技巧、过度的运动负荷以及恶劣的天气条件等。热身不足可能导致肌肉和关节的紧张和僵硬，增加受伤的风险；错误的动作技巧可能导致关节磨损和肌肉拉伤；过度的运动负荷可能导致肌肉疲劳和关节劳损；恶劣的天气条件可能影响视线和行走稳定性，增加跌倒和扭伤的风险。

3. 预防措施

针对以上内因和外因，提出以下预防措施。

(1) 定期锻炼，增强身体素质和提高运动技能。

(2) 做好热身，充分拉伸肌肉和关节。

(3) 遵循正确的动作技巧，避免错误的发力方式和姿势。

(4) 合理安排运动负荷，避免过度疲劳。

(5) 关注天气预报，选择合适的天气和场地进行运动。

(6) 定期检查身体状况，如有不适及时就医。

4. 半月瓣症及其应对

半月瓣症是一种常见的心血管疾病，可能在剧烈运动后引发严重症状。因此，定期进行身体检查，了解自己的健康状况，对于定向越野运动的参与者至关重要。如有疑虑，应咨询医生并遵循专业建议。

定向越野运动是一项充满挑战和乐趣的运动，但参与者也必须面对损伤的风险。了解内因和外因，采取有效的预防措施，以及关注半月瓣症的应对，是避免运动损伤的关键。定期锻炼、做好热身、合理安排运动负荷、选择合适的天气和场地以及关注自己的健康状况，都是预防定向越野运动损伤的有效方法。同时，如有疑虑，应咨询医生并遵循专业建议。通过这些措施，参与者可以更好地享受定向越野运动的乐趣，同时保护自己的身体健康。

(七) 关节炎、黏液囊炎

定向越野运动是一项极具挑战性和趣味性的户外运动，深受广大爱好者的喜爱。然而，在享受运动带来快乐的同时，参与者也可能会遭遇一些损伤，其中关节炎和黏液囊炎是两种常见的运动损伤。本节将围绕这两种损伤的原因，提出相应的预防措施。

1. 内因

关节炎和黏液囊炎的发生，除了外部环境的影响，也与个体的生理特征有关。在定向越野运动中，以下因素可能导致关节炎和黏液囊炎的发生。

(1) 身体结构。关节结构不适应高强度运动，如膝关节、踝关节等。

(2) 身体素质。缺乏足够的耐力、力量和柔韧性，无法适应定向越野运动的挑战。

(3) 生理机能。内分泌失调、免疫力低下等导致身体机能下降。

2. 外因

除了内因，外部环境因素也是导致关节炎和黏液囊炎发生的重要原因。在定向越野运动中，以下因素可能导致这两种损伤的发生：

(1) 地面状况。不平整的路面、湿滑的地面等会增加关节负担。

(2) 天气条件。高温、高湿度、低温等恶劣天气条件会影响关节的血液循环和代谢。

(3) 运动装备。不合适的运动鞋、服装等会增加关节负担。

3. 预防措施

为了有效预防关节炎和黏液囊炎的发生，我们可以采取以下措施。

(1) 合理安排运动量。根据自己的身体状况和运动能力，合理安排运动时间和强度，避免过度疲劳和过度使用关节。

(2) 加强身体素质训练。通过有氧运动、力量训练和柔韧性训练，提高身体素质和关节的适应性。

(3) 选择合适的运动装备。选择适合户外运动的鞋子和服装，以减轻关节负担。

(4) 做好热身和拉伸。运动前进行充分的热身活动，有助于提高血液循环和关节灵活性；运动后进行拉伸，有助于缓解肌肉疲劳和关节僵硬。

（5）注意天气变化。在恶劣天气条件下，应适当减少运动量和强度，或在室内进行适当的有氧运动。

（6）定期检查身体状况。定期进行身体检查，了解自己的身体状况和关节健康状况，以便及时发现潜在的健康问题。

（7）合理休息和恢复。在运动过程中注意适当的休息和恢复，避免过度疲劳和过度使用关节。

（8）积极应对损伤。一旦出现轻微的关节不适或疼痛，应及时调整运动量和强度，并寻求医生的帮助和治疗。

总之，通过合理的预防措施，我们可以有效降低定向越野运动中关节炎和黏液囊炎的发生概率。在享受户外运动的乐趣的同时，保护好自己的身体健康。

（八）胫骨骨膜炎

1. 内因

胫骨骨膜炎的产生主要是由于胫骨内部骨骼结构与肌肉附着点的排列和结构问题。胫骨是连接股骨下端和足部的长骨，其结构特点使得它容易受到压力和摩擦的影响，尤其是在进行定向越野运动时。

2. 外因

（1）天气变化。如低温、潮湿、气压过高等天气条件会增加肌肉的紧张度，从而导致胫骨骨膜炎的发生。

（2）运动前的热身不足。在未充分热身的情况下进行剧烈运动，会增加肌肉和韧带的负担，从而引发胫骨骨膜炎。

（3）运动姿势不正确。错误的跑步姿势会增加胫骨的负担，使胫骨承受更大的压力，从而引发胫骨骨膜炎。

3. 预防措施

（1）调整身体结构。保持良好的身体结构，尤其是下肢骨骼和肌肉的排列，避免长时间不良姿势导致的骨骼畸形或肌肉疲劳。

（2）做好热身运动。在进行定向越野前，进行充分的热身运动，如慢跑、拉伸等，有助于提高肌肉的灵活性和弹性，减少运动损伤的发生。

（3）合理安排运动量。根据个人的身体状况和运动能力，合理安排运动量和强度,避免过度疲劳和运动过量。

(4)使用适当的装备。选择合适的跑鞋和运动服装,有助于减少运动时的摩擦和冲击,保护下肢骨骼和肌肉。

(5)定期检查。定期检查身体状况,了解自己的身体反应,及时发现并处理潜在的运动损伤。

(6)合理休息。在运动后,合理安排休息时间,有助于肌肉的恢复和重建,减少胫骨骨膜炎的发生。

总之,预防胫骨骨膜炎需要从内因和外因两个方面入手,调整身体结构、做好热身运动、合理安排运动量、使用适当的装备、定期检查和合理休息都是重要的预防措施。只有全面考虑,才能有效地减少定向越野运动损伤的发生。

第四节 伤害事故的预防和处理

定向越野是一项充满挑战和乐趣的运动,它需要参与者具备一定的地图与指北针使用技能,以及对地形的认知。然而,由于其独特的特性,定向越野也带来了一些潜在的危险。本节将探讨定向越野伤害事故的预防和处理,以确保参与者的安全。

一、伤害事故的预防

定向越野,又被称为定向运动,是一种以地图和指北针为工具,在尽可能短的时间内到达目的地的运动。尽管这项运动以其安全和趣味性强而备受推崇,但是一旦发生事故,可能带来的伤害不容忽视。以下是几个关键的预防策略,可帮助减少定向越野伤害事故的发生。

(一)训练与教育

对参与者进行定期的培训和安全教育是预防伤害的基础。参与者应了解定向运动的规则、安全事项、急救技能以及如何在紧急情况下与他人沟通。他们还应该接受基本的身体和心理素质的训练,以应对可能出现的疲劳、困难和挫折。

(二) 选择合适的装备

合适的装备对于定向越野至关重要。参与者应选择适合他们身体状况和能力的装备,包括地图、指北针、鞋子、手套、头盔等。同时,他们应了解并遵守装备的使用规则,例如避免在恶劣天气或高风险地形中使用不适合的装备。

(三) 定期检查装备

定期检查装备是防止意外发生的重要步骤。参与者应定期检查地图、指北针、鞋子的状况,以及手套、头盔等其他装备是否完好。如果有任何问题,应立即停止使用并寻求专业人士的建议。

(四) 遵守规则

遵守规则是避免伤害事故的关键。参与者应了解并遵守定向运动的规则,包括如何使用地图和指北针、如何确定方向、如何选择最佳路线等。此外,他们还应尊重地形和环境,避免进入禁止进入的区域。

(五) 合理的休息和饮食

参与者应合理安排休息和饮食,以确保他们在整个活动中保持最佳的身体状态。疲劳和饥饿都可能导致错误的方向判断和可能的危险行为。

(六) 团队协作

定向越野需要团队协作。参与者应学会如何与队友沟通,如何共享信息,如何应对可能出现的分歧和挑战。良好的团队协作可以帮助减少个人错误,并提高活动的安全性。

(七) 应急计划

参与者应制订应急计划,包括在紧急情况下如何寻求帮助,如何使用地图和指北针进行定位,以及如何应对可能的危险情况。这些计划应该包括所有可能的风险区域和应对策略。

(八) 定期演练和评估

定期进行定向越野的演练和评估可以帮助参与者熟悉环境，提高技能，并了解可能出现的风险。这也可以帮助他们更好地应对紧急情况，并提高他们的自信心和适应能力。

总的来说，定向越野是一项充满乐趣和挑战的运动，但同时也伴随着潜在的风险。通过实施上述预防策略，我们可以大大减少伤害事故的发生，使这项运动更加安全和有趣。记住，每个人的身体都是不同的，所以在开始任何定向越野活动之前，都应确保身体状况适合这项运动。

二、伤害事故的处理

在定向越野活动中，由于涉及复杂的地图导航、地形辨别、奔跑等高强度活动，可能会发生各种伤害事故。本节将详细阐述如何预防这些事故，并提供具体方法。

(一) 应急预案

在进行定向越野前，应制订详细的应急预案，包括事故发生后的处理流程、联络方式以及必要的急救设备。此外，参与者应了解急救知识，熟悉常用的急救方法，以便在事故发生时能够迅速采取措施。

(二) 止血

在定向越野中，常见的伤害事故包括擦伤和出血。对于小面积的出血，可用干净的布料或绷带进行加压止血。对于大面积的出血，应尽快找到止血点，并用干净的布料或毛巾进行加压止血。同时，应保持受伤部位的清洁，避免感染。

(三) 骨折处理

在定向越野中，如果发生骨折，应尽快将伤者移至安全地带，并尽快寻求专业医疗救助。在等待救援的过程中，应避免移动骨折部位，以免加重伤情。如有需要，可使用夹板、绷带等工具固定骨折部位。

(四) 脑震荡处理

脑震荡是定向越野中较为严重的伤害事故之一。在事故发生后，应将伤者移至安全地带，保持其呼吸通畅，并观察其意识状态。如有需要，应及时进行急救，如呼吸不畅可使用面罩进行吸氧等。在等待救援的过程中，应避免移动伤者。

(五) 心理援助

定向越野中发生的伤害事故可能会给参与者带来心理阴影。因此，在救援完成后，应提供心理援助，帮助参与者尽快恢复正常生活。救援组织或参与者本人可以提供心理疏导和安慰，帮助参与者调整心态，恢复正常生活。

定向越野是一项富有挑战和乐趣的运动，但只有通过充分的预防措施和正确的事故处理方法，才能确保参与者的安全。参与者应接受相关的技能培训，选择合适的装备，并遵守规则。在发生伤害事故时，应迅速采取适当的处理措施，并及时联系急救机构。最后，组织者应提供必要的心理援助，确保参与者尽快恢复。

总之，通过合理的预防措施、正确的处理方法和及时的急救措施，我们可以有效地减少定向越野伤害事故的发生，确保参与者的安全。让我们共同努力，为定向越野运动创造一个安全的环境。

(六) 突然昏厥

在野外，由于饮食不均或营养不良而造成突然昏厥的现象时常发生。这与疲劳过度、出汗较多、血糖过低有关。如果发生这类事件，应立即补充高糖食物，如喝些糖开水、吃几粒巧克力等，便可缓解症状。

另外，由于暂时性脑缺血引起短瞬间丧失意识的现象，表现为：突然性的衰弱无力，眼前发黑，脸部和口唇发白，全身发冷、出虚汗等。在这种情况下，应将患者头低脚高卧平，让血液回流，改善脑供血。同时解开患者的领口和腰带，注意保暖，再喝些热茶和糖水，休息一会儿即可恢复知觉。

应该注意的是：对突然昏厥的病人，不要随意托扶，应先观察其呼吸、心跳是否正常，然后采取相应的措施。

为了避免晕厥，在野外一定要注意饮食，要吃好、吃饱，并随身带一些水果糖、巧克力糖等高糖食品。如果感到饥饿头昏、心慌出汗时，应立即补充糖分和水分。

(七) 急性呕吐、腹泻

在野外，有些人适应能力较差，特别是由于当地的水和食物中所含微量元素不同，引起腹胀和腹泻，这属于非细菌性吐泻，它对身体危害不大，只需稍加休息便可适应。

由于饮食不卫生，暴饮暴食，引起肠胃炎而造成腹痛、呕吐、腹泻，还伴有发热，严重者可致脱水和电解质紊乱。这必须加以重视，应立即采取救治措施。首先应禁食，饮些糖水和盐水，然后服用复方新诺明、小檗碱片、泻痢停等药物，并注意防止脱水。

病从口入，在野外，一定要注意饮食卫生，绝不吃变质、变味的食物。

(八) 高原反应

高原反应是在海拔高、空气稀薄、气压低、空气中氧气较少的情况下，人体出现的不适感觉和症状。当进入高原地区（海拔为2000m以上）时就会感到气短、呼吸加快。随着高度的增加，继而出现头昏、胸闷、恶心、呕吐、四肢无力等症状。一般来说，人的适应能力是很强的，出现高原反应症状后不需任何治疗，两到三天便可自然恢复。

克服高原反应的方法有：多食巧克力、糖等高热能食物，以利于克服缺氧造成的不良影响；如果出现头昏、恶心等轻微的症状，可适当饮用些酸性饮料；不可喝酒，以避免增加氧的消耗量；注意防冻保暖，避免上呼吸道感染。

(九) 中暑

在夏天，如果长时间在高温下活动，可能会出现头昏眼花、耳鸣、四肢无力、皮肤干热，甚至昏倒、抽筋，严重者还会导致死亡。这就是中暑，是由于体内的热能不能及时散发所造成的。

如果在高温下活动一段时间后出现头痛、头昏、耳鸣、眼花、恶心、无力、口渴、大量出汗，这就是中暑的先兆，应及时离开高温环境，到通风、阴凉的地方休息。服用十滴水或其他解暑的药物，多饮水（最好是淡盐水），经过短暂的休息，症状便可消失。如果症状严重，出现肌肉痉挛、昏迷，则应立即将病人抬到阴凉处，解开衣服、腰带，让病人平卧，用冷毛巾或冰水冷敷、擦身以降温，并服用人丹、十滴水、盐开水等。对昏迷的病人可用针刺或手按压人中、内关、足三里等穴位。

为了防止中暑，在夏天安排野外活动时，应尽量避免长时间在闷热的环境和强烈的阳光下开展活动。服装应为色浅、质薄、宽松、吸汗，头上应戴太阳帽或其他遮阳用具；带足水或饮料，以保证及时补充水分；随身携带人丹、十滴水等防暑药品。

（十）被狗咬伤

伤口局部会出现红肿、疼痛，严重的可引起淋巴管炎、淋巴结炎或蜂窝组织炎。被狗咬伤后，不管是疯狗还是正常的狗，都应以最快速度冲洗伤口。狗咬伤的伤口往往是外口小而里面深，这就要求冲洗的时候尽可能把伤口扩大。若伤口流血，只要不是流血太多，就不要急着止血，因为流出的血液可将伤口残留的狗的唾液冲走，自然可起到一定的消毒作用。如果没有血出来，就要从近心端向伤口处挤压出血，设法把污染在伤口上的狗的唾液冲洗干净，有利于排毒。若伤口出血过多，应设法立即上止血带，然后送医院急救。记住：此时伤口可让其裸露，不要包扎伤口！送医院后由医生根据病情给伤者注射抗生素或破伤风抗毒素血清。对于其他部位被狗抓伤、舔吮以及唾液污染的新旧伤口，均应该按照咬伤同等处理。

（十一）被虫叮咬

在野外常会遭遇到一些讨厌的昆虫的袭击，如蚊子、跳蚤、臭虫的叮咬，野蜂、毛毛虫的蜇伤，以及蜈蚣、蚂蟥的咬伤等。这些小的昆虫，除个别的外，一般不会有太大的毒素，不会对人造成危险，一般情况下，涂上风油精、万金油或口水、肥皂，便能起到消炎、止痒的作用。

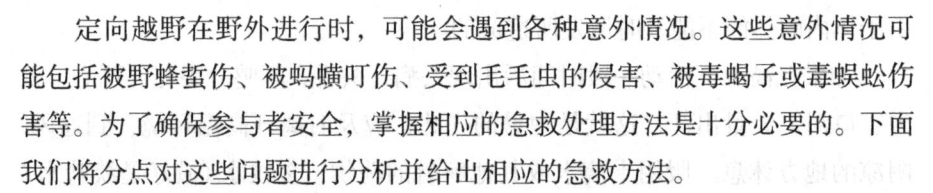

定向越野在野外进行时，可能会遇到各种意外情况。这些意外情况可能包括被野蜂蜇伤、被蚂蟥叮伤、受到毛毛虫的侵害、被毒蝎子或毒蜈蚣伤害等。为了确保参与者安全，掌握相应的急救处理方法是十分必要的。下面我们将分点对这些问题进行分析并给出相应的急救方法。

1. 被野蜂蜇伤的处理

（1）保持冷静，避免剧烈运动，因为这可能使毒素扩散更快。

（2）用流动的凉水持续冲洗伤口至少5min，以清除可能残留在皮肤上的毒液。

（3）如有条件，可用小苏打水或醋清洗伤口。

（4）若出现严重过敏反应，如呼吸困难、心跳加速等，应立即就医。

2. 被蚂蟥叮伤

（1）保持冷静，不要大力扯拉伤口，以免进一步伤害。

（2）用清水和肥皂清洗伤口，有助于减少蚂蟥体内的病菌。

（3）用小刀或针轻轻挑开伤口，取出蚂蟥。为防止其再次叮咬，可用唾液或酒精涂抹伤口。

（4）如出现伤口感染等严重症状，应就医。

3. 受到毛毛虫的侵害

（1）保持皮肤干燥，避免瘙痒。

（2）如出现大面积红肿或刺痛，可涂抹清凉油或局部冷敷缓解症状。

（3）如症状持续或加重，应就医。

在野外，还可以采些马齿苋、蒲公英、野菊花等清热解毒的草药揉烂后涂擦或外敷。如果全身出现皮疹，可服用氯苯那敏等抗过敏药。

4. 被毒蝎子或毒蜈蚣伤害

（1）保持冷静，避免剧烈运动，以免加速毒素扩散。

（2）用清水和肥皂清洗伤口。

（3）如出现严重过敏反应或伤口持续疼痛、肿胀等，应立即就医。

（4）在紧急情况下，可拨打当地的紧急救援电话。

在进行定向越野活动时，请务必遵守相关安全规定，如穿着合适的户外服装和鞋子、携带必要的应急工具等。在活动中与野生动植物保持安全距离，避免接触不明物体或动物巢穴。如有疑问，请寻求专业人士的指导。这些基本的急救处理方法虽然可以提供一定的帮助，但遇到紧急情况时，仍应立即就医。总之，保持警觉、遵守规定、尊重自然，是我们在户外活动中的基本原则。

（十二）蛇咬

如果被蛇咬伤，首先要判断蛇是否有毒，毒蛇与无毒蛇的区别是：

毒蛇一般头大颈细，头呈三角形，尾短而突然变细，表皮花纹比较鲜艳。无毒蛇一般头呈圆形，颈不细，尾部细长，体表花纹多半不明显。

被毒蛇咬伤的伤口留下的牙印上还留下两颗毒牙齿的大牙印，而无毒蛇则仅留下一排整齐的牙印。

如果被蛇咬后15min，伤口出现红肿并疼痛，则有可能是被毒蛇咬了；若伤口无红肿及疼痛，则可能属非毒蛇咬伤。

如果不能判断是否被毒蛇所咬，可一律采取以下措施：保持镇静，就地休息，避免或减少运动，以防毒素向全身扩散；用止血带、橡胶带、或随身带的绳子、带子等在伤口的上方扎紧，以阻断静脉血和淋巴液的回流，防止毒素扩散；用生理盐水、冷开水、矿泉水冲洗伤口，有条件的话可用双氧水或0.1%的高锰酸钾溶液冲洗，还可以用肥皂水清洗。如果伤口上留有毒牙，应立即拔出。

排毒、吸毒。用两手在伤口处挤压或利用各种吸引器在伤口处吸毒。在紧急情况下可用嘴吸吮（口腔、牙龈应无破损），边吸边吐，再用清水、盐水或酒漱口。如果吸毒不明显，可将伤口做十字形切开后再吸。

口服或外用随身携带的蛇药。如南通蛇药（又名季德胜蛇药）、群生蛇药、上海蛇药、湛江蛇药等。具体用法可见说明书。值得注意的是：蛇药应早用，咬伤超过24小时后则效果不佳。在服药的同时，可将药片用白酒加开水溶化后涂在伤口的周围，这样效果更好。

（十三）急救溺水者

如果发生淹溺，或不慎落水，千万不要紧张，首先应想办法自救，也就是尽量让自己浮在水面上，其方法可采用仰游的姿势，做深呼吸，寻找并抓住水面上的漂浮物来增加自己的浮力；还可以做像踩自行车那样的踩水动作，并用两手不断划水，屏住气，利用头部露出水面的机会换气，再屏住气，如此反复，不会沉入水底。许多溺水而死的人，都是因为过于紧张，喝水太多，无法呼吸而造成的。因此溺水时，要保持浮姿，任水冲流，不要勉强与水流相抵抗。

在岸边的急救者可向水中投掷木板、竹竿、绳索或其他救生器材，让溺水者抓住这些器具游上岸。即使是善于游泳的人，也不要直接跳水去援救，因为溺水的人往往会紧抓来救援的人，而使之无法救助，结果两人都可能溺水而亡。如果发现溺水者已开始下沉，抢救者应立即考虑下水急救。但要注意，不可从正面接近溺水者，应从侧面托住溺水者的腋窝或下颌，之后将溺水者拖出水面。

上岸后，要立即采取抢救措施，具体方法是：

清除溺水者口腔、鼻腔中的杂物，并把舌头拉出，解开衣领。

控水：方法是救护人员一腿跪地，另一腿屈膝，让溺水者俯卧于大腿上，头部下垂，以膝抵住溺水者的腹部，再按压其背，让呼吸道及胃中的水从口腔中控出。如果溺水者还有知觉，可用手指刺激其喉咙，使胃中的积水吐出。

如果溺水者的呼吸、心跳停止，应迅速进行人工呼吸和胸外心脏按压等抢救措施，并立即送往医院。

第五节 定向越野体能训练的营养保障

定向越野是一项需要良好体能和耐力的运动，因此，营养保障在定向越野体能训练中起着至关重要的作用。

一、营养的重要性

在定向越野中，运动员需要长时间行走、攀爬和寻找目标点。这些活动需要大量的能量和水分，因此，良好的营养保障是保持运动员最佳状态的关键。营养有助于提供能量、维持体温、增强肌肉力量和耐力，以及促进恢复和修复。

二、运动前营养摄入

在运动前，合理的饮食可以为身体提供所需的能量和养分，以便运动员能够迎接即将到来的挑战。运动员应该在运动前一晚确保充足的睡眠，并保持饮食均衡，富含蛋白质、碳水化合物和适量的脂肪。早餐应该选择高能量、易消化的食物，如面包、燕麦、果汁等。此外，运动员还可以在运动前补充一些高糖分的饮料，以帮助提高血糖水平，为运动提供能量。具体如下。

(一) 运动前饮食选择

在运动前，应该选择富含碳水化合物、蛋白质和脂肪的食物，以提供能量和维持身体所需的营养。以下是一些适合运动前的饮食选择。

(1) 高糖分食品。如香蕉、米饭、面包等，能够快速提供能量。

(2) 瘦肉。如鸡胸肉、鱼肉等，含有高质量的蛋白质，同时能够提供一些能量。

(3) 健康脂肪。如坚果、鳄梨、橄榄油等，含有不饱和脂肪酸，有助于提高饱腹感。

在饮食过程中，应尽量保持多样化的食物选择，以保证摄入各种必需的营养素。避免过多摄入油腻、高盐、高糖分和高脂肪的食物，以免影响消化和运动表现。

(二) 运动前食物摄入量

在运动前，应根据个人的体能状况和运动强度来确定食物的摄入量。一般来说，应该在运动前 1～2 小时内摄入适量的食物，以避免在运动过程中出现低血糖或饥饿感。同时，不要过度饱食，以免增加胃肠道负担，影响运动表现。

(三) 运动前水分摄入

在运动前，应该适量饮水，以补充身体的水分储备。水是维持身体正常功能的重要物质，能够调节体温、促进代谢和输送营养物质。在运动前应该饮用适量的水，以保持身体的水分平衡。

（四）运动前特殊情况的处理

在定向越野体能训练运动前，如果有特殊情况如低血糖、腹泻等，应该根据具体情况调整饮食和水分摄入，以避免对身体造成不良影响。如有需要，可以咨询专业医生或营养师的建议。

总之，定向越野体能训练运动前的营养摄入对于保持身体状态和提高体能至关重要。在饮食选择上，应该选择富含碳水化合物、蛋白质和脂肪的食物，并保持多样化的食物选择。在食物摄入量上，应该根据个人的体能状况和运动强度来确定摄入量。同时，应该注意水分摄入，保持身体的水分平衡。如有特殊情况，应该根据具体情况调整饮食和水分摄入，并及时咨询专业医生或营养师的建议。

三、运动中营养摄入

在定向越野运动中，运动员需要不断奔跑、攀爬和寻找地图上的标记点。这需要大量的能量和养分。因此，运动员应该在运动中适时补充水分和能量。一般来说，运动员可以在运动过程中每隔一段时间喝一小口水或吃一些高糖分的零食，如巧克力、水果等。这些食物可以为身体提供所需的能量和养分，帮助运动员维持良好的体能状态。

合理的饮食安排对于定向越野体能训练运动的营养摄入至关重要。运动员应该遵循健康的饮食习惯，包括定时定量吃饭、选择多样化的食物、控制饮食的量和脂肪含量等。建议运动员在训练前 30~60min 吃一些易消化的碳水化合物食品，以提供足够的能量。同时，在训练后，运动员应该及时补充蛋白质和碳水化合物，以帮助身体修复和重建肌肉。

总之，定向越野体能训练运动的营养摄入对于运动员的身体和训练非常重要。运动员应该根据自身需求选择合适的营养素来源，并制定合理的饮食安排，以确保身体能够得到足够的能量、碳水化合物、蛋白质、维生素和矿物质等营养素的摄入。

定向越野体能训练中所需的营养如下。

(一) 糖

当进行定向越野体能训练时，肌肉消耗的糖为安静时候的20倍。所以适当增加糖的摄入，有利于机体内糖原的恢复。长时间运动时如果糖的摄入不足，则容易引起低血糖症状，出现头昏、眼花、步态不稳等。

定向越野是一项需要高度体能的活动，对于参与者的身体素质和体能耐力有很高的要求。在定向越野中，糖是运动员所需的主要能量来源，因此，对于参与定向越野的运动员来说，合理的营养保障是至关重要的。

1. 糖的重要性

糖是人体最直接的能量来源，也是运动中最主要的能量来源。在运动过程中，糖能够快速提供能量，帮助运动员应对高强度的运动挑战。当糖储备不足时，身体会开始消耗脂肪和肌肉，这将严重影响运动员的表现和恢复。因此，充足的糖储备对于定向越野运动员来说是至关重要的。

2. 保障糖的摄入

(1) 饮食多样，合理搭配。在饮食方面，运动员应该摄入多种类型的碳水化合物，包括复合碳水化合物和支链碳水化合物。前者如全麦面包、米饭和土豆等，后者如燕麦、香蕉和果汁等，它们能够提供更快速的能量释放和更高的吸收率。此外，还应该适当摄入一些高质量的蛋白质和脂肪，以保证身体其他方面的需要。

(2) 控制饮食时机。在运动前、运动中和运动后，糖的摄入时机是非常重要的。在运动前，应该适量摄入糖以补充身体的糖储备；在运动中，适时补充运动饮料可以迅速补充糖分，保持身体的能量水平；在运动后，应该及时补充碳水化合物食品，以帮助身体快速恢复糖储备。

3. 注意事项

(1) 避免过度训练。在定向越野训练中，过度训练是常见的现象。然而，过度训练会导致身体糖储备不足，影响运动员的表现和恢复。因此，运动员应该合理安排训练量，避免过度训练。

(2) 注意水分补充。在定向越野中，水分流失是非常快的。因此，运动员应该注意水分的补充，避免脱水。同时，运动饮料可以帮助身体更快地吸收水分和糖分。

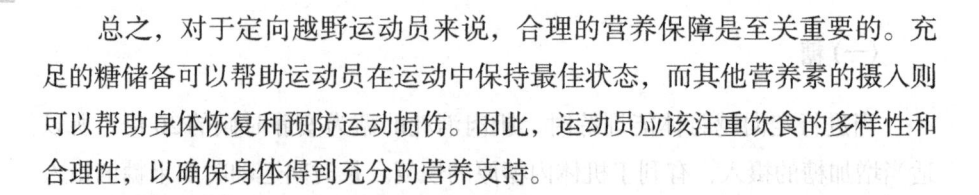

总之，对于定向越野运动员来说，合理的营养保障是至关重要的。充足的糖储备可以帮助运动员在运动中保持最佳状态，而其他营养素的摄入则可以帮助身体恢复和预防运动损伤。因此，运动员应该注重饮食的多样性和合理性，以确保身体得到充分的营养支持。

（二）蛋白质

蛋白质是生命的基础，与运动的关系十分密切。蛋白质参与机体肌肉等组织的修复，构成机体的活性物质，提高机体的免疫力，必要的时候还可以为我们的机体提供能量。定向越野是一项极具挑战性的运动，需要运动员具备优秀的体能和耐力。为了在比赛中取得好成绩，运动员需要经过长期的体能训练，而营养保障是体能训练中不可或缺的一部分。蛋白质是构成人体组织和器官的基本物质，对于运动员来说，它对于肌肉恢复、免疫力和抗疲劳等方面具有重要作用。本节将探讨定向越野体能训练的营养保障，重点关注蛋白质的作用及其补充方法。

1. 蛋白质在定向越野体能训练中的作用

蛋白质是肌肉修复和生长的重要物质基础，对于提高运动员的耐力和力量至关重要。在定向越野运动中，运动员需要长时间奔跑、攀爬和穿越各种地形，这需要他们拥有强大的肌肉力量和耐力。通过摄入足够的蛋白质，运动员可以促进肌肉修复和增长，提高身体代谢率，从而更好地应对高强度的运动挑战。

此外，蛋白质还对免疫系统具有重要作用。在定向越野训练中，运动员经常面临各种环境变化和身体压力，免疫力是保持身体健康的关键。摄入足够的蛋白质可以为免疫系统提供所需的营养物质，增强免疫细胞的活性，从而更好地抵御疾病侵袭。

2. 定向越野体能训练中蛋白质的补充方法

在训练过程中，我们应该选择含有高质量蛋白质的食物，如肉类、鱼类、禽类、豆类和奶制品。同时，我们也应该注意饮食的均衡，摄入足够的蔬菜和水果，以保证身体对各种营养素的需求。

此外，在训练结束后，适时的蛋白质补充也非常重要。特别是在高强度的运动后，身体需要大量的蛋白质来修复肌肉组织。此时，我们可以选择一些高蛋白的食品或蛋白粉来补充身体所需的蛋白质。

为了确保蛋白质的充足摄入，运动员可以采取以下几种补充方法。

（1）饮食补充。在训练前、训练中和训练后，运动员应合理搭配饮食，摄入富含蛋白质的食物，如肉类、鱼类、禽类、豆类和奶制品等。这些食物可以为身体提供所需的氨基酸，促进肌肉修复和增长。

（2）蛋白质粉补充。对于无法通过饮食摄入足够蛋白质的人群，可以考虑使用蛋白质粉进行补充。蛋白质粉易于吸收，可以为身体提供快速、便捷的蛋白质来源。

（3）运动饮料。在定向越野体能训练中，运动员可以选择含有蛋白质的运动饮料。这些饮料富含优质蛋白质，可以为身体提供所需的氨基酸，同时提供能量和水分，有助于维持身体的水电解质平衡。

总之，蛋白质在定向越野体能训练中具有重要作用，是运动员保持身体健康和良好表现的关键营养物质。通过合理的饮食搭配和选择合适的补充方式，运动员可以确保充足的蛋白质摄入，提高体能训练的效果。

（三）脂肪

脂肪在人体的储存量很大，糖和蛋白质在体内可以转化成脂肪，一般情况下体内的脂肪含量不会有大的变化，但是必须注意脂肪酸的补充。在长时间运动中特别是糖供能不足时，脂肪供能才能有更重要的意义。定向越野是一项需要良好体能和技巧的运动，因此，良好的营养保障对于运动员来说至关重要。在定向越野中，脂肪的摄入和利用对于维持运动员的能量水平和耐力至关重要。

1. 脂肪在能量供应中的作用

脂肪是人体主要的储能物质，在运动过程中能够快速转化为能量，为肌肉提供能量。此外，脂肪代谢产生的酮体也是机体能量供应的重要来源之一，对于长时间运动的运动员来说，酮体的供应可以减轻其他能源物质的负担。因此，脂肪在能量供应中扮演着重要的角色。

2. 脂肪的摄入

在定向越野体能训练的营养保障中，合理的脂肪摄入对于维持运动员的能量水平和耐力至关重要。适量的动物性脂肪、植物油、坚果等富含不饱

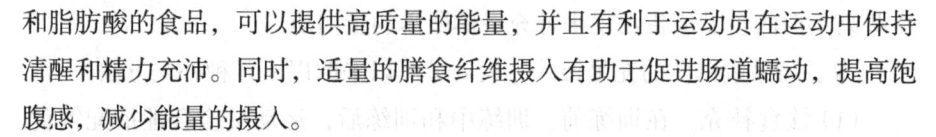

和脂肪酸的食品，可以提供高质量的能量，并且有利于运动员在运动中保持清醒和精力充沛。同时，适量的膳食纤维摄入有助于促进肠道蠕动，提高饱腹感，减少能量的摄入。

在脂肪摄入方面，应注意以下几点。

（1）控制总脂肪摄入量。过多的脂肪摄入会导致肥胖，增加心血管疾病的风险。建议每日总脂肪摄入量占总能量的20%~35%。

（2）选择健康的脂肪来源。应选择富含不饱和脂肪的食物，如鱼类、禽类、坚果、橄榄油等。尽量避免摄入饱和脂肪和反式脂肪酸。

（3）适量摄入富含脂溶性维生素的食物，如动物内脏、鱼类、奶制品等。

3. 脂肪的利用

在运动过程中，脂肪的利用需要良好的代谢和运输机制。适量的蛋白质摄入可以促进肌肉的修复和生长，提高身体的代谢水平，从而有利于脂肪的利用。此外，维生素B族和维生素C等营养素也有助于提高身体的代谢水平，促进脂肪的氧化利用。

4. 饮食安排

合理的饮食安排是保证运动员营养保障的关键。在定向越野体能训练期间，运动员应该遵循高蛋白、低脂肪、低碳水化合物的饮食原则，同时适量摄入富含维生素和矿物质的食品。此外，根据运动量和身体状况，合理安排餐点的时间和数量，避免过度饥饿或饱胀感。

总之，脂肪在定向越野体能训练的营养保障中扮演着重要的角色。适量的脂肪摄入和利用可以帮助运动员维持能量水平和耐力，提高运动表现。在饮食安排上，合理的饮食原则和餐点安排是保证运动员营养保障的关键。在训练过程中，注意保持水分和电解质的平衡，避免脱水，也是维持运动员健康和运动表现的重要因素。

（四）无机盐

定向越野是一种非常考验体力和耐力的运动，它需要参与者具备较高的体能和灵活性。在定向越野运动中，身体需要大量的能量和营养素来支持运动表现。在体能训练中，由于出汗可造成一定量的钠、钾、钙、磷等无机盐的丢失。如果无机盐得不到及时的补充，就会造成运动能力的下降、肌肉痉挛以及运动性疲劳的发生。在运动中或运动后要及时补充富含电解质的饮料，防止体内钠、钾等电解质的缺乏。长期的体能训练要补含铁丰富的食物，女性更应该注意铁的摄入，防止贫血的出现。无机盐作为身体必需的营养成分，对于定向越野的体能训练具有重要的作用。本节将探讨定向越野体能训练的营养保障：无机盐。

1. 钠与定向越野

钠是人体必需的无机盐之一，对于维持细胞正常功能、保持电解质平衡和肌肉收缩具有重要作用。在定向越野运动中，钠的摄入对于保持体力和耐力至关重要。运动员可以通过食用含钠的食物或使用含钠的营养补剂来满足身体对钠的需求。

2. 钾与定向越野

钾也是身体必需的无机盐，它有助于维持肌肉的正常功能，包括神经和肌肉的传导。在定向越野运动中，钾的摄入对于保持肌肉的灵活性和力量至关重要。运动员可以通过食用含钾的食物或使用含钾的营养补剂来满足身体对钾的需求。

3. 镁与定向越野

镁是另一种对身体非常重要的无机盐，它有助于维持肌肉的正常功能和神经系统的传导。在定向越野运动中，镁的摄入对于提高运动员的耐力和反应速度具有重要作用。运动员可以通过食用富含镁的食物或使用含镁的营养补剂来满足身体对镁的需求。

4. 营养补剂的选择

在选择营养补剂时，运动员应根据自己的身体状况和营养需求进行选择。一些专业化的营养补剂品牌会根据不同运动项目的特点和需求进行研发，以提供更加科学、合理的营养配方。在选择营养补剂时，建议运动员遵循以下原则。

（1）选择专业化的营养补剂品牌，以确保营养配方的科学性和合理性。

（2）根据自身身体状况和营养需求选择适合的营养补剂，如不同的年龄段、性别、体重、运动量等。

（3）注意营养补剂的剂量和服用方法，确保摄入足够的营养素。

（4）避免过量摄入营养补剂，以免对身体造成负面影响。

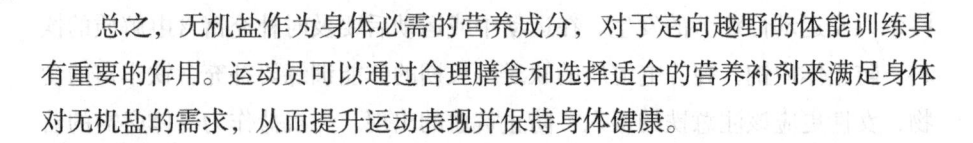

总之，无机盐作为身体必需的营养成分，对于定向越野的体能训练具有重要的作用。运动员可以通过合理膳食和选择适合的营养补剂来满足身体对无机盐的需求，从而提升运动表现并保持身体健康。

（五）维生素

维生素参与体内活性酶的合成，调节机体的新陈代谢。在运动中，机体能量消耗增加，加速了代谢过程，维生素的消耗也随之增加，同时由于出汗使得部分水溶性维生素，特别是维生素C丢失。所以运动后的饮食应注意尽量食用新鲜的食物，如蔬菜、水果、鱼和肉等维生素含量高的食物。维生素可调节体内代谢物质，是人体正常机能不可缺少的营养素，对于能量代谢、提高肌肉力量、促进蛋白质合成及抗氧化还原反应有重要作用。

定向越野是一项需要高体能和耐力的运动，因此，良好的营养保障对于运动员来说至关重要。维生素是营养素之一，对于定向越野体能训练的营养保障具有重要作用。本节将探讨维生素在定向越野体能训练的营养保障中的作用，以及如何通过合理的饮食来确保运动员获得足够的维生素。

维生素是人体必需的营养素之一，它们有助于维持身体正常运转和健康。维生素对定向越野体能训练的营养保障有以下几个方面的作用。

（1）维生素A。维生素A有助于维持正常的视力和免疫系统功能，这对定向越野非常重要，因为运动员需要在复杂的地图和环境中寻找和确定方向。充足的维生素A可以帮助运动员保持清晰的视觉，从而提高他们在定向越野中的表现。

（2）维生素B族。维生素B族包括维生素B_1、B_2、B_3、B_6和B_{12}等，它们有助于维持神经系统和肌肉的正常功能。在定向越野中，运动员需要保持高度警觉和注意力集中，维生素B族有助于维持他们的身体状态和反应速度。

（3）维生素C。维生素C有助于增强免疫系统和抗氧化能力，这对运动员来说非常重要，因为他们经常在户外进行高强度的运动。充足的维生素C可以帮助运动员抵抗感染，保持身体健康。

（4）维生素D。维生素D有助于促进骨骼健康和钙的吸收，对于经常进行户外运动的运动员来说非常重要。适量的维生素D可以帮助他们保持健康的骨骼和肌肉力量。

为了确保运动员获得足够的维生素，我们可以从以下几个方面入手。

（1）合理搭配食物。在膳食中合理搭配各种食物，包括富含维生素A、B族、C和D的食物，如新鲜蔬菜、水果、瘦肉、鱼类等。

（2）适量补充维生素制剂。在饮食无法满足身体所需的情况下，适量补充维生素制剂是必要的。但要注意不要过量，以免对身体造成负担。

（3）定期检查身体状况。定期进行身体检查，了解身体对维生素的需求，并根据检查结果调整饮食或补充剂的摄入量。

总之，维生素在定向越野体能训练的营养保障中具有重要作用。通过合理搭配食物和适量补充维生素制剂，可以确保运动员获得足够的维生素，从而提高他们在定向越野中的表现。同时，定期检查身体状况也是非常重要的，以便及时发现并解决潜在的健康问题。

（六）水

定向越野是一项极具挑战性的运动，它需要参与者具备良好的体能、快速的反应速度以及精确的判断力。为了在定向越野中取得优异的成绩，除进行适当的体能训练外，营养保障也是不可或缺的一部分。在这里，我们将重点关注水在定向越野体能训练的营养保障中的重要性。

1. 水在定向越野中的重要性

水是人体重要的营养素，是人体内数量最多的成分，占体重的50%至60%，人体新陈代谢的一切生物化学反应都必须在水介质的参与下进行。在运动过程中，特别是炎热的夏季，随着运动强度的增大、运动时间的延长，机体大量地出汗造成体内水分的流失，严重时造成脱水甚至休克。在运动中、后应注意水分的补充，防止身体脱水。

在定向越野体能训练中，水是非常重要的营养素。身体需要水来保持体温、输送养分和氧气到肌肉，以及润滑关节和肠道。特别是在高强度、长时间的活动中，身体会损失大量的水分。

2. 如何正确补充水分

（1）充足的水分摄入。在训练和比赛中，运动员应该遵循"少量多次"的原则，将水分均匀地分配到一天中的各个时间段。这样可以确保身体时刻保持水分平衡，避免脱水。

（2）饮用水质。尽量选择饮用纯净水或者含有适量电解质的饮料，避免饮用含有过高糖分或者添加剂的饮料，以免对肾脏造成负担。

（3）适时补水。在运动过程中，应该适时补水，尤其是在气温高、湿度大的环境下。补水的时间和量应该根据运动强度和身体状况进行调整。

为确保身体有足够的水分，运动员应遵循"饮水八杯法"：每小时至少喝一杯水。同时，在运动前、运动中和运动后都要注意补充水分。运动饮料可以提供适量的糖分、电解质和维生素，有助于维持体液平衡和能量水平。

水在定向越野体能训练的营养保障中扮演着至关重要的角色。为了确保运动员在运动中保持水分平衡，并取得优异的成绩，他们需要了解如何正确补充水分，并关注其他营养素的摄入。同时，根据训练和比赛的需求，制订合理的营养补充方案，为身体提供足够的能量和营养支持。

总之，水是定向越野体能训练的营养保障中的基础元素，正确的饮水方式和适量的其他营养素的摄入对于提高运动员的表现具有重要作用。通过合理的营养补充方案，运动员可以更好地应对定向越野的挑战，从而取得更好的成绩。

（七）膳食纤维

定向越野是一项极具挑战性的运动，它需要运动员具备优秀的体能、耐力、方向感以及快速的反应能力。为了在比赛中取得优异的成绩，运动员不仅需要具备良好的身体素质和技能，还需要合理的营养保障。其中，膳食纤维在定向越野体能训练的营养保障中扮演着重要的角色。

1.膳食纤维的定义与作用

膳食纤维是一种不能被人体肠道消化酶分解的多糖，它对人体健康有着重要的作用。首先，膳食纤维可以增加饱腹感，减少能量的摄入，有助于控制体重。其次，膳食纤维有助于肠道健康，促进肠道蠕动，预防便秘和肠道疾病。此外，膳食纤维还可以吸附肠道中的有害物质，减少有害物质的吸收。

2.定向越野体能训练对膳食纤维的需求

定向越野是一项高强度的体能训练，运动员需要长时间的运动和高强

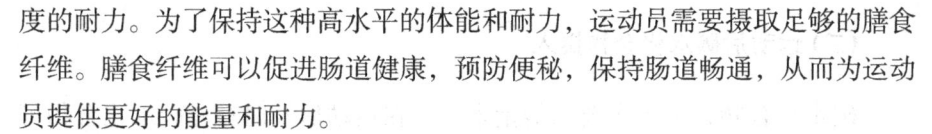

度的耐力。为了保持这种高水平的体能和耐力，运动员需要摄取足够的膳食纤维。膳食纤维可以促进肠道健康，预防便秘，保持肠道畅通，从而为运动员提供更好的能量和耐力。

3. 如何摄取足够的膳食纤维

在膳食纤维的摄取上，运动员需要做到多样化、均衡的饮食。首先，增加全谷类食物的摄入量，如糙米、燕麦、全麦面包等。这些食物富含膳食纤维，同时还能提供丰富的维生素和矿物质。其次，多吃蔬菜和水果，尤其是那些富含膳食纤维的蔬菜，如豆类、蘑菇、海带等。最后，选择富含膳食纤维的蛋白质来源，如豆类、坚果等也是非常重要的。

在摄取膳食纤维时，需要注意适量原则，避免过量摄入导致腹胀等不适症状。同时，也要注意与其他营养素的平衡搭配，避免营养失衡。此外，对于某些特殊人群如糖尿病患者，在摄取膳食纤维时还需要特别注意血糖波动等问题。

膳食纤维在定向越野体能训练的营养保障中扮演着重要的角色。它有助于维持肠道健康，促进肠道蠕动，预防便秘和肠道疾病。为了在定向越野比赛中取得优异的成绩，运动员需要摄取足够的膳食纤维和其他营养素，并注意与其他营养素的平衡搭配。合理的营养保障是提高运动员体能和耐力的关键因素之一。

四、运动后营养摄入

运动后的饮食对于恢复体能和提高运动表现同样重要。定向越野是一项极具挑战性的运动，需要运动员具备优秀的耐力、速度和方向感。在进行定向越野体能训练后，运动员需要合理地摄入营养，以帮助身体恢复和增强体能。

（一）运动后蛋白质摄入

蛋白质是肌肉修复和增长的重要营养素。在运动后，运动员需要及时补充蛋白质，以帮助身体恢复。建议运动员每天摄入适量的动物蛋白，如鸡蛋、瘦肉、鱼等，同时也可以适量食用豆类、坚果等植物蛋白。

(二)运动后碳水化合物摄入

碳水化合物是人体主要的能量来源，在运动后及时补充碳水化合物可以迅速恢复体能。建议运动员选择低 GI（升糖指数）的食物，如糙米、全麦面包等，以帮助身体缓慢释放能量，避免能量堆积。

(三)运动后脂肪摄入

适量的脂肪摄入可以帮助身体吸收营养素，同时提供必需的脂肪酸，如亚油酸、亚麻酸等。建议运动员选择富含不饱和脂肪酸的食物，如鱼类、坚果等。同时，要控制脂肪摄入量，避免过多摄入饱和脂肪酸。

(四)运动后维生素和矿物质摄入

维生素和矿物质是人体必需的营养素，可以帮助身体恢复和增强免疫力。建议运动员多吃新鲜蔬菜和水果，以摄入充足的维生素和矿物质。此外，运动员还可以适量食用一些维生素和矿物质补充剂。

(五)运动后水分摄入

运动后及时补充水分可以帮助身体排出废物，促进身体恢复。建议运动员在运动后及时补充水分，并遵循少量多次的原则，避免一次性饮用过量。

总之，在定向越野体能训练运动后，运动员需要合理地摄入营养素，以帮助身体恢复和增强体能。建议运动员在饮食上注重蛋白质、碳水化合物、脂肪、维生素和矿物质的摄入，同时注意水分的补充。此外，运动员还需要根据自身情况制订个性化的饮食计划，以确保营养摄入的均衡和适量。

五、特殊营养补充剂的使用

除合理的饮食外，一些特殊营养补充剂也可以帮助运动员提高体能和表现。例如，维生素和矿物质是人体必需的营养物质，对于肌肉的生长和恢复有着重要作用。运动员可以在医生的指导下选择适合自己的特殊营养补充剂，以确保身体得到足够的营养支持。

总之，定向越野体能训练的营养保障非常重要，应通过合理的饮食计划和适当的补充剂来提供足够的能量、蛋白质、碳水化合物、脂肪、维生素和矿物质，以保持最佳的身体状态和提高运动表现。此外，良好的睡眠质量也是恢复和修复的关键因素，应得到足够的重视。

结束语

随着定向运动的普及和发展，越来越多的人开始关注和参与到这项运动中来。作为定向运动的指导者和教育者，我们深感有必要编写一本实用的教材，为广大的定向爱好者提供教学和技能训练的参考。经过一段时间的努力，《定向越野教学与技能训练》教材终于完成了。

定向运动是一项集竞技、健身、娱乐和探险于一体的体育运动，具有很强的实用性。近年来，定向运动在国内外高校中得到了广泛的推广和普及，越来越多的人开始关注和参与到这项运动中。然而，由于缺乏系统的教学和训练方法，许多初学者在入门时感到困惑和迷茫。

本教材的写作初衷是为了满足广大定向爱好者的需求，帮助他们更好地掌握定向技能，提高定向水平。

在写作过程中，我们参考了大量的相关文献和资料，并结合自己的教学实践，对教材内容进行了梳理和整合，力求做到内容全面、实用、易懂，符合教学规律和学生的认知特点。同时，本教材也参考了一些优秀的定向运动教材和教学案例，从中汲取了有益的经验和做法。

本教材的特色在于注重理论与实践的结合，注重实用性和可操作性，旨在帮助学生更好地理解和掌握定向技能，提高他们的实际操作能力。同时，我们也注重培养学生的创新能力和团队合作精神，帮助他们更好地适应未来的学习和工作。

本教材在写作过程中也遇到了一些问题和困难。例如，由于定向运动的发展还不是很成熟，相关的文献和资料相对较少。同时，由于我们的经验和能力有限，教材中可能还存在一些不足和疏漏之处，敬请广大读者批评指正。

总之，《定向越野教学与技能训练》教材的完成是为推动定向运动发展所做的一份贡献，我们希望通过本教材，能够为广大定向运动爱好者提供有益的教学和训练参考，帮助他们更好地掌握定向运动技能，提高定向运动水平。也欢迎广大读者提出宝贵的意见和建议，以便不断完善和提高教材的质量。

最后，要感谢所有支持和关注定向运动的人们，是你们的热情和努力让这项运动得以传承和发展。让我们一起为推广和普及定向运动而努力，为健康、快乐、和谐的体育文化作出自己的贡献！

参考文献

[1] 曾丙熙.促进大学生心肺耐力发展的运动干预研究[J].文体用品与科技,2024(5):121-123.

[2] 吴羽平.运动康复生物力学在运动损伤和康复中应用研究[J].体育世界,2024(2):144-146+162.

[3] 田雯娇.我国青少年投掷运动员运动损伤的成因及预防策略[J].内江科技,2024,45(2):31-32.

[4] 马兵.常见运动损伤的恢复性练习方法探讨[J].体育风尚,2024(2):44-46.

[5] 刘畅.青少年运动员不同运动损伤类型的康复策略[J].体育风尚,2024(2):74-76.

[6] 金烨,王美雯,张静,等.比索洛尔对慢性阻塞性肺疾病稳定期患者肺功能与运动耐力的影响[J].贵州医药,2024,48(1):46-47.

[7] 张韵林,周平.定向运动进校园的价值、面临困境及路径探索[J].运动精品,2023,42(12):27-29.

[8] 谢俊涛,彭召方,李波,等.定向运动训练在体育教学中的应用价值与策略研究[J].冰雪体育创新研究,2023(23):110-112.

[9] 谢俊涛,彭召方,李波,等.定向运动积分赛技术分析与研究[J].体育视野,2023(23):100-102.

[10] 郭丽敏,杨万兰,刘阳.定向运动员现实场景图景识别的视觉搜索特征研究[J].中国体育科技,2023,59(11):24-31.

[11] 刘志政.定向越野课程对构建和谐高校体育的促进作用[J].冰雪体育创新研究,2023(19):86-88.

[12] 张运浩,房施龙.定向运动与体育旅游融合发展研究:以宁夏为例[J].当代体育科技,2023,13(25):107-110.

[13] 张程程. 多元智能理论在高校运动训练中的应用 [J]. 体育世界，2023(8)：101-103.

[14] 刘园园，王会娟. 高校定向越野发展水平评价指标体系的构建研究 [J]. 文体用品与科技，2023(15)：119-121.

[15] 郭丽敏，李志虹. 基于智慧体育的定向运动科技体育开展的多学科融合路径研究 [J]. 文体用品与科技，2023(14)：187-189.

[16] 赵玉秋，陈宇红. 昆明高校定向运动课程开展现状调查研究 [J]. 冰雪体育创新研究，2023(12)：120-122.

[17] 许静. 河南省定向运动赛事风险管理研究 [D]. 南昌：华东交通大学，2023.

[18] 李栋鑫，曾凡鑫. 定向运动员加强核心力量训练的可行性分析 [J]. 田径，2023(6)：55-58.

[19] 黄丹宜. 参与式教学模式运用于高校定向运动课程教学效果研究 [D]. 昆明：云南师范大学，2023.

[20] 胡恒. 贵州省高校定向运动课程实施现状与发展对策研究 [D]. 贵阳：贵州师范大学，2023.

[21] 冀海鑫，李爱光，赵翼鹏，等. 融合增强现实技术的定向运动地图表达 [J]. 测绘地理信息，2023，48(2)：66-69.

[22] 唐思洁，秦奎元，李瑛，等. 定向运动员空间距离感知特征研究：来自行为学和 fNIRS 的证据 [J]. 中国体育科技，2023，59(3)：20-27+36.

[23] 周象光. 定向运动对青少年身心健康发展的策略研究 [J]. 知识文库，2023(5)：43-45.

[24] 胡盟盟，赵坤. 新时期高校定向越野运动教学的现状及思考 [J]. 拳击与格斗，2023(2)：70-72.

[25] 赵玉婷，仝红发. 互联网+背景下高校定向运动课程识图技能教学策略探究 [J]. 体育科技，2022，43(6)：119-120+124.

[26] 范巧丽. 在校园田径场地开展定向运动技术训练分析 [J]. 田径，2022(12)：4-6.

[27] 武伟红. 高校定向运动赛事风险管理及防范研究 [J]. 文体用品与科

技，2022(20)：166-168.

[28] 王嗣越，邓雪峰．大学生定向越野运动训练优化探讨 [J]．文体用品与科技，2022(19)：160-162.

[29] 张玉萍．定向运动发展趋势及现代训练模式特色创设路径 [J]．当代体育科技，2022，12(26)：36-39.

[30] 唐生华．定向运动训练在体育教学中的应用 [J]．当代体育科技，2022，12(23)：95-97.

[31] 于亚丽．定向运动技能促进学校安全教育的研究 [J]．辽宁体育科技，2022，44(4)：124-127.

[32] 李博，贾天泽，陈家鑫，等．定向运动文化建设研究与前景展望 [J]．体育视野，2022(13)：39-41.

[33] 熊双，蒋毅．困境与应对：中国定向运动发展的三维审视 [J]．南京体育学院学报，2022，21(6)：35-41.

[34] 范巧丽．在校园田径场地开展定向运动技术训练分析 [J]．田径，2022(12)：4-6.

[35] 徐刚强．简论校园百米定向运动教学方法 [J]．青少年体育，2021(8)：114-115.

[36] 李岳鸣．校园定向运动项目中拓展训练探究 [J]．冰雪体育创新研究，2021(16)：109-110.

[37] 范丽娟．浅谈校园田径场地定向运动技术训练与应用方法探究 [J]．体育风尚，2021(4)：74-75.

[38] 张明敏．基于校园环境的体育课定向运动路线设计研究 [J]．学园，2021，14(2)：80-82.

[39] 丁领，饶称意．校园定向运动开展的阻力分析与对策研究 [J]．冰雪体育创新研究，2020(9)：71-72.

[40] 陈寅．校园田径场地定向运动技术训练与应用方法探讨 [J]．轻纺工业与技术，2020，49(4)：149-150.

[41] 孙川．关于校园田径场地定向运动技术训练探讨 [J]．农家参谋，2019(18)：261.

[42] 朱春明．校园定向运动简易器材资源的开发与利用 [J]．滨州学院学

报，2018，34(6)：92-96.

[43] 任媛丽，易芳，张可，等.定向运动进校园：利用APP的推广[J]. 今日财富，2018(6)：144-145.